한 권으로 끝내는

新 일본어
능력시험
필수단어

국립중앙도서관 출판시도서목록(CIP)

(한 권으로 끝내는) 新일본어 능력시험 필수단어 N2 N3
— 서울 : 창, 2011   p. ;   cm
감수 : 이치우, 오오또모후미꼬(大友富美子)
색인수록
권말부록: 일본어 문자와 음절 등
본문은 한국어, 일본어가 혼합수록됨

ISBN 978-89-7453-196-6 13730 : ₩13000
일본어 능력시험[日本語 能力試驗]
일본어 어휘[日本語 語彙]
730. 77-KDC5
495.6-DDC21   CIP2011003059

한 권으로 끝내는

新일본어 능력시험(JLPT) 필수단어 N2 N3

2011년 08월 05일 1쇄 발행
2022년 06월 05일 7쇄 발행

감수자 | 이치우 · 오오또모후미꼬
펴낸이 | 이규인
펴낸곳 | 도서출판 **창**
등록번호 | 제15-454호
등록일자 | 2004년 3월 25일

주소 | 서울특별시 마포구 대흥로 4길 49, 1층(용강동 월명빌딩)
전화 | (02) 322-2686, 2687 / **팩시밀리** | (02) 326-3218
홈페이지 | http://www.changbook.co.kr
e-mail | changbook1@hanmail.net

ISBN 978-89-7453-196-6   13730

정가 13,000원

한 권으로 끝내는 JLPT

新일본어
능력시험
필수단어

N2 N3

창
Chang
Books

요즘 일본어 학습자들이 늘어나면서 일본어능력시험에도 관심이 더해지고 있습니다. 최근에는 일본내의 관광가이드도 자격증 소지자로 제한하고 있으므로 통역 가이드 자격증이 각광을 받게 되자 점차 수험생들이 증가하고 있는 추세입니다.

일본어 시험에는 크게 분류하면 매월 시험이 실시되는 JPT(Japanese Proficiency Test)와 1년에 2번 실시되는 JLPT(Japanese Language Proficiency Test) 두 가지가 있습니다. 그 중에서 JLPT는 일본어 시험의 가장 핵심이 되는 시험입니다. 그 외에 일본으로 유학을 가기 위해 치러지는 EJU 등도 있습니다.

특히 일본어 능력시험은 1984년 처음 시행될 당시에는 15개 국가에서 7천 명 정도가 응시했으나 이후 점점 증가해 2008년에는 52개 국가 약 56만 명이 응시하였습니다. 이처럼 수험자가 계속 증가함에 따라 연 1회 실시가 아닌 연간 복수 실시의 요망에 따라 일본 국제 교육지원협회와 국제교류 기금은 2010년부터 연 2회 실시를 결정했을 뿐만 아니라 일본어능력시험도 새롭게 바꾸었습니다.

시험의 새로운 특징은 문자 · 어휘 · 문법에 대한 지식뿐만이 아니라 언어지식을 이용해 과제수행을 위한 커뮤니케이션 능력을 측정하는 데 중점을 두었습니다. 따라서 학습자들은 단편적인 언어지식 습득이 아닌 의사 소통을 할 수 있는 회화능력까지 학습해야만 합니다.

또한 난이도를 4단계에서 5단계로 분류하여 2010년부터 개정되는 新일본어 능력시험은 기존 1급, 2급, 3급, 4급의 4단계가 명칭이 바뀌어 N1, N2, N3, N4, N5의 5단계로 세분화하여 보다 정밀하게 수험자의 능력을 측정할 수 있게 하였습니다. 新일본어 능력시험 각 단계의 난이도는 다음과 같습니다.

> N1 – 기존 시험의 1급보다 높은 수준의 일본어 능력을 측정,
>   합격 기준은 기존 시험과 거의 같다

N2 – 기존 시험의 2급에 해당하는 난이도
N3 – 기존 시험의 2급과 3급 사이 수준의 난이도(신설)
N4 – 기존 시험의 3급에 해당하는 난이도
N5 – 기존 시험의 4급에 해당하는 난이도

    모든 시험의 대부분은 단어입니다. 일본어 단어의 중요성을 품사별로 나타내면 명사, 동사, 형용사, 어휘 및 문형입니다. 단어를 알아야 독해와 청해가 됩니다. 따라서 합격의 지름길은 누가 더 많이 체계적으로 학습하느냐에 따라 결정됩니다.

    이 '한 권으로 끝내는 新JLPT N2 · N3 일본어 능력시험 필수단어'의 특징을 보면 현재 시험 출제기준에 맞춰 N2와 N3로 나누어 합격에 필요한 핵심 단어만을 선별하였습니다. 또한 간혹 어려운 한자와 단어도 곁들였습니다. 그리고 JPT시험에 나오는 단어도 함께 다루어 두 가지 시험을 목표로 하는 학습자들에게 일본어 학습의 기본서입니다. 그 중에서도 중요한 것이 한자입니다. 한자를 알면 의미까지도 파악되어 공부하는 데 훨씬 도움이 됩니다. 모든 문자 · 어휘는 오십음도순으로, 중요한 단어는 ■로 표시, 문법은 접속 형태별로 정리하였으며, 예문은 최근 유행하는 실용 문장만을 엄선하였습니다. 그리고 정확한 발음은 본사 홈페이지에서 MP3파일을 다운받아 들으면 보다 효과적으로 학습할 수 있습니다.

    마지막으로 어학은 꾸준한 노력이 가장 중요합니다. 일본어가 우리말과 어순이 같고, 한자 문화권이라고 쉽게 생각하는 분들이 많습니다. 하지만 아무 요령 없이 학습하면 시간만 낭비할 뿐 만족스런 결과를 얻지 못할 것입니다. 그래서 본서는 그런 분들을 위해 부록편에 중요한 기초 일본어 자료를 실어 본서의 필수단어와 함께 학습하면 JLPT뿐 아니라 JPT에서도 좋은 점수를 기대할 수 있는 2배의 효과를 얻을 수 있을 것입니다.

✳ 차 례 ✳

C · o · n · t · e · n · t · s

Part Ⅰ
N3

N3

＊1402단어＊

1
■ **(お)いわい** (お)祝い 축하, 축하 선물, 축하파티

❖ おいわいを送る
축하선물(축의금)을 보내다

2
■ **(お)こづかい** (お)小遣い 용돈

❖ 小遣いにも困る 용돈에도 궁색하다

3
■ **(お)たがい** (お)互い 서로, 피차, 상호간

❖ お互いに遠慮しあう 서로 사양하다

4
■ **(お)まつり** (お)祭り 축제

花祭り 꽃 잔치

5
■ **(お)みまい** (お)見舞い 문안, 문병

❖ 病気のお見舞いに行く 문병을 가다

6
■ **(お)みやげ** (お)土産 토산품 선물, 방문선물

❖ みやげにクッキーを持って行く
선물로 쿠키를 들고 가다

7
■ **あい** 愛 사랑

❖ 愛の誓い 사랑의 맹세

8
□ **あかちゃん** 赤ちゃん 아기(赤ん坊의 회화체)

❖ 赤ちゃんのちちくさいにおい
아기의 젖비린내

명
사

9
□ **あかんぼう** 赤ん坊 아기, 갓난아기

❖ 赤_{あか}ん坊_{ぼう}を産_うむ 아기를 낳다

10
■ **あき** 秋 가을

❖ 秋_{あき}に咲_さく花_{はな} 가을에 피는 꽃

11
■ **あさがた** 朝方 아침무렵, 이른아침(↔ゆうがた)

❖ 昨日_{きのう}の朝方_{あさがた}地震_{じしん}があった
어제 아침결에 지진이 있었다.

12
■ **あさぬき** 朝抜き 아침을 거른

❖ 朝抜_{あさぬ}きで働_{はたら}く 아침을 거르고 일하다

13
■ **あじ** 味 맛

❖ 味_{あじ}のよい食_たべ物_{もの} 맛 좋은 음식

14
■ **あし** 足 발, 다리

❖ 長_{なが}い足_{あし} 긴 다리

15
■ **あせ** 汗 땀

❖ 汗_{あせ}が引_ひく 땀이 식다

16
■ **あつゆ** 熱湯 더운물(=ねっとう)

❖ 熱湯_{あつゆ}好_ずき
뜨거운 목욕물을 좋아함. 또는 그 사람

17
■ **あてさき** 宛先 수신처, 수신인

❖ 宛先_{あてさき}不明_{ふめい}で戻_{もど}る
수신인 불명으로 되돌아오다

18
■ **あな** 穴 구멍

針の穴 바늘 구멍

19
■ **あん** 案 생각, 계획, 예상

案に相違して 예상[생각]과는 달리

20
□ **あんない** 案内 안내

案内役をかって出る
안내역을 맡고 나서다

21
□ **いか** 以下 이하(↔いじょう)

50歳以下 50세 이하

22
□ **いがい** 以外 이외(↔いない)

これ以外の方法はない
이것 이외의 방법은 없다

23
□ **いがく** 医学 의학

臨床医学 임상 의학

24
■ **いき** 息 숨, 호흡

息をする[吸う] 숨을 쉬다

25
□ **いけ** 池 연못

池のこい 연못의 잉어

26
□ **いけん** 意見 의견

意見を述べる 의견을 말하다

명사

27
■ **いご** 　以後 　이후(↔いぜん)

　よんじゅっさい い ご けんこう
❖ 40歳以後の健康　40세 이후의 건강

28
■ **いし** 　医師 　의사

　い し かい
❖ 医師会　의사회

29
□ **いじょう** 　以上 　이상(↔いか)

　ろくさいいじょう
❖ 6歳以上　6세 이상

30
■ **いぜん** 　以前 　이전(↔いご)

　じゅうがつついたち い ぜん
❖ 10月1日以前　10월 1일 이전

31
■ **いっこだて** 　一戸建て 　단독 주택

　いっ こ だ この たいしゅう せいこう
❖ 一戸建てを好む大衆の性向
　단독 주택을 좋아하는 일반의 성향

32
■ **いどう** 　移動 　이동

　い どう と しょかん
❖ 移動図書館　이동 도서관

33
□ **いない** 　以内 　이내(↔いがい)

　みっか い ない
❖ 三日以内　3일 이내

34
■ **いぬ** 　犬 　개

　いぬ さる
❖ 犬と猿　개와 원숭이

35
■ **いまごろ** 　今頃 　지금쯤, 이맘때

　らいねん いまごろ
❖ 来年の今頃　내년 이맘때

36

□ **いみ**　　意味　　의미

　　　　　　　　ぶんしょう　なか　　　　　　　　　　　　　　い　み
　　　❖ 文章の中にふくまれている意味
　　　　문장 속에 내포된 의미

37

□ **いもうと**　　妹　　여동생(↔おとうと)

　　　　　　いもうと　　　　　じつ
　　　❖ 妹がいると実ににぎやかだ
　　　　여동생이 있으면 참으로 떠들썩하다.

38

□ **いりぐち**　　入り口　　입구(↔でぐち)

　　　　　　こうえん　い　ぐち
　　　❖ 公園の入り口　공원 입구

39

■ **いわ**　　岩　　바위

　　　　　　いわ
　　　❖ 岩をうがつ　바위를 뚫다

40

■ **いんさつ**　　印刷　　인쇄

　　　　　　とっぱんいんさつ
　　　❖ 凸版印刷　철판 인쇄

41

□ **うけつけ**　　受け付け　　접수, 접수처

　　　　　　がんしょ　う　つ　きかん
　　　❖ 願書の受け付け期間　원서의 접수 기간

42

■ **うしろむき**　　後ろ向き　　등을 돌림

　　　　　　　　　　　　　　うし　む　すわ
　　　❖ すねてあのままずっと後ろ向きに座
　　　　っている
　　　　토라져서 조냥 돌아앉아 있다

43

■ **うみぞい**　　海沿い　　해안, 바닷가

　　　　　　うみ　ぞ
　　　❖ 海沿い　바닷가의 도시

44

□ **うわぎ**　　上着　　상의(↔したぎ)

　　　　　　うわぎ
　　　❖ 上着のポケット　윗도리의 호주머니

명사

45

■ **うんちんこみ** 運賃込み 　운임이 포함된

❖ 運賃込みの値段 　운임을 포함한 값

46

■ **うんてん** 運転 　운전

❖ ならし運転 　연습 운전

47

■ **うんどう** 運動 　운동

❖ だえん運動 　타원 운동

48

□ **え** 絵 　그림 　*絵の具(えのぐ)그림물감

❖ 絵ひがさ 　그림이 있는 양산

49

■ **えいぎょう** 営業 　영업 　*営業部(えいぎょうぶ)영업부

❖ うらぐち営業 　비밀 영업

50

■ **えいきょう** 影響 　영향

❖ たいない的影響 　대내적 영향

51

■ **えがお** 笑顔 　웃는 얼굴

❖ むしんな笑顔 　천진난만하게 웃는 얼굴

52

■ **えんき** 延期 　연기

❖ 無期延期 　무기 연기

53

■ **えんそう** 演奏 　연주

❖ へいばんな演奏 　단조로운 연주

54

□ **えんぴつ** 鉛筆 연필 `色鉛筆(いろえんぴつ) 색연필
＊鉛筆_{えんぴつ}いっぽん 연필 한 자루

55

□ **えんりょ** 遠慮 사양, 조심함
＊遠慮_{えんりょ}はむよう 사양할 필요 없음

56

■ **おうえん** 応援 응원
＊応援団_{おうえんだん} 응원단

57

■ **おうせつま** 応接間 응접실
＊応接間_{おうせつま}にはいる 응접실에 들어가다

58

■ **おうふく** 往復 왕복(↔かたみち)
＊往復_{おうふく}はがき 왕복 엽서

59

■ **おうぼ** 応募 응모
＊応募_{おうぼ}要領_{ようりょう} 응모 요령

60

■ **おくじょう** 屋上 옥상
＊見_みはらしがいい屋上_{おくじょう} 전망이 좋은 옥상

61

■ **おくりもの** 贈り物 선물
＊誕生日_{たんじょうび}の贈_{おく}り物_{もの} 생일 선물

62

□ **おしいれ** 押し入れ 벽장
＊押_おし入_いれにしまう 벽장[반침]에 넣다

명사

63
□ **おっと** 　夫 　　남편(↔つま)

❖ うちの夫[人] 내 남편. 우리 집 양반

64
□ **おとうと** 　弟 　　남동생(↔いもうと)

❖ 弟のおとずれ 남동생이 찾아옴

65
■ **おとな** 　大人 　　어른

❖ いよいよ大人になる
　　드디어 어른이 되다

66
■ **おもいで** 　思い出 　추억, 회상

❖ 幼いころの思い出 어릴 적의 추억

67
■ **おや** 　親 　　부모 　　*母親(ははおや)모친, 父親(ちちおや)부친

❖ 生みの親 낳은 부모

68
■ **おやつ** 　　　오후의 간식

❖ おやつをちょうだい 간식을 주세요

69
□ **おんがく** 　音楽 　　음악

❖ 音楽を習う 음악을 배우다

70
■ **おんちゅう** 　御中 　귀중(관청, 단체, 회사명 뒤에 붙이는 말)

❖ 東京大学御中 東京 대학 귀중

71
■ **かい** 　貝 　　조개

❖ 貝のように口を閉ざす
　　조개처럼 입을 굳게 다물다

72

■ **かいがい** 海外　해외(↔こくない)

❖ <ruby>海外<rt>かいがいりょこう</rt></ruby>旅行　해외 여행

73

■ **かいかん** 開館　개관(↔へいかん)

❖ <ruby>開館<rt>かいかん</rt></ruby>にあたって　개관에 즈음해서

74

■ **かいがん** 海岸　해안

❖ <ruby>海岸<rt>かいがん</rt></ruby>を<ruby>散歩<rt>さんぽ</rt></ruby>する　해안을 산책하다

75

□ **かいぎ** 会議　회의

❖ <ruby>会議<rt>かいぎ</rt></ruby>が<ruby>長引<rt>ながび</rt></ruby>く　회의가 오래 계속되다

76

■ **がいけん** 外見　외견, 외관

❖ <ruby>外見<rt>がいけん</rt></ruby>だけでは<ruby>分<rt>わ</rt></ruby>からない
외견만으로는 알 수 없다

77

□ **がいこく** 外国　외국

❖ <ruby>外国<rt>がいこく</rt></ruby>使節<rt>しせつ</rt>　외국 사절

78

□ **かいじょう** 会場　회장

❖ <ruby>同窓会<rt>どうそうかい</rt></ruby>の<ruby>会場<rt>かいじょう</rt></ruby>　동창회 회장

79

■ **がいしょく** 外食　외식

❖ <ruby>外食<rt>がいしょく</rt></ruby>券をくいきってしまう
외식권을 다 써 버리다

80

□ **かいだん** 階段　계단

❖ <ruby>非常<rt>ひじょう</rt></ruby>階段<rt>かいだん</rt>　비상 계단

81
かいてん 開店 　개점(↔へいてん)

　かいてんいわい
　❖ 開店祝い　개점 축하

82
かいとう 解答 　해답

　も はん かい とう
　❖ 模範解答　모범 해답

83
かいひ 会費 　회비

　こうしゅうかい かい ひ
　❖ 講習会の会費　강습회의 회비

84
□ **かいわ** 会話 　회화, 대화

　かい わ
　❖ 会話をかわす　회화를 나누다

85
□ **かお** 顔 　얼굴

　かお
　❖ 顔をそむける　얼굴을 돌리다, 외면하다

86
かかく 価格 　가격　　　*価格表(かかくひょう)가격표

　はんばい か かく
　❖ 販売価格　판매 가격

87
□ **かがく** 科学/化学 　과학 / 화학

　う ちゅう か がく
　❖ 宇宙科学　우주 과학

　か がくはんのう
　❖ 化学反応　화학 반응

88
かかり 係 　담당, 담당 직원　　*係員(かかりいん)계원, 담당자

　しん こうがかり
　❖ 進行係　진행계[담당]

89
かくにん 確認 　확인

　み かくにんじょうほう
　❖ 未確認情報　미확인 정보

명사

90

■ **かこ** 　　過去　　과거(↔げんざい)

　　❖ 過去をしのぶ　과거를 그리워하다

91

□ **かさ** 　　傘　　우산

　　❖ 傘をさす　우산을 받다

92

□ **かじ** 　　家事/火事　　집안일 / 화재

　　❖ 家事の手伝い　가사 거들기

　　❖ 家が火事になる　집에 화재가 나다

93

■ **かしゅ** 　　歌手　　가수

　　❖ オペラ歌手　오페라 가수

94

■ **かず** 　　数　　숫자

　　❖ 数をかぞえる　수를 세다

95

■ **がすだい** 　　ガス代　　가스대, 가스비

　　❖ ガス代を払う　가스비를 치루다

96

□ **かぜ** 　　風　　바람

　　❖ 風が吹く　바람이 불다

97

□ **かぜ** 　　風邪　　감기　　　　* 風邪薬(かぜぐすり) 감기약

　　❖ なつばの風邪　여름철의 감기

98

□ **かぞく** 　　家族　　가족

　　❖ 家族を養う　가족을 부양하다

명
사

99

□ **かたち** 　形 　　모양, 형상

❖ 変わった形の山 별난 모양의 산

100

■ **かたみち** 　片道 　　편도(↔おうふく)

❖ 片道切符 편도 차표

101

■ **がっき** 　楽器/学期 　　악기 / 학기

❖ 弦楽器 현악기

❖ 新学期が始まる 신학기가 시작되다

102

■ **かっこく** 　各国 　　각국

❖ 各国の代表者 각국의 대표자

103

■ **かてい** 　家庭/仮定/課程 　　집안 / 가정 / 과정

❖ 家庭訪問 가정 방문

❖ 仮定の話 가정한 이야기

❖ 教育課程 교육 과정

104

□ **かど** 　角 　　모퉁이, 모서리

❖ 柱の角 기둥 모서리

105

■ **かにゅう** 　加入 　　가입

❖ 加入期間をつうさんする
가입 기간을 통산하다

106

□ **かはんしん** 　下半身 　　하반신(↔じょうはんしん)

❖ 下半身を鍛える 하반신을 단련하다

107

□ **かびん** 　花瓶 　　화병, 꽃병

❖ バラを花瓶にさす 장미를 화병에 꽂다

108

■ **かぶしき** 株式 주식 ˚ 株式会社(かぶしきがいしゃ)주식회사

❖ 株式市場 주식시장

109

□ **かべ** 壁 벽

❖ 壁を塗る 벽을 바르다

110

■ **がまん** 我慢 참음, 견딤

❖ ここが我慢のしどころだ
이때야말로 참아야 할 때다

111

□ **かみ** 紙/髪/神 종이, 머리카락, 신

❖ 紙切れ 종잇조각
❖ 白い髪 흰머리
❖ 神を信ずる 신을 믿다

112

□ **からだ** 体 몸

❖ 弱い体 약한 몸

113

■ **かわ** 川 강, 하천

❖ 川の流れ 강의 흐름

114

■ **かわぞい** 川沿い 강가, 강변

❖ 川沿いの町 강가의 마을

115

■ **かんきせん** 換気扇 환풍기, 환기팬

❖ 換気扇やエアコンを止めて下さい
환풍기며(랑) 에어콘을 정지시켜주세요

116

■ **かんきょう** 環境 환경

❖ 自然環境 자연 환경

명사

117
■ **かんけい** 関係 관계

    ❖ 因果関係 인과 관계

118
■ **かんげい** 歓迎 환영

    ❖ 温かい歓迎 따뜻한 환영

119
■ **かんこう** 観光 관광

    ❖ 観光バス 관광 버스

120
■ **かんごふ** 看護婦 간호사

    ❖ じゅうぐん看護婦 종군 간호사

121
■ **かんじ** 漢字/感じ 한자 / 느낌

    ❖ 常用漢字 상용 한자

    ❖ 乙な感じ 멋진 느낌

122
■ **かんしゃ** 感謝 감사

    ❖ 感謝のしるし 감사의 표시

123
■ **かんじょう** 感情 감정

    ❖ 感情の対立 감정의 대립

124
■ **かんしん** 関心/感心 관심 / 감탄

    ❖ 関心の的 관심의 대상

125
■ **かんせつ** 間接 간접(↔ちょくせつ)

    ❖ 間接伝染 간접 전염

126

■ **かんどう**　感動　감동

❖ <ruby>深<rt>ふか</rt></ruby>い<ruby>感動<rt>かんどう</rt></ruby>を<ruby>受<rt>う</rt></ruby>ける　깊은 감동을 받다

127

■ **かんり**　管理　관리

❖ <ruby>生産管理<rt>せいさんかんり</rt></ruby>　생산 관리

128

■ **きおく**　記憶　기억

❖ <ruby>記憶<rt>きおく</rt></ruby>をたぐる　기억을 더듬다

129

■ **きおん**　気温　기온

❖ <ruby>気温<rt>きおん</rt></ruby>が<ruby>上<rt>あ</rt></ruby>がる　기온이 올라가다

130

□ **きかい**　機会/機械　기회 / 기계

❖ <ruby>機会均等<rt>きかいきんとう</rt></ruby>　기회 균등

❖ <ruby>機械<rt>きかい</rt></ruby>を<ruby>操作<rt>そうさ</rt></ruby>する　기계를 조작하다

131

■ **きかん**　期間　기간

❖ <ruby>出張期間<rt>しゅっちょうきかん</rt></ruby>　출장 기간

132

■ **きぎょう**　企業　기업

❖ <ruby>企業<rt>きぎょう</rt></ruby>の<ruby>繁栄<rt>はんえい</rt></ruby>　기업의 번영

133

□ **ぎじゅつ**　技術　기술

❖ <ruby>技術<rt>ぎじゅつ</rt></ruby>の<ruby>進歩<rt>しんぽ</rt></ruby>　기술의 진보

134

■ **きず**　傷　상처, 긁힌 자국

❖ <ruby>額<rt>ひたい</rt></ruby>の<ruby>傷<rt>きず</rt></ruby>　이마의 상처

135
□ **きせつ**　季節　계절
❖ 季節の花 계절의 꽃

136
□ **きそく**　規則　규칙
❖ 交通規則 교통 규칙

137
□ **きた**　北　북
❖ 北に面した窓 북으로 난 창문

138
■ **きたい**　期待　기대
❖ 期待を裏切る 기대를 저버리다

139
□ **きっさてん**　喫茶店　찻집
❖ じゅうじがいの喫茶店 네거리의 찻집

140
■ **きって**　切手　우표
❖ 切手を貼る 우표를 붙이다

141
□ **きっぷ**　切符　티켓
❖ 切符を買う 티켓을 사다

142
■ **きねん**　記念　기념
❖ 卒業の記念に写真をとる
졸업 기념으로 사진을 찍다

143
□ **きぶん**　気分　기분
❖ 気分がすぐれない 기분이 언짢다

144

■ **きぼう** 希望 희망

❖ 希望に胸をふくらませる
희망에 가슴을 부풀리다

145

■ **きほん** 基本 기본

❖ 学習の基本 학습의 기본

146

■ **きみ** 君 자네, 너

❖ ちょっと君 여보게, 자네

147

□ **きもち** 気持ち 기분, 감정, 마음

❖ 気持ちのいい朝 기분 좋은 아침

148

■ **ぎもん** 疑問 의문

❖ 疑問を抱く 의문을 품다

149

□ **きゅうこう** 急行 급행

❖ 急行に乗る 급행을 타다

150

□ **ぎゅうにく** 牛肉 쇠고기

❖ 牛肉1キロ 쇠고기 한 근

151

□ **ぎゅうにゅう** 牛乳 우유

❖ みずっぽい牛乳 싱거운 우유

152

■ **きゅうりょう** 給料 급료, 급여   * 給料日(きゅうりょうび) 급여일

❖ 給料を払う 급료를 주다

153

□ **きょういく** 教育 　교육

❖ 教育を受ける　교육을 받다

154

■ **きょうきゅう** 供給 　공급(↔じゃよう)

❖ 資材の供給　자재의 공급

155

■ **きょうじゅ** 教授 　교수

❖ 法学部の教授　법학부의 교수

156

□ **きょうそう** 競争 　경쟁

❖ 自由競争　자유 경쟁

157

□ **きょうだい** 兄弟 　형제(↔しまい)

❖ 仲のよい兄弟　우애 있는 형제

158

□ **きょうみ** 興味 　흥미

❖ 興味が湧く　흥미가 솟다

159

■ **きょうりょく** 協力 　협력

❖ 協力を呼び掛ける　협력을 호소하다

160

■ **きょく** 曲 　곡

❖ 静かな曲　조용한 곡

161

■ **きんえん** 禁煙 　금연

❖ 禁煙車　금연차

162

■ **きんし** 禁止 금지

がいしゅつきんし
❖ 外出禁止 외출 금지

163

□ **きんじょ** 近所 근처, 이웃

きんじょ
❖ 近所どなり 가까운 이웃

164

□ **ぐあい** 具合 몸 상태, 건강 상태, 일의 형편

ご ご　　　　ぐ あい
❖ 午後なら具合がよろしいのですが
오후라면 형편이 괜찮겠습니다마는

165

□ **くうき** 空気 공기　　　　*空気中(くうきちゅう)공기중

しつない　　くう き
❖ 室気の空気 실내의 공기

166

□ **くうこう** 空港 공항(↔みなと)

こくさいくうこう
❖ 国際空港 국제 공항

167

□ **くすり** 薬 약

くすり　 の
❖ 薬を飲む 약을 먹다

168

□ **くつ** 靴 신발　　　　*靴下(くつした)양말

くつ　 は
❖ 靴を履く 신발을 신다

169

□ **くび** 首 목

くび　 し
❖ 首を絞める 목을 죄다

170

■ **くふう** 工夫 궁리, 고안

く ふう　 は
❖ 工夫の果てに 궁리 끝에

171
□ **くも** 雲 구름

❖ <ruby>雲<rt>くも</rt></ruby>にかくれる 구름에 가리다

172
■ **くろう** 苦労 고생, 수고

❖ <ruby>苦労<rt>くろう</rt></ruby>に<ruby>耐<rt>た</rt></ruby>える 고생에 견디다

173
■ **けいえい** 経営 경영

❖ <ruby>経営<rt>けいえい</rt></ruby><ruby>不振<rt>ふしん</rt></ruby> 경영 부진

174
□ **けいかく** 計画 계획

❖ <ruby>計画<rt>けいかく</rt></ruby>を<ruby>立<rt>た</rt></ruby>てる 계획을 세우다

175
□ **けいかん** 警官 경관, 경찰관

❖ デモ<ruby>隊<rt>たい</rt></ruby>と<ruby>警官<rt>けいかん</rt></ruby>がもみ<ruby>合<rt>あ</rt></ruby>う
데모대와 경관이 옥신각신하다

176
■ **けいき** 景気 경기 　　　　　　　　＊不景気(ふけいき)불경기

❖ <ruby>景気<rt>けいき</rt></ruby>が<ruby>悪<rt>わる</rt></ruby>い 경기가 나쁘다

177
■ **けいぐ** 敬具 경구(편지끝인사) (↔はいけい)

❖ <ruby>敬具<rt>けいぐ</rt></ruby>は<ruby>手紙<rt>てがみ</rt></ruby>の<ruby>最後<rt>さいご</rt></ruby>に<ruby>書<rt>か</rt></ruby>くことばです
敬具는 편지끝인사로 쓰는 말입니다

178
□ **けいけん** 経験 경험

❖ <ruby>楽<rt>たの</rt></ruby>しい<ruby>経験<rt>けいけん</rt></ruby> 즐거운 경험

179
□ **けいざい** 経済 경제

❖ <ruby>経済<rt>けいざい</rt></ruby><ruby>危機<rt>きき</rt></ruby> 경제 위기

180
☐ **けいさつ** 警察 경찰 *警察署(けいさつしょ)경찰서

❖ 警察に届ける 경찰에 신고하다

181
■ **けいさん** 計算 계산

❖ 計算が合う 계산이 맞다

182
■ **げいじゅつ** 芸術 예술

❖ 空間芸術 공간 예술

183
☐ **けが** 怪我 부상, 상처, 다침

❖ 交通事故で怪我をする
교통 사고로 다치다

184
☐ **けさ** 今朝 오늘 아침

❖ 今朝は遅いね 오늘 아침은 늦는군

185
☐ **けしき** 景色 경치

❖ 景色がいい 경치가 좋다

186
■ **けつあつ** 血圧 혈압

❖ 血圧を測る 혈압을 재다

187
■ **けつえき** 血液 혈액

❖ 血液の循環 혈액의 순환

188
☐ **けっこん** 結婚 결혼 *結婚式(けっこんしき)결혼식

❖ 見合い結婚 (선을 보고 하는) 중매 결혼

명사

189
■ **けっしん**　決心　결심

❖ <ruby>決心<rt>けっしん</rt></ruby>がかたい　결심이 굳다

190
■ **けっせき**　欠席　결석(↔しゅっせき)

❖ <ruby>欠席<rt>けっせき</rt></ruby>のかいすう　결석 횟수

191
■ **けってん**　欠点　결점

❖ <ruby>欠点<rt>けってん</rt></ruby>を<ruby>直<rt>なお</rt></ruby>す　결점을 고치다

192
■ **けん**　件　건

❖ <ruby>学費<rt>がくひ</rt></ruby><ruby>値上<rt>ねあ</rt></ruby>げに<ruby>関<rt>かん</rt></ruby>する<ruby>件<rt>けん</rt></ruby>
학비 인상에 관한 건

193
■ **けん**　券　표

❖ <ruby>芝居<rt>しばい</rt></ruby>の<ruby>券<rt>けん</rt></ruby>　연극 관람권

194
□ **けん**　県　현

❖ <ruby>県<rt>けん</rt></ruby>の<ruby>行政<rt>ぎょうせい</rt></ruby>　현의 행정

195
□ **げんいん**　原因　원인

❖ <ruby>原因<rt>げんいん</rt></ruby><ruby>不明<rt>ふめい</rt></ruby>　원인 불명

196
□ **けんか**　喧嘩　싸움, 다툼

❖ <ruby>喧嘩<rt>けんか</rt></ruby>を<ruby>仕掛<rt>しか</rt></ruby>ける　싸움을 걸다

197
□ **げんかん**　玄関　현관

❖ <ruby>車<rt>くるま</rt></ruby>を<ruby>玄関<rt>げんかん</rt></ruby>に<ruby>寄<rt>よ</rt></ruby>せる　차를 현관 앞에 대다

198
□ **けんきゅう** 研究　연구

   けんきゅうしりょう
❖ 研究資料　연구 자료

199
■ **げんきん** 現金　현금

   げんきん　はら
❖ 現金で払う　현금으로 지불하다

200
■ **けんこう** 健康　건강

   けんこう　おとろ
❖ 健康が衰える　건강이 나빠지다

201
■ **けんさ** 検査　검사

   けん　さ　　う
❖ 検査を受ける　검사를 받다

202
■ **げんざい** 現在　현재(↔かこ)

   げん　ざいけんとうちゅう
❖ 現在検討中である　현재 검토 중이다

203
■ **げんじつ** 現実　현실

   げんじつ　ちょくし
❖ 現実を直視する　현실을 직시하다

204
■ **げんしょう** 減少　감소(↔ぞうか)

   じんこう　げんしょう
❖ 人口の減少　인구의 감소

205
■ **げんだい** 現代　현대

   げん　だい　　がくせいきしつ
❖ 現代の学生気質　현대의 학생 기질

206
■ **けんとう** 検討　검토

   さいけんとう
❖ 再検討　재검토

207
□ **けんぶつ**　見物　구경, 관광

❖ 東京_{とうきょう}見物_{けんぶつ} 東京 구경

208
■ **けんめい**　件名　건명

❖ 件名_{けんめい}目録_{もくろく} 건명 목록

209
■ **こうえん**　公園/公演/講演　공원 / 공연 / 강연

❖ 国立_{こくりつ}公園_{こうえん} 국립 공원

❖ 定期_{ていき}公演_{こうえん} 정기 공연

❖ A先生_{エーせんせい}の講演_{こうえん}を聞_きく
A선생의 강연을 듣다

210
■ **こうか**　効果　효과

❖ 薬_{くすり}の効果_{こうか} 약의 효과

211
■ **こうがい**　公害　공해

❖ 公害_{こうがい}問題_{もんだい} 공해 문제

212
□ **こうぎ**　講義　강의

❖ 講義_{こうぎ}を聴_きく 강의를 듣다

213
■ **こうくう**　航空　항공

❖ 民間_{みんかん}航空_{こうくう} 민간 항공

214
■ **こうし**　講師　강사

❖ 専任_{せんにん}講師_{こうし} 전임 강사

215
□ **こうじょう**　工場　공장

❖ 工場_{こうじょう}地帯_{ちたい} 공장 지대

216

□ **こうちょう** 校長   교장

❖ <ruby>校長<rt>こうちょう</rt></ruby><ruby>先生<rt>せんせい</rt></ruby>の<ruby>訓示<rt>くんじ</rt></ruby>
교장 선생님의 훈시

217

□ **こうつう** 交通   교통

❖ <ruby>交通<rt>こうつう</rt></ruby>の<ruby>混雑<rt>こんざつ</rt></ruby> 교통의 혼잡

218

■ **こうどう** 行動   행동

❖ <ruby>団体<rt>だんたい</rt></ruby><ruby>行動<rt>こうどう</rt></ruby> 단체 행동

219

■ **こうはい** 後輩   후배(↔せんぱい)

❖ <ruby>会社<rt>かいしゃ</rt></ruby>の2<ruby>年<rt>ねん</rt></ruby><ruby>後輩<rt>こうはい</rt></ruby> 회사의 2년 후배

220

□ **こうばん** 交番   파출소

❖ <ruby>駅前<rt>えきまえ</rt></ruby>の<ruby>交番<rt>こうばん</rt></ruby> 역전 파출소

221

■ **こうりゅう** 交流   교류

❖ <ruby>交流<rt>こうりゅう</rt></ruby><ruby>発電機<rt>はつでんき</rt></ruby> 교류 발전기

222

□ **こえ** 声   목소리

❖ やさしい<ruby>声<rt>こえ</rt></ruby> 상냥한 목소리

223

■ **こきゅう** 呼吸   호흡

❖ じんこう<ruby>呼吸<rt>こきゅう</rt></ruby> 인공 호흡

224

□ **こくさい** 国際   국제

❖ <ruby>国際<rt>こくさい</rt></ruby><ruby>情勢<rt>じょうせい</rt></ruby> 국제 정세

225
□ **こくない** 国内 国内(↔かいがい)

❖ 国内の問題 국내의 문제
_{こくない もんだい}

226
□ **こころ** 心 마음

❖ 心の病 마음의 병
_{こころ やまい}

227
■ **こし** 腰 허리

❖ 腰が曲がる 허리가 굽다
_{こし ま}

228
□ **こしょう** 故障 고장

❖ 機械の故障 기계의 고장
_{きかい こしょう}

229
■ **こじん** 個人 개인(↔だんたい)

❖ 個人としての意見 개인으로서의 의견
_{こじん いけん}

230
□ **ことば** 言葉 말, 언어

❖ 言葉を交わす 말을 주고받다
_{こと ば か}

231
■ **こむぎ** 小麦 밀

＊小麦粉(こむぎこ)밀가루

❖ 小麦2百たい 밀 2백 부대
_{こ むぎ にひゃく}

232
■ **こんざつ** 混雑 혼잡

❖ 混雑にまぎれて逃げる
_{こんざつ に}
혼잡을 타서 달아나다

233
□ **さいきん** 最近 최근

❖ 最近の景気 최근의 경기
_{さいきん けいき}

234

□ **さいご**　最後　최후(↔さいしょ)

❖ 最後を飾る　최후를 장식하다

235

■ **さいこう**　最高　최고(↔さいてい)

❖ 最高の人出　최고의 인파

236

□ **さいしょ**　最初　최초(↔さいご)

❖ 最初の給料　최초의 급료

237

■ **さいしよう**　最小　최소(↔さいだい)

❖ 最小の努力は必要だ
최소의 노력은 필요하다

238

■ **さいしょう**　最少　최소(↔さいた)

❖ 最少の人数で最大の効果を上げる
최소의 인원수로 최대의 효과를 올리다.

239

■ **さいしん**　最新　최신

❖ 最新の技術　최신 기술

240

■ **さいた**　最多　최다(↔さいしょう)

❖ 最多得点　최다 득점

241

■ **さいだい**　最大　최대(↔さいしよう)

❖ 日本最大の企業　일본의 최대의 기업

242

■ **さいてい**　最低　최저(↔さいこう)

❖ 最低賃金　최저 임금

명
사

243
■ **ざいりょう** 材料 　재료

❖ 工作の材料 공작 재료
<small>こうさく ざいりょう</small>

244
□ **さかな** 魚 　물고기, 생선

❖ 魚屋 생선 장수. 어물전
<small>さかな や</small>

245
■ **さぎょう** 作業 　작업

❖ 単純作業をする 단순 작업을 하다
<small>たんじゅんさぎょう</small>

246
■ **さつえい** 撮影 　촬영

❖ 野外撮影 야외 촬영
<small>や がいさつえい</small>

247
□ **ざっし** 雑誌 　잡지

❖ 雑誌記者 잡지 기자
<small>ざっ し きしゃ</small>

248
■ **さら** 皿 　접시 　　*灰皿(はいざら)재떨이

❖ 皿洗い 접시닦기
<small>さら あら</small>

249
■ **さんか** 参加 　참가 　　*参加費(さんかひ)참가비

❖ 参加を申しこむ 참가를 신청하다
<small>さん か もう</small>

250
■ **さんがいだて** 三階建て 　3층 건물

❖ 三階建をこわす 3층 건물을 허물다
<small>さん かいだて</small>

251
□ **さんぎょう** 産業 　산업

❖ 軍需産業 군수 산업
<small>ぐんじゅさんぎょう</small>

252

■ **さんせい** 賛成 찬성(↔はんたい)

❖ 賛成を求める 찬성을 구하다
　さんせい もと

253

■ **し** 市 시 *市民(しみん)시민

❖ 市の中心 도시의 중심
　し ちゅうしん

254

□ **しお** 塩 소금

❖ 塩を振りかける 소금을 치다
　しお ふ

255

■ **じかんわり** 時間割 수업 시간표, 공사예정표

❖ 時間割を決める 시간표를 짜서 정하다
　じ かんわり き

256

■ **じき** 時期 시기

❖ 政治的空白の時期 정치적 공백 시기
　せい じ てき くうはく じ き

257

□ **しけん** 試験 시험

❖ 入学試験 입학 시험
　にゅうがく し けん

258

■ **じこ** 事故/自己 사고/ 자기(자신)

❖ 事故を起こす 사고를 일으키다
　じ こ お

❖ 自己を見つめる 자기를 바라보다
　じ こ み

259

■ **じさん** 持参 지참

❖ 弁当は各自持参のこと
　べんとう かくじ じ さん
　도시락은 각자 지참할 것

260

■ **ししゅつ** 支出 지출(↔しゅうにゅう)

❖ 予算外支出 예산외 지출
　よ さんがい ししゅつ

261

□ **じしょ** 辞書 사전

❖ 辞書を引く 사전을 찾아보다

262

■ **じしん** 自身/自信/地震 자신 / 자신감 / 지진

❖ 自身でやりなさい 자신이 해요

❖ 自信にあふれる 자신에 넘치다

❖ 地震のうれい 지진의 우려

263

□ **じだい** 時代 시대, 시절

❖ 時代の移り変り 시대의 변천

264

□ **したぎ** 下着 속옷(↔うわぎ)

❖ よごれた下着を着かえる
더러워진 속옷을 갈아입다

265

□ **したく** 支度 준비, 채비

❖ 昼の支度をする 점심 준비를 하다

266

■ **じっけん** 実験 실험

❖ 核実験 핵실험

267

■ **じつげん** 実現 실현

❖ 実現不可能の夢 실현 불가능한 꿈

268

□ **しっぱい** 失敗 실패, 실수

❖ 失敗は成功の元 실패는 성공의 어머니

269

□ **しつもん** 質問 질문

❖ 質問を受ける 질문을 받다

270

■ **しつれい** 失礼 실례

　　　しつれい
❖ 失礼にあたる 실례가 되다

271

□ **じてんしゃ** 自転車 자전거

　　　じ てんしゃ
❖ 自転車つうがく 자전거 통학

272

■ **じどうはんばいき** 自動販売機 자동판매기

　　　じ どう はん ばい き　　む りょうかい ほう
❖ 自動販売機を無料開放する
자동판매기를 무료개방하다

273

□ **しなもの** 品物 상품, 물건, 물품

　　か　　　　しなもの
❖ 変わった品物だ 색다른 물건이다

274

■ **しまい** 姉妹 자매(↔きょうだい)

　　きょうだい し まい
❖ 兄弟姉妹 형제 자매

275

□ **じむしょ** 事務所 사무소

　　げん ば じ む しょ
❖ 現場事務所 현장 사무소

276

□ **しゃしん** 写真 사진　　　　　゜写真館(しゃしんかん)사진관

　　しゃしん
❖ 写真をとる 사진을 찍다

277

■ **じゃま** 邪魔 방해, 훼방

　　じゃ ま　　はい
❖ 邪魔が入る 훼방이 들다

278

■ **じゅよう** 需要 수요(↔きょうきゅう)

　　ゆうこうじゅよう
❖ 有効需要 유효 수요

명
사

279

□ **しゅうかん** 週間/習慣 주간 / 습관

> しゅうかんてん き よ ほう
> ❖ 週間天気予報 주간 일기 예보
> て あら しゅうかん
> ❖ 手を洗う習慣 손을 씻는 습관

280

■ **じゅうしょ** 住所 주소

> じゅうしょへんこうとど
> ❖ 住所変更届け 주소 변경 신고

281

■ **しゅうしょく** 就職 취직

> しゅうしょく し けん
> ❖ 就職試験 취직 시험

282

■ **しゅうにゅう** 収入 수입(↔ししゅつ)

> しゅうにゅう
> ❖ 収入をあげる 수입을 올리다

283

■ **しゅうまつ** 週末 주말(↔へいじつ)

> しゅうまつりょこう
> ❖ 週末旅行 주말 여행

284

□ **じゅぎょう** 授業 수업

> じゅぎょうじ かん
> ❖ 授業時間 수업 시간

285

□ **しゅくだい** 宿題 숙제

> しゅくだい わす
> ❖ 宿題を忘れる 숙제를 잊다

286

■ **しゅくはく** 宿泊 숙박

> しゅくはくし せつ
> ❖ 宿泊施設 숙박 시설

287

□ **しゅじん** 主人 남편, 주인

> いっ か だいこくばしら しゅじん
> ❖ 一家の大黒柱たる主人
> 일가의 기둥인 주인

288

■ **しゅだん** 手段 수단

❖ 生産手段 생산 수단
せいさんしゅだん

289

□ **しゅっせき** 出席 출석(↔けっせき)

❖ 出席を取る 출석을 조사하다
しゅっせき と

290

□ **しゅっぱつ** 出発 출발(↔とうちゃく)

❖ 出発信号 출발 신호
しゅっぱつしんごう

291

□ **しゅみ** 趣味 취미

❖ 素朴な趣味が感じられる
そぼく しゅみ かん
소박한 취미가 느껴진다

292

■ **しゅるい** 種類 종류

❖ 同じ種類の植物 같은 종류의 식물
おな しゅるい しょくぶつ

293

□ **じゅんび** 準備 준비

❖ 受験準備 수험 준비
じゅけんじゅんび

294

■ **しよう** 使用 사용

❖ 効果的な使用 효과적인 사용
こうかてき しよう

295

■ **じょうおん** 常温 상온

❖ 常温を保つ 상온을 유지하다
じょうおん たも

296

□ **しょうかい** 紹介 소개

❖ 自己紹介 자기 소개
じ こしょうかい

297
■ **しょうがくきん** 奨学金　장학금

❖ たいよ奨学金　대여 장학금

298
■ **じょうし** 上司　상사(↔ぶか)

❖ 上司に取り入る　상사에게 빌붙다

299
■ **じょうたい** 状態　상태

❖ ひどい状態だ　지독한 상태다

300
□ **しょうたい** 招待　초대

❖ 招待を受ける　초대를 받다

301
□ **しょうち** 承知　사정 등을 알고 있음, 승낙

❖ 承知の上でやった事だ
알고서 한 일이다

302
■ **じょうはんしん** 上半身　상반신(↔かはんしん)

❖ 上半身を起こす　상반신을 일으키다

303
■ **しょうひ** 消費　소비　　消費者(しょうひしゃ)소비자

❖ 電力の消費　전력의 소비

304
■ **しょうひん** 商品　상품

❖ 商品目録　상품 목록

305
■ **しょうめん** 正面　정면

❖ 正面を向く　정면을 향하다

306

□ **しょうゆ** 醤油 간장

❖ 濃い醤油 진간장
<small>こ しょうゆ</small>

307

□ **しょうらい** 将来 장래

❖ 近い将来 가까운 장래
<small>ちか しょうらい</small>

308

■ **しょくじだい** 食事代 식사대, 식사비

❖ 食事代までひっくるめて12万ウォン
<small>しょく じ だい</small> <small>じゅうまん</small>
です 식사비까지 통틀어 12만원입니다

309

□ **しょくどう** 食堂 식당

❖ 食堂兼居間 식당 겸 거실
<small>しょくどうけん い ま</small>

310

■ **しょくぶつ** 植物 식물(↔どうぶつ) *植物園(しょくぶつえん)식물원

❖ 植物標本 식물 표본
<small>しょくぶつひょうほん</small>

311

■ **しょくりょうひん** 食料品 식료품

❖ 食料品店 식료품점. 식품점
<small>しょくりょうひんてん</small>

312

■ **しょるい** 書類 서류

❖ 書類選考 서류 전형
<small>しょ るいせんこう</small>

313

■ **しりあい** 知り合い 아는 사이

❖ 知り合いの人 아는 사람. 친지
<small>し あ ひと</small>

314

■ **しりょう** 資料 자료

❖ 資料を集める 자료를 모으다
<small>しりょう あつ</small>

315
■ **しんがっき** 新学期　신학기

❖ 新学期にはいる　신학기로 접어들다

316
□ **じんこう** 人口　인구

❖ 人口問題　인구 문제

317
■ **じんせい** 人生　인생

❖ 長い人生　긴 인생

318
■ **しんだん** 診断　진단

❖ 健康診断　건강 진단

319
■ **しんちょう** 身長　신장(↔たいじゅう)

❖ 身長を測る　신장을 재다

320
□ **しんぶん** 新聞　신문　＊新聞紙(しんぶんし)신문지

❖ 新聞記事[配達]　신문 기사[배달]

321
■ **じんるい** 人類　인류

❖ 人類の繁栄　인류의 번영

322
□ **すいえい** 水泳　수영

❖ 水泳選手　수영 선수

323
□ **すいどう** 水道　수도

❖ 水道を引く　수도를 설치하다

324

■ **すうじ** 　数字　숫자

❖ 数字に強い　숫자에 강하다

325

■ **すえっこ** 　末っ子　막내

❖ 三人兄弟の末っ子　3형제의 막내

326

■ **すがた** 　姿　모습, 모양, 옷차림

❖ 寝券姿　잠옷 차림

327

■ **すしや** 　寿司屋　초밥 가게

❖ 寿司屋で働いています
초밥가게에서 일하고 있습니다

328

□ **すな** 　砂　모래

❖ かわいた砂　건조한 모래

329

■ **せいかく** 　性格　성격

❖ 性格異常　성격 이상

330

□ **せいかつ** 　生活　생활　　　*生活費(せいかつひ) 생활비

❖ 家庭生活　가정 생활

331

■ **せいこう** 　成功　성공

❖ 成功の秘訣　성공의 비결

332

■ **ぜいこみ** 　税込み　세금이 포함된

❖ 税込み50万円の月給
세금을 포함하여 50만 엔의 월급

명
사

333
■ **せいさん** 生産 생산

    ❖ <ruby>大量<rt>たいりょう</rt></ruby><ruby>生産<rt>せいさん</rt></ruby> 대량 생산

334
□ **せいじ** 政治 정치

    ❖ <ruby>議会<rt>ぎかい</rt></ruby><ruby>政治<rt>せいじ</rt></ruby> 의회 정치

335
■ **せいしつ** 性質 성질

    ❖ <ruby>楽天的<rt>らくてんてき</rt></ruby>な<ruby>性質<rt>せいしつ</rt></ruby> 낙천적인 성질

336
■ **せいせき** 成績 성적

    ❖ <ruby>好<rt>こう</rt></ruby><ruby>成績<rt>せいせき</rt></ruby> 좋은 성적

337
□ **せいと** 生徒 생도, 학생

    ❖ <ruby>全校<rt>ぜんこう</rt></ruby>の<ruby>生徒<rt>せいと</rt></ruby>が<ruby>式<rt>しき</rt></ruby>に<ruby>参列<rt>さんれつ</rt></ruby>した
      전교의 학생이 식에 참렬했다

338
■ **ぜいぬき** 税抜き 세금별도

    ❖ この<ruby>値段<rt>ねだん</rt></ruby>は<ruby>税抜<rt>ぜいぬ</rt></ruby>き です
      이 가격은 세금 별도입니다

339
■ **せいもん** 正門 정문

    ❖ <ruby>正門<rt>せいもん</rt></ruby>から<ruby>入<rt>はい</rt></ruby>る 정문으로 들어가다

340
□ **せいよう** 西洋 서양(↔とうよう)

    ❖ <ruby>西洋<rt>せいよう</rt></ruby>から<ruby>輸入<rt>ゆにゅう</rt></ruby> 서양물이 듦

341
□ **せかい** 世界 세계

    ❖ <ruby>世界<rt>せかい</rt></ruby>の<ruby>平和<rt>へいわ</rt></ruby> 세계 평화

342

■ **せきにん** 責任 책임

❖ 責任転嫁 책임 전가
　せきにんてん か

343

□ **せつめい** 説明 설명

❖ 説明不足 설명 부족
　せつ めい ぶ そく

344

□ **せびろ** 背広 신사복

❖ 背広のじょうげ 신사복의 아래위
　せ びろ

345

□ **せわ** 世話 도와줌, 보살펴줌, 신세, 폐

❖ 大変お世話になりました
　たいへん 　せ わ
　대단히 신세를 졌습니다

346

■ **ぜんいん** 全員 전원

❖ 全員集合 전원 집합
　ぜんいんしゅうごう

347

■ **せんじつ** 先日 일전, 요전

❖ 先日お目にかかった者です
　せんじつ 　め 　もの
　일전에 만나뵌 사람입니다

348

■ **せんしゅ** 選手 선수

❖ 野球選手 야구 선수
　や きゅうせんしゅ

349

□ **せんそう** 戦争 전쟁

❖ 戦争孤児 전쟁 고아
　せんそう こ じ

350

■ **ぜんたい** 全体 전체

❖ 国全体の問題 나라 전체의 문제
　くにぜんたい 　もんだい

명사

351

□ **せんたく** 洗濯/選択 세탁 / 선택

❖ 洗濯が利く
세탁이 잘 되다, 때가 잘 빠지다

❖ 選択を誤る 선택을 그르치다

352

□ **せんぱい** 先輩 선배(↔こうはい)

❖ 高校の先輩 고교의 선배

353

□ **せんもん** 専門 전문

❖ 専門課程 전문 과정

354

□ **ぞうか** 増加 증가(↔げんしょう)

❖ 自然増加 자연 증가

355

□ **そうじ** 掃除 청소

❖ 大掃除 대청소

356

□ **そうだん** 相談 상담

❖ 身の上相談 신상 상담

357

□ **そつぎょう** 卒業 졸업　　　*卒業式(そつぎょうしき)졸업식

❖ 卒業証書 졸업 증서

358

□ **そふ** 祖父 조부(↔そぼ)

❖ ぼう祖父 돌아가신 조부

359

□ **そぼ** 祖母 조모(↔そふ)

❖ ちち方の祖母 친조모

360

■ **そんざい** 存在 　존재

❖ 神の存在を信ずる　신의 존재를 믿는다

361

■ **だいきん** 代金 　대금

❖ 代金の全額を払い込む
대금의 전액을 불입하다

362

■ **たいし** 大使 　대사　　　*大使館(たいしかん)대사관

❖ 駐米大使　주미 대사

363

■ **たいじゅう** 体重 　체중(↔しんちょう)

❖ 体重計　체중계

364

□ **だいどころ** 台所 　부엌

❖ 台所道具　부엌 용품

365

■ **だいひょう** 代表 　대표

❖ 代表作　대표작

366

■ **たいひん** 退院 　퇴원(↔にゅういん)

❖ 二日の朝入院、どうや退院
2일 아침 입원, 그날 밤 퇴원

367

□ **たいふう** 台風 　태풍

❖ 台風警報　태풍 경보

368

■ **たて** 縦 　세로(↔よこ)

❖ 縦に書く　세로로 쓰다

369
□ **たてもの** 建物　건물

❖ 高層建物　고층 건물

370
■ **たび** 旅　여행

❖ うきねの旅　정처없는 여행

371
□ **たまご** 卵　계란

❖ 卵のから　계란 껍질

372
■ **たまねぎ** 玉ねぎ　양파

❖ 玉ねぎをきざみこむ
양파를 잘게 썰어 넣다

373
■ **たんしょ** 短所　단점(↔ちょうしょ)

❖ 長所と短所　장점과 단점

374
□ **たんじょうび** 誕生日　생일

❖ 誕生日おめでとう　생일을 축하합니다

375
■ **だんたい** 団体　단체(↔こじん)

❖ 団体生活　단체 생활

376
■ **たんとう** 担当　담당

❖ 担当区域　담당 구역

377
■ **たんにん** 担任　담임

❖ 学級担任　학급 담임

378
□ **だんぼう**　暖房　난방

　　暖房のきいた部屋　난방이 잘 된 방

379
□ **ち**　　　血　피

　　血を流す　피를 흘리다

380
□ **ちから**　　力　힘

　　力自慢　힘 자랑

381
■ **ちきゅう**　地球　지구

　　地球の自転　지구의 자전

382
□ **ちず**　　地図　지도

　　世界地図　세계 지도

383
■ **ちゅうか**　中華　중화　　中華料理(ちゅうかりょうり) 중화요리

　　中華思想　중화 사상

384
□ **ちゅうし**　中止　중지

　　発売を中止する　발매를 중지하다

385
□ **ちゅうしゃ**　注射　주사

　　予防注射　예방 주사

386
■ **ちゅうしょく**　昼食　중식

　　昼食を取る　점심(중식)을 들다

387
■ **ちゅうもん** 注文　　주문

　　注文先 주문처

388
■ **ちょうさ** 調査　　조사

　　調査が進む 조사가 진척되다

389
■ **ちょうし** 調子　　상태, 컨디션, 진행 상태

　　調子がくるう 상태가 이상해지다

390
■ **ちょうしょ** 長所　　장점(↔たんしょ)

　　長所を生かす 장점을 살리다

391
■ **ちょくせつ** 直接　　직접(↔かんせつ)

　　事故の直接原因 사고의 직접 원인

392
□ **ちり** 地理　　지리

　　自然地理 자연 지리

393
■ **つうがく** 通学　　통학

　　自転車通学 자전거 통학

394
■ **つうきん** 通勤　　통근

　　通勤ラッシュ 통근 러시

395
■ **つうしん** 通信　　통신

　　通信衛星 통신 위성

396

■ **つうやく** 通訳 **통역**

❖ 通訳を頼む 통역을 부탁하다

397

□ **つごう** 都合 **형편, 사정**

❖ 都合のよい日 형편이 좋은 날

398

□ **つま** 妻 **아내(↔おっと)**

❖ 妻をめとる 아내를 얻다

399

■ **ていきょう** 提供 **제공**

❖ A社提供の放送番組
A사 제공의 방송 프로그램

400

■ **ていど** 程度 **정도**

❖ それぞれ程度の差がある
각기 정도의 차가 있다

401

□ **でぐち** 出口 **출구(↔いりぐり)**

❖ トンネルの出口 터널의 출구

402

■ **てつどう** 鉄道 **철도**

❖ 大陸横断鉄道 대륙 횡단 철도

403

■ **てまえ** 手前 **자기(앞)**

❖ 手前の箸を取る
자기 앞의 젓가락을 집다

404

□ **でんき** 電気 **전기**

❖ 電気が通じる 전기가 통하다

명사

405
□ **てんき** 天気 　날씨, 일기 　　*天気予報(てんきよほう) 일기예보

❖ 今日は天気がよい　오늘은 날씨가 좋다

406
■ **でんきだい** 電気代 　전기대, 전기비

❖ 電気代がすごく高かった
전기세가 많이 나왔다

407
■ **でんし** 電子 　전자

❖ 電子けんびきょう　전자 현미경

408
■ **てんすう** 点数 　점수

❖ 合格には点数が足りない
합격에는 점수가 모자라다

409
■ **でんたく** 電卓 　탁상용 전자계산기

❖ 電卓のような手軽な計算機
탁상 전자 계산기와 같은 간편한 계산기

410
■ **でんとう** 伝統 　전통

❖ 伝統を守る　전통을 지키다

411
■ **てんぷら** 天ぷら 　튀김

❖ 天ぷらの油がはねる　튀김의 기름이 튀다

412
□ **てんらんかい** 展覧会 　전람회

❖ 展覧会を開く　전람회를 열다

413
■ **どうぐ** 道具 　도구

❖ 家財道具　가재 도구

414

■ **とうじつ** 当日 당일

❖ 事件の当日 사건 당일
　じけん　とうじつ

415

■ **とうちゃく** 到着 도착(↔しゅっぱつ)

❖ 到着順に並ぶ 도착순으로 늘어서다
　とうちゃくじゅん　なら

416

□ **どうぶつ** 動物 동물(↔しょくぶつ) *動物園(どうぶつえん) 동물원

❖ 動物試験 동물 시험
　どうぶつ　しけん

417

■ **とうよう** 東洋 동양(↔せいよう)

❖ 東洋文化を研究する
　とうようぶん か　けんきゅう
동양 문화를 연구하다

418

■ **どうりょう** 同僚 동료

❖ 職場の同僚 직장 동료
　しょく ば　どうりょう

419

■ **どうろぞい** 道路沿い 도로변

❖ 道路沿いにずらリとビルが建ってい
　どう ろ　ぞ　　　　　　　　　　　　た
ます 도로변을 따라서 빌딩이 세워져 있다

420

■ **とくちょう** 特徴 특징

❖ 特徴のない顔 특징이 없는 얼굴
　とくちょう　　　かお

421

■ **とくてい** 特定 특정

❖ 特定の人 특정인
　とくてい　ひと

422

■ **としょ** 図書 도서 *図書館(としょかん) 도서관

❖ 図書目録 도서 목록
　と しょもくろく

423

□ **とちゅう**　途中　도중

  ❖ 途中下車 도중 하차

424

□ **とっきゅう**　特急　특급

  ❖ 特急で頼む 특급으로 부탁하다

425

□ **となり**　隣　옆, 이웃, 이웃사람

  ❖ 隣の国 이웃 나라

426

□ **とり**　鳥　새, 닭

  ❖ 鳥の声 새소리

427

■ **どりょく**　努力　노력

  ❖ 努力が実る 노력이 결실되다

428

□ **どろぼう**　泥棒　도둑

  ❖ 泥棒根性 도둑 근성

429

■ **な**　名　이름　　　　　*名前(なまえ)이름

  ❖ 国の名 나라의 이름

430

■ **なか**　仲　사이, 관계

  ❖ 親子の仲 부모 자식 사이

431

□ **なかま**　仲間　동료, 동아리, 무리

  ❖ 仲間意識 동료 의식

432
■ **なかみ**　　中身　　내용물, 알맹이

❖ 小包の中身 소포의 내용물

433
■ **なつ**　　夏　　여름

❖ 夏がさる 여름이 지나가다

434
■ **なみ**　　波　　파도

❖ 大波 큰 파도

435
■ **なみだ**　　涙　　눈물

❖ 涙があふれる 눈물이 넘치다

436
■ **なんぶ**　　何部　　몇 부

❖ 新聞は全部何部ですか
신문은 모두 몇부입니까

437
□ **にし**　　西　　서

❖ 西に沈む太陽 서쪽으로 지는 해

438
□ **にもつ**　　荷物　　짐, 화물

❖ 荷物を積む 짐을 쌓다[싣다]

439
□ **にゅういん**　　入院　　입원(↔たいひん)

❖ 入院費 입원비

440
■ **にんぎょう**　　人形　　인형

❖ フランス人形 프랑스 인형

명사

441

■ **にんずう** 人数 인원수, 사람의 수

❖ 人数が余る 인원수가 남다

442

■ **ねこ** 猫 고양이

❖ 野良猫 들고양이

443

□ **ねだん** 値段 가격

❖ おろし値段 도매 가격

444

□ **ねつ** 熱 열

❖ 熱を加える 열을 가하다

445

■ **のうりょく** 能力 능력

❖ 生産能力 생산 능력

446

□ **は** 葉 잎

❖ 葉が落ちる 잎이 지다

447

■ **ば** 場 장소, 자리

❖ 活動の場 활동 장소

448

□ **ばあい** 場合 경우, 때

❖ 万一の場合 만일의 경우

449

■ **はいけい** 拝啓 배계(편지 첫인사)(↔けいぐ)

❖ 拝啓は手紙の初めに書くあいさつ語です
拝啓는 편지 첫머리에 쓰는 인사말입니다

450

■ **ばいてん** 売店 매점

❖ 駅の売店でみやげを買う
　(えき　ばいてん　　　　　か)
　역의 매점에서 선물을 사다

451

□ **はがき** 葉書 엽서

❖ 絵葉書 그림 엽서
　(え は がき)

452

□ **はこ** 箱 상자　　　　　　*ゴミ箱(ごみばこ)쓰레기통

❖ からの箱 빈 상자
　(はこ)

453

■ **はし** 橋/端 다리 / 끝

❖ 橋のたもと 다리 옆
　(はし)

❖ さおの端 장대의 끝
　(はし)

454

■ **はだ** 肌 피부, 살갗

❖ 肌が荒れる 살결이 거칠어지다
　(はだ　あ)

455

□ **はつおん** 発音 발음

❖ 発音器官 발음 기관
　(はつおん き かん)

456

■ **はっけん** 発見 발견

❖ 新星の発見に失敗した
　(しん せい　はっけん　しっぱい)
　새 별의 발견에 실패했다

457

■ **はつばい** 発売 발매

❖ 発売禁止 발매 금지
　(はつばいきん し)

458

■ **はっぴょう** 発表 발표　　　　　*発表者(はっぴょうしゃ)발표자

❖ ピアノの発表会 피아노 발표회
　(はっぴょうかい)

459

□ **はな**　　　花/鼻　　꽃 / 코

❖ 花が散る 꽃이 지다

❖ 鼻が詰まる 코가 막히다

460

□ **はる**　　　春　　봄

行く春 가는 봄

461

□ **ばんぐみ**　　番組　　프로그램, 프로

❖ 教養番組 교양 프로

462

□ **ばんごう**　　番号　　번호

❖ 番号をつける 번호를 달다

463

□ **はんたい**　　反対　　반대(↔さんせい)

❖ 東の反対は西 동(쪽)의 반대는 서(쪽)

464

■ **はんにん**　　犯人　　범인

❖ 殺人犯人 살인 범인

465

■ **ひあたり**　　日当たり　　볕이 듦, 볕이 드는 정도

❖ 日当たりのよい部屋 볕이 잘 드는 방

466

■ **ひかく**　　比較　　비교

❖ 比較にならないほど安い
비교가 안 될 만큼 싸다

467

□ **ひがし**　　東　　동

❖ 東を向く 동쪽을 향하다

468

□ **ひかり** 光 빛

❖ 光と影 빛과 그림자
<ruby>光<rt>ひかり</rt></ruby>と<ruby>影<rt>かげ</rt></ruby>

469

□ **ひきだし** 引き出し 서랍 / 인출

❖ 引き出しを開ける 서랍을 열다
<ruby>引<rt>ひ</rt></ruby>き<ruby>出<rt>だ</rt></ruby>しを<ruby>開<rt>あ</rt></ruby>ける

❖ 預金の引き出し 예금의 인출
<ruby>預金<rt>よきん</rt></ruby>の<ruby>引<rt>ひ</rt></ruby>き<ruby>出<rt>だ</rt></ruby>し

470

□ **ひこうき** 飛行機 비행기(↔ふね)

❖ もけい飛行機 모형 비행기
もけい<ruby>飛行機<rt>ひこうき</rt></ruby>

471

■ **ひざし** 日差し 햇살, 볕

❖ つよい夏の日差し 따가운 여름 햇살
つよい<ruby>夏<rt>なつ</rt></ruby>の<ruby>日差<rt>ひざ</rt></ruby>し

472

■ **びじゅつ** 美術 미술 *美術館(びじゅつかん)미술관

❖ 美術大学 미술대학
<ruby>美術<rt>びじゅつ</rt></ruby><ruby>大学<rt>だいがく</rt></ruby>

473

■ **ひしょ** 秘書 비서

❖ 社長の秘書 사장 비서
<ruby>社長<rt>しゃちょう</rt></ruby>の<ruby>秘書<rt>ひしょ</rt></ruby>

474

■ **ひっしゃ** 筆者 필자

❖ 筆者未詳 필자 미상
<ruby>筆者<rt>ひっしゃ</rt></ruby><ruby>未詳<rt>みしょう</rt></ruby>

475

■ **ひみつ** 秘密 비밀

❖ 公然の秘密 공공연한 비밀
<ruby>公然<rt>こうぜん</rt></ruby>の<ruby>秘密<rt>ひみつ</rt></ruby>

476

■ **ひよう** 費用 비용

❖ 費用が掛かる 비용이 들다
<ruby>費用<rt>ひよう</rt></ruby>が<ruby>掛<rt>か</rt></ruby>かる

명사

477
■ **ひょう**　表　　표

❖ 表にして示す 표로 만들어 나타내다

478
■ **ひょうか**　評価　　평가

❖ 高く評価する 높이 평가하다

479
■ **ひょうばん**　評判　　평판

❖ 評判がいい 평판이 좋다

480
■ **ひょうめん**　表面　　표면

❖ 月の表面 달의 표면

481
□ **ふうとう**　封筒　　봉투

❖ 封筒に切手をはる 봉투에 우표를 붙이다

482
■ **ふうふ**　夫婦　　부부

❖ 夫婦愛 부부애

483
■ **ぶか**　部下　　부하(↔じょうし)

❖ 部下にする 부하로 삼다

484
□ **ふく**　服　　옷

❖ そまつな服 초라한 옷

485
□ **ふくしゅう**　復習　　복습(↔よしゅう)

❖ 前の科の復習 앞 과의 복습

486

■ **ふくそう**　服装　복장

❖ 改まった服装　격식 차린 복장

487

□ **ぶたにく**　豚肉　돼지고기

❖ なみの豚肉　보통 돼지고기

488

■ **ふつう**　普通　보통

❖ 彼の成績は普通だ　그의 성적은 보통이다

489

■ **ぶっか**　物価　물가

❖ 物価調節　물가 조절

490

■ **ぶっしつ**　物質　물질

❖ 物質ぶんめい　물질 문명

491

■ **ふとん**　布団　이불

❖ 布団を掛ける　이불을 덮다

492

□ **ふね**　船　배(↔ひこうき)

❖ 船にのる　배를 타다

493

□ **ふゆ**　冬　겨울

❖ 冬休み　겨울 방학

494

□ **ふろ**　風呂　목욕, 목욕통, 목욕탕

❖ 風呂のかま　목욕탕의 보일러

495
□ **ぶんか** 文化 문화

かんこく ぶん か でんとう
❖ 韓国文化の伝統 한국 문화의 전통

496
■ **ぶんしょう** 文章 문장

かん けつ ぶんしょう
❖ 簡潔な文章 간결한 문장

497
■ **ぶんぼうぐ** 文房具 문방구 *文房具屋(ぶんぼうぐや) 문방구점

しょてん ぶん ぼう ぐ てん
❖ 書店と文房具店をかねる
서점과 문구점을 겸하다

498
■ **へいかん** 閉館 폐관(↔かいかん)

と しょ かん へいかん
❖ 図書館を閉館する 도서관을 폐관하다

499
■ **へいじつ** 平日 평일(↔しゅうまつ)

へいじつ く じ かいてん
❖ 平日は9時に開店する
평일은 9시에 개점한다

500
■ **へいてん** 閉店 폐점(↔かいてん)

へいてん じ かん
❖ 閉店時間までねばる
폐점 시간까지 버티다

501
■ **へいわ** 平和 평화

せんそう へい わ
❖ 戦争と平和 전쟁과 평화

502
■ **へんか** 変化 변화

か がくへん か
❖ 化学変化 화학 변화

503
■ **べんとう** 弁当 도시락

べんとう じ さん
❖ 弁当持参 도시락 지참

504
□ **ぼうえき** 貿易 무역

❖ 自由貿易 자유 무역
<small>じ ゆうぼうえき</small>

505
□ **ほうそう** 放送/包装 방송 / 포장

❖ テレビ放送 텔레비전 방송
<small>ほうそう</small>

❖ 真空包装 진공 포장
<small>しんくうほうそう</small>

506
■ **ほうちょう** 包丁 부엌칼, 식칼

❖ 見事な包丁さばき
<small>み ごと　ほうちょう</small>
훌륭한 식칼 놀림[요리 솜씨]

507
■ **ほうほう** 方法 방법

❖ 好きな方法 좋아하는 방법
<small>す　　ほうほう</small>

508
■ **ほうもん** 訪問 방문

❖ 訪問を受ける 방문을 받다
<small>ほうもん　う</small>

509
□ **ほうりつ** 法律 법률

❖ 法律案 법률안
<small>ほうりつあん</small>

510
■ **ぼく** 僕 나 (남자말)

❖ 君と僕 너와 나
<small>きみ　ぼく</small>

511
□ **ほし** 星 별

❖ 星がでる 별이 나오다
<small>ほし</small>

512
■ **ぼしゅう** 募集 모집

❖ 募集広告 모집 광고
<small>ぼしゅうこうこく</small>

513

■ **ほんじつ** 本日 본일, 오늘

ほんじつ おお
❖ 本日大やすうり 오늘 염가 대매출

514

□ **ほんやく** 翻訳 번역

ほんやくしょうせつ
❖ 翻訳小説 번역 소설

515

■ **まいあさ** 毎朝 매일 아침

まいあさたいそう
❖ 毎朝体操をする 매일 아침 체조를 하다

516

□ **まいつき** 毎月 매월

まいつき しょくひ かせ
❖ 毎月食費を稼ぐ 매월 식비를 벌다

517

□ **まいにち** 毎日 매일

まいにちしゅっきん
❖ 毎日出勤する 매일 출근하다

518

□ **まいばん** 毎晩 매일 밤

まいばんじゅうじ つ
❖ 毎晩10時にはとこに就く
매일 밤 10시에는 잠자리에 들다

519

□ **まど** 窓 창문 *窓口(まどぐち)창구

まど あ
❖ 窓を開ける 창(문)을 열다

520

□ **まんねんひつ** 万年筆 만년필

ふと じ ようまんねんひつ
❖ 太字用万年筆 촉이 굵은 만년필

521

■ **みかけ** 見かけ 겉보기, 외관

み りっぱ
❖ 見かけだけが立派だ 외양만 훌륭하다

522

□ みずうみ　湖　　호수

❖ しずかな 湖 고요한 호수

523

□ みどり　緑　　녹색, 녹음, 자연, 나무의 싹

❖ 松の 緑 소나무의 새싹

524

□ みなと　港　　항구(↔くうこう)

❖ 港浜の 港 요코하마 항구

525

□ みなみ　南　　남

❖ 南の国 남쪽 나라

526

■ みなみむき　南向き　남향

❖ 南向きの家 남향 집

527

□ みらい　未来　　미래

❖ 未来の妻 미래의 아내

528

□ むこう　向こう　건너편, 저쪽

❖ 向こう岸 건너편 물가. 대안

529

□ むし　虫　　벌레, 곤충

❖ 虫の音 벌레 소리

530

□ むすこ　息子　　아들(↔むすめ)

❖ うちの跡取り 息子
우리집의 대를 이을 아들

531

□ **むすめ**　　娘　　딸(↔むすこ)

❖ うちの娘 우리집 딸

532

□ **むら**　　村　　마을, 부락, 촌락

❖ 村の人 마을 사람

533

■ **むりょう**　　無料　　무료(↔ゆうりょう)

❖ 入場無料 입장 무료

534

□ **めがね**　　眼鏡　　안경

❖ 度の強い眼鏡 도수가 높은 안경

535

■ **めんせつ**　　面接　　면접

❖ 面接試験 면접 시험

536

■ **もうしこみ**　　申し込み　　신청　　*申請書(もうしこみしょ)신청서

❖ 結婚の申し込み 결혼 신청

537

■ **もくてき**　　目的　　목적　　*目的地(もくてきち)목적지

❖ 当初の目的 당초의 목적

538

■ **ものがたり**　　物語　　이야기, 전설, 설화

❖ 古井戸にまつわる物語
오랜 우물에 얽힌 전설

539

■ **ものさし**　　物差し　　자, 기준, 척도

❖ 物差しで測る 자로 재다

540

□ **もんだい** 問題 문제

❖ 試^{しけんもんだい}験問題 시험 문제

541

□ **やさい** 野菜 야채

❖ 野^{やさい}菜いため 야채 볶음

542

■ **やじるし** 矢印 화살표

❖ 地^{ちず}図に描^{えが}いてある矢^{やじるし}印
지도에 그려져 있는 화살표

543

■ **やちん** 家賃 집세

❖ 家^{やちん}賃が高^{たか}い 집세가 비싸다

544

□ **ゆうがた** 夕方 저녁때, 해질녘(↔ゆうはん)

❖ 明^{あす}日の夕^{ゆうがた}方に電^{でんわ}話します
내일 저녁때 전화하겠습니다

545

■ **ゆうじん** 友人 친구

❖ 同^{どうしつ}室の友^{ゆうじん}人 같은 방 친구

546

■ **ゆうはん** 夕飯 저녁

❖ 夕^{ゆうはん}飯をもてなす 저녁을 내다

547

■ **ゆうりょう** 有料 유료(↔むりょう)

❖ 有^{ゆうりょう}料の施^{しせつ}設 유료 시설

548

□ **ゆしゅつ** 輸出 수출(↔ゆにゅう)

❖ 輸^{ゆしゅつさんぎょう}出産業の育^{いくせい}成 수출 산업의 육성

명사

549

□ **ゆにゅう** 輸入　수입(↔ゆしゅつ)

❖ 輸入を規制する　수입을 규제하다

550

□ **よう** 用　용무, 볼일, 일

❖ 急ぎの用　급한 볼일

551

□ **ようい** 用意　준비

❖ 用意を整える　준비를 갖추다

552

■ **ようけん** 用件　용건, 볼일

❖ 用件を思い出す　용건이 생각나다

553

□ **ようじ** 用事　볼일, 용무, 용건

❖ 用事がある　볼일이 있다

554

■ **ようし** 用紙　용지

❖ 筆記用紙　필기 용지

555

■ **ようす** 様子　사물의 상태, 상황, 형편, 낌새

❖ どんな様子でしたか
어떤 상황이었습니까?

556

□ **ようふく** 洋服　옷, 양복

❖ 洋服姿　양복 차림

557

□ **よこ** 横　가로, 옆(↔たて)

❖ 横幅　가로 폭

558

□ **よしゅう** 　予習 　예습(↔ふくしゅう)

✧ 明日の予習　내일의 예습

559

■ **よそう** 　予想 　예상

✧ 予想が当たった　예상이 적중했다

560

■ **よてい** 　予定 　예정

✧ 予定日　예정일

561

■ **よなか** 　夜中 　한밤중

✧ 夜中に起きる　한밤중에 일어나다

562

■ **よやく** 　予約 　예약

✧ 予約金　예약금

563

■ **りかい** 　理解 　이해

✧ 理解力　이해력

564

■ **りゆう** 　理由 　이유

✧ 一身上の理由　일신상의 이유

565

■ **りゅうがく** 　留学 　유학　　　　*留学生(りゅうがくせい)유학생

✧ 官費留学　관비 유학

566

■ **りょう** 　量 　양

✧ ご飯の量が多い　밥의 양이 많다

567
□ **りよう** 　利用　　이용
❖ 利用価値 이용 가치

568
■ **りょうきん**　料金　　요금
❖ 深夜料金 심야 요금

569
□ **りょうしん**　両親/良心　　양친, 부모 / 양심
❖ 両親を失う 양친을 여의다
❖ 学的良心 학문적 양심

570
□ **りょうり**　料理　　요리
❖ 中華料理 중국 요리

571
□ **りょかん**　旅館　　여관
❖ 温泉旅館 온천 여관

572
□ **りょこう**　旅行　　여행
❖ 観光旅行 관광 여행

573
□ **るす**　留守　　부재, 집을 비움
❖ 留守に泥棒が入る 부재중에 도둑이 들다

574
■ **れいぎ**　礼儀　　예의　　*礼儀正しい(れいぎただしい)예의바르다
❖ 礼儀が欠ける 예의가 없다

575
□ **れいぞうこ**　冷蔵庫　　냉장고
❖ 電気冷蔵庫 전기냉장고

576

■ **れいぼう** 冷房 냉방

　　　　　　　　れいぼうかん び
　　◇ 冷房完備 냉방완비

577

□ **れきし** 歴史 역사

　　　　てつどう れき し
　　◇ 鉄道の歴史 철도의 역사

578

■ **れんしゅう** 練習 연습

　　　　　れんしゅう ぶ そく
　　◇ 練習不足 연습 부족

579

□ **れんらく** 連絡 연락

　　　　れんらく へい
　　◇ 連絡兵 연락병

580

■ **ろうか** 廊下 복도

　　　　て ぜま ろう か
　　◇ 手狭な廊下 비좁은 복도

581

■ **わが** 我が 우리

　　　　わ くに
　　◇ 我が国 우리 나라

582

□ **わかもの** 若者 젊은이

　　　　むら わかもの
　　◇ 村の若者 마을의 청년(젊은이)

583

■ **わだい** 話題 화제

　　　　わ だい ぬし
　　◇ 話題の主 화제의 주인공

584

■ **わりびき** 割引 할인

　　　　わりびき けん
　　◇ 割引券 할인권

585
■ **명사 + 建(だ)て**　~층 짜리 건물

❖ 二階建て 2층집

586
■ **명사 + 代(だい)**　~대, 대금, ~비

❖ 当代の大家 당대의 대가

❖ 薬代がかさむ 약값(대금)이 많아지다

❖ しゃば代 거마비. 교통비

587
■ **명사 + 抜(ぬ)き**　~을 뺀, ~을 거른

❖ 骨抜きにされた原案
알맹이를 빼버린 원안

588
■ **명사 + 沿(ぞ)い**　~가, ~을 따라서

❖ 線路沿いに行く 철길을 따라서 가다

589
■ **명사 + 込(こ)み**　~이 포함된

❖ 税込みで20万円の月給
세금 포함해서 20만 엔의 월급

590
■ **명사 + 向(む)き**　~향

❖ 南向きの部屋 남향 방

TIP

わがこ(我が子) 우리 아들
わがや(我が家) 우리 집
わがしゃ(我が社) 우리 회사
わがくに(我が国) 우리 나라

591

☐ **あう** 　　合う 　　맞다, 어울리다

❖ くちに合う 　입에 맞다

592

☐ **あがる** 　　上がる 　　오르다

❖ ねが上がる 　값이 오르다

593

■ **あく** 　　明く 　　시간이 나다, 비다

❖ 時間が明く 　시간이 나다

594

☐ **あく** 　　開く 　　열리다

❖ 窓が開く 　창문이 열리다

595

☐ **あける** 　　開ける 　　열다

❖ とを開ける 　문을 열다

596

■ **あける** 　　空ける 　　시간을 비워두다

❖ 時間を空ける 　시간을 내다

597

■ **あける** 　　明ける 　　날이 새다

❖ しらしらと夜が明ける
흰히 날이 새기 시작하다

598

☐ **あげる** 　　上げる 　　올리다

❖ 机を2階に上げる 　책상을 2층에 올리다

599
■ **あずかる**　預かる　맡다, 보관하다

❖ カウンターを預かる　카운터 일을 맡다

600
■ **あずける**　預ける　맡기다, 보관시키다

❖ 手荷物を預ける　수하물을 맡기다

601
■ **あたえる**　与える　주다, 부여하다, 끼치다

❖ ヒントを与える　힌트를 주다

602
■ **あたたまる**　温まる　따뜻해지다, 데워지다

❖ 手足が温まる　손발이 따뜻해지다

603
■ **あたためる**　温める　따뜻하게 하다, 데우다

❖ 酒を温めて飲む　술을 데워서 마시다

604
■ **あたる**　当たる　맞다, 적중되다

❖ やまが当たる　예상이 맞다

605
■ **あつかう**　扱う　다루다, 취급히다

❖ だいじに扱う　소중히 다루다

606
□ **あつまる**　集まる　모이다

❖ つきに1回集まる　한 달에 한 번 모이다

607
□ **あつめる**　集める　모으다

❖ 兵士を集める　병사를 모으다

동사

608

■ **あてる** 　当てる　맞히다, 적중시키다

❖ ぴたりと当てる 정확히 맞히다

609

□ **あびる** 　浴びる　(햇볕을) 쬐다, 샤워하다

❖ シャワーを浴びる 샤워를 하다

610

■ **あふれる** 　溢れる　가득 차서 넘치다, 흘러넘치다

❖ ふろの水が溢れる 목욕탕의 물이 넘치다

611

■ **あます** 　余す　남기다, 남겨두다

❖ 小遣いを余す 용돈을 남기다

612

■ **あまる** 　余る　남다

❖ じかんが余る 시간이 남다

613

■ **あむ** 　編む　엮다, 뜨다

❖ ししゅうを編む 시집을 엮다

614

□ **あやまる** 　謝る　사과하다

❖ ぺこぺこと謝る 굽실굽실하며 사과하다

615

□ **あらう** 　洗う　씻다, (머리를) 감다

❖ 水で洗う 물로 씻다

616

■ **あらわす** 　表す　나타내다, 표시하다

❖ 名はたいを表す
이름은 그 실체를 나타낸다

617

■ **あらわれる** 表れる 나타나다

❖ 字の中にひとがらが表れる
글씨 속에 인품이 나타나다

618

□ **あるく** 歩く 걷다

❖ そっと歩く 조용히 걷다

619

■ **あわせる** 合わせる 합치다, 맞추다

❖ 僕のに合わせる
내 것에 맞추다, 내 것에 합치다

620

■ **いいかえす** 言い返す 대답하다, 말대꾸하다

❖ 尖り声で言い返す
가시 돋친 목소리로 말대꾸하다

621

■ **いかす** 生かす 살리다, 활용하다

❖ 創意を生かす 창의를 살리다

622

■ **いかす** 活かす 활용하다

❖ 時間を活かす
시간을 보람있게 쓰다(활용하다)

623

□ **いきる** 生きる 살다, 생존하다

❖ まともに生きる 성실하게 살다

624

□ **いじめる** 괴롭히다, 못살게 굴다

❖ 他国者をいじめる
타관 사람을 괴롭히다

625

□ **いそぐ** 急ぐ 서두르다

❖ 急ぎに急ぐ 급히 서둘다

626

□ **いのる**   祈る   기도하다, 기원하다

　　　　　　❖ かみに 祈る 신에게 빌다[기도하다]

627

□ **いる**   要る   필요하다 (예외5단활용 동사)

　　　　　　❖ もう5人ほど人手が 要る
　　　　　　　다섯 사람쯤 더 일손이 필요하다

628

□ **いれる**   入れる   넣다

　　　　　　❖ 入れ歯を 入れる 틀니를 해 넣다

629

■ **いわう**   祝う   축하하다

　　　　　　❖ こきを 祝う 고희를 축하하다

630

□ **うえる**   植える   (나무 등을)심다

　　　　　　❖ 木を 植える 나무를 심다

631

□ **うかがう**   伺う   여쭙다, 듣다, 방문하다의 겸양어

　　　　　　❖ 尊意を 伺う 존의를 여쭈어 보다

632

■ **うけとる**   受け取る   받다, 수취하다

　　　　　　❖ 俸給を 受け取る 봉급을 받다

633

□ **うける**   受ける   받다, (어떤 행위에)응하다

　　　　　　❖ 取調べを 受ける 조사를 받다

634

■ **うごかす**   動かす   옮기다, 움직이게 하다

　　　　　　❖ 椅子を前に 動かす 의자를 앞으로 옮기다

635

□ **うごく** 動く 움직이다

❖ だせいで動く 관성으로 움직이다

636

■ **うしなう** 失う 잃다, 상실하다

❖ いしきを失う 의식을 잃다

동사

637

■ **うたいはじめる** 歌い始める 노래 부르기 시작하다

❖ 鼻歌を歌い始める
콧노래를 부르기시작하다

638

□ **うつ** 打つ 치다, 두드리다, (컴퓨터 자판 등을)치다

❖ 膝を打つ 가볍게 무릎을 치다

639

□ **うつす** 写す 사진을 찍다

❖ てなれたカメラで写す
손익은 카메라로 (사진을)찍다

640

■ **うつす** 映す 비추다

❖ すいめんに自分の姿を映す
수면에 자신의 모습을 비추다

641

■ **うつす** 移す 옮기다

❖ 居を移す 주거를 옮기다

642

□ **うまれる** 生まれる 태어나다, 생기다

❖ 二世が生まれる 2세가 태어나다

643

■ **うむ** 生む 낳다, 임신하다

❖ 三つ子を生む 세쌍둥이를 낳다

644

□ **えらぶ** 選ぶ 고르다, 선택하다

❖ 任意_{にんい}に選_{えら}ぶ 임의로 선택하다

645

■ **おう** 負う 지다, 입다

❖ 荷_にを負_おう 짐을 지다

646

■ **おう** 追う 쫓아가다

❖ あしを追_おう (범인의) 발자취를 쫓다

647

■ **おえる** 終える 끝내다, 마치다

❖ しごとを終_おえる 일을 끝내다

648

□ **おきる** 起きる 일어나다, 일어서다

❖ はやく起_おきる 일찍 일어나다

649

□ **おく** 置く 놓다, 두다

❖ はしを置_おく 젓가락을 놓다

650

■ **おくる** 送る 보내다, 발송하다, 배웅하다

❖ 手紙_{でがみ}を送_{おく}る 서간을 보내다

651

■ **おくる** 贈る 선물하다

❖ 菓子箱_{かしばこ}を贈_{おく}る 과자 상자를 선물하다

652

■ **おくれる** 遅れる 늦다, 뒤떨어지다

❖ 汽車_{きしゃ}に遅_{おく}れる 기차(시간)에 늦다

653

■ **おこす** 起こす 깨우다, 일으키다

❖ 妻を起こす 아내를 깨우다

654

■ **おこす** 興す (사업 등을) 시작하다, 일으키다

❖ 新しい事業を興す
새로운 사업을 시작하다

655

☐ **おこなう** 行う 행하다, 실행하다

❖ 命令により行う 명령에 따라 행하다

656

■ **おこる** 起こる 일어나다, 발생하다

❖ 静電気が起こる 정전기가 일어나다

657

☐ **おしえる** 教える 가르치다

❖ イルカに芸を教える
돌고래에게 재주를 가르치다

658

☐ **おす** 押す 밀다, 누르다(↔ひく)

❖ 乳母車を押す 유모차를 밀다

659

■ **おちつく** 落ち着く 안정되다, 침착하다, 차분하다

❖ 国内が落ち着く 국내가 안정되다

660

☐ **おちる** 落ちる (물건, 시험, 품질 등)떨어지다

❖ 栗が落ちる 알밤이 떨어지다

661

☐ **おとす** 落とす 떨어뜨리다

❖ 地面に落とす 땅에 떨어뜨리다

662
□ **おどろく** 驚く 놀라다

❖ あまりの美しさに驚く
너무나 예쁜 데 놀라다

663
□ **おぼえる** 覚える 기억하다, 익히다, 배우다

❖ 部下の名前を覚える
부하의 이름을 기억하다

664
□ **おもいだす** 思い出す 생각해 내다

❖ 忘れていたことを思い出す
잊고 있었던 일을 상기하다 (생각해내다)

665
□ **およぐ** 泳ぐ 수영하다

❖ 海で泳ぐ 바다에서 헤엄치다(수영하다)

666
□ **おりる** 降りる/下りる 내려오다

❖ 山から降りる 산에서 내려오다[내려가다]

667
□ **おる** 折る 구부리다, 꺾다, 접다

❖ 色紙で鶴を折る 색종이로 두루미를 접다

668
■ **おれる** 折れる 굽어지다, 꺾이다, 접히다

❖ 枝がぽきんと折れる
나뭇가지가 뚝 부러지다

669
■ **おわる** 終わる 끝나다

❖ 仕事が終わる 일이 끝나다

670
□ **かえる** 帰る 돌아오다

❖ 家に帰る 집으로 돌아오다

671

■ **かえる** 　　返る 　　되돌아오다

❖ 初心に返る
처음에 먹은 마음으로 (되)돌아오다

672

□ **かえる** 　　変える 　　바꾸다

❖ 顔色を変える　안색을 바꾸다

동
사

673

■ **かかえる** 　　抱える 　　껴안다, 감싸 쥐다, 떠안다

❖ 両手に抱える　양팔로 (껴)안다

674

■ **かかる** 　　掛かる 　　걸리다

❖ 壁に掛かっている絵
벽에 걸려 있는 그림

675

■ **かきつづける** 　書き続ける 　계속 쓰다

❖ 話を書き続ける　이야기를 계속 쓰다

676

■ **かける** 　　掛ける 　　걸다

❖ 額を掛ける　액자를 걸다

677

■ **かこむ** 　　囲む 　　두르다, 둘러싸다

❖ テーブルを囲んで談笑する
테이블을 둘러싸고 담소하다

678

■ **かさなる** 　　重なる 　　포개지다, 중첩되다

❖ ぴったり重なる　빈틈없이 포개어지다

679

■ **かさねる** 　　重ねる 　　포개다, 겹치다

❖ 左右の手を重ねる　좌우의 손을 포개다

680
□ **かざる** 　飾る 　장식하다, 꾸미다, 치장하다

❖ 部屋を飾る 　방을 꾸미다

681
■ **かしこまる** 　畏まる 　황공해 하다

❖ 先生の話を畏まって聞く
　선생님의 말씀을 공손히 듣다

682
■ **かしだす** 　貸し出す 　대출하다, 빌려주다

❖ 図書を貸し出す 　도서를 대출하다

683
□ **かす** 　貸す 　빌려주다

❖ 金を貸す 　돈을 꿔주다

684
■ **かぞえる** 　教える 　세다

❖ 人数を数える 　인원수를 세다

685
■ **かたづく** 　片付く 　정리되다, 처리되다

❖ 散らかった部屋が片付いた
　난잡했던 방이 정돈되었다

686
□ **かたづける** 　片付ける 　정리하다, 결말내다

❖ 押し入れの中を片付ける
　반침 안을 정리하다

687
□ **かつ** 　勝つ 　이기다(↔まける)

❖ 戦いに勝つ 　싸움에 이기다

688
□ **かぶる** 　被る 　(모자, 이불, 탈 등을)뒤집어쓰다

❖ 毛布を頭から被って寝る
　담요를 머리까지 뒤집어쓰고 자다

689
□ **かむ**　　噛む　　물다, 씹다

❖ 砂を噛むように　모래를 씹는 것처럼

690
□ **かよう**　　通う　　다니다, 왕래하다, 오가다

❖ 会社に通う　회사에 다니다

동
사

691
■ **かりる**　　借りる　　빌리다

❖ 本を借りる　책을 빌리다

692
■ **かわかす**　　乾かす　　말리다

❖ 洗濯物を乾かす　빨래를 말리다

693
□ **かわく**　　乾く　　마르다

❖ ハンカチが乾く　손수건이 마르다

694
■ **かんじる**　　感じる　　느끼다, 감동하다

❖ ひけを感じる　열등감을 느끼다

695
□ **がんばる**　　頑張る　　노력하다, 열심히 하다

❖ 試験に受かるよう頑張る
시험에 합격할 수 있도록 끝까지 노력하다

696
□ **きえる**　　消える　　꺼지다, 사라지다

❖ 姿が消える　모습이 사라지다

697
■ **きづく**　　気付く　　눈치채다, 알아차리다, 깨닫다

❖ 自分の欠点に気付く
자기의 결점을 깨닫다

698

□ **きまる** 決まる 정해지다, 결정되다

❖ 会長に決まる 회장으로 결정되다
かいちょう き

699

□ **きめる** 決める 정하다, 결정하다

❖ 予算を決める 예산을 결정하다
よ さん き

700

□ **きる** 切る 자르다, 끊다

❖ 大根を切る 무를 자르다
だいこん き

701

□ **きる** 着る (의류를) 입다

❖ コートを着る 코트를 입다
き

702

■ **きれる** 切れる 잘리다, 끊기다

❖ くもが切れる 구름이 끊기다
き

703

■ **くたびれる** 지치다, 피로하다

❖ 気をつかってすっかりくたびれた
き
신경을 썼더니 아주 지쳤다

704

■ **くばる** 配る 나누어 주다, 배포하다

❖ 菓子を配る 과자를 나누어 주다
か し くば

705

■ **くむ** 組む 엇걸다, 짜다, 조직하다

❖ デュオを組む 2인조를 짜다
く

706

□ **くもる** 曇る 흐리다(↔はれる)

❖ 一日中曇っていた
いちにちじゅうくも
하루 종일 흐려 있었다

동
사

707
■ **くらべる** 比べる 비교하다
> ❖ 身長を比べる 신장을 비교하다

708
□ **くれる** 暮れる (한 해, 날등이)저물다, 지다
> ❖ 日がどっぷり暮れる 해가 완전히 지다

709
□ **けす** 消す 끄다, 지우다
> ❖ 火を消す 불을 끄다

710
□ **こたえる** 答える 답하다, 대답하다
> ❖ 先生の問いかけに答える
> 선생님의 물음에 대답하다

711
■ **こぼす** 零す 엎지르다, 흘리다
> ❖ 御飯を零す 밥을 흘리다

712
■ **こぼれる** 零れる 흘러내리다
> ❖ 涙がほおを零れる
> 눈물이 뺨을 흘러내리다

713
□ **こまる** 困る 곤란하다, 어려움을 겪다
> ❖ 寒くて困る 추워서 곤란하다

714
■ **こむ** 込む・混む 붐비다, 복잡하다, 북적거리다
> ❖ 電車が込む 전차가 붐비다

715
■ **ころぶ** 転ぶ 넘어지다, 쓰러지다, 구르다
> ❖ すべって転ぶ 미끄러져 넘어지다

716

□ **こわす** 壊す 부수다, 고장내다, 깨뜨리다

❖ <ruby>建物<rt>たてもの</rt></ruby>を<ruby>壊<rt>こわ</rt></ruby>す 건물을 부수다[허물다]

717

□ **こわれる** 壊れる 부셔지다, 고장나다

❖ <ruby>粉々<rt>こなごな</rt></ruby>に<ruby>壊<rt>こわ</rt></ruby>れた
산산이 부서졌다. 박살이 났다

718

□ **さがす** 探す 찾다

❖ <ruby>職<rt>しょく</rt></ruby>を<ruby>捜<rt>さが</rt></ruby>す 직장을 찾다

719

□ **さがる** 下がる 내리다, 내려가다

❖ <ruby>気温<rt>きおん</rt></ruby>が<ruby>下<rt>さ</rt></ruby>がる 기온이 내려가다

720

□ **さく** 咲く (꽃이) 피다

❖ <ruby>桜<rt>さくら</rt></ruby>の<ruby>花<rt>はな</rt></ruby>が<ruby>咲<rt>さ</rt></ruby>く 벚꽃이 피다

721

□ **さげる** 下げる 낮추다

❖ <ruby>機首<rt>きしゅ</rt></ruby>を<ruby>下<rt>さ</rt></ruby>げる 기수를 낮추다

722

■ **ささえる** 支える 받치다, 떠받치다, 지탱하다

❖ つっかい<ruby>棒<rt>ぼう</rt></ruby>で<ruby>柱<rt>はしら</rt></ruby>を<ruby>支<rt>ささ</rt></ruby>える
버팀목으로 기둥을 떠받치다

723

□ **さしあげる** 差し上げる 드리다, 바치다 (やる의겸양어)

❖ ちょくせつ<ruby>差<rt>さ</rt></ruby>し<ruby>上<rt>あ</rt></ruby>げる 직접 드리다

724

■ **さす** 指す・差す 가리키다, 지적하다

❖ <ruby>東<rt>ひがし</rt></ruby>の<ruby>空<rt>そら</rt></ruby>を<ruby>指<rt>さ</rt></ruby>す 동쪽 하늘을 가리키다

725
■ **さそう** 誘う 권유하다, 꾀다, 유혹하다

❖ 保険に誘う 보험을 권유하다

726
■ **さます** 覚ます 잠을 깨우다

❖ 眠りを覚ます 잠을 깨우다[깨다]

동
사

727
□ **さわぐ** 軽ぐ 떠들다, 시끄러운 소리를 내다

❖ 子供たちが騒ぐ 아이들이 떠들다

728
□ **さわる** 触る 만지다, 손을 대다, 닿다

❖ 肩に触る 어깨에 손을 대다

729
□ **しかる** 叱る 꾸짖다(↔ほめる)

❖ 息子を叱る 아들을 꾸짖다

730
■ **しはらう** 支払う 지불하다, 지급하다

❖ 代金を支払う 대금을 지급하다

731
■ **しばる** 縛る 묶다, 결박하다

❖ 荷物を紐で縛る 짐을 끈으로 묶다

732
□ **しまう** 仕舞う 끝내다, 끝나다, 간수하다

❖ 仕事を仕舞う 일을 끝내다

733
□ **しまる** 閉まる 닫히다, 잠기다

❖ かちっと戸が閉まる
제꺽 하고 문이 닫히다

734

■ **しめす**　　示す　　보이다, 가리키다

　　❖ 模範を示す　모범을 보이다

735

□ **しめる**　　閉める　　닫다, 잠그다

　　❖ ばたんと戸を閉める　꽝 하고 문을 닫다

736

■ **しゃべる**　　喋る　　재잘거리다, 말하다 (예외5단동사)

　　❖ 英語は全然しゃべれない
　　　영어는 전혀 말하지 못하다

737

□ **しらせる**　　知らせる　　알리다, 통지하다, 보고하다

　　❖ 電話で知らせる　전화로 알리다

738

□ **しらべる**　　調べる　　조사하다, 찾다, 연구하다

　　❖ 事故の原因を調べる
　　　사고의 원인을 조사하다

739

□ **しる[しらせる]**　　知る　　알다

　　❖ 事件を知る　사건을 알다

740

■ **しんじる**　　信じる　　믿다

　　❖ むやみに信じる　무턱대고 믿다

741

■ **すう**　　吸う　　빨다, 들이마시다, (담배를) 피다

　　❖ 空気を吸う　공기를 들이마시다

742

■ **すすめる**　　勧める　　권하다, 권장하다

　　❖ 結婚を勧める　결혼을 권하다

743
■ **すすめる**　進める　전진, 진행, 승진시키다

❖ <ruby>兵<rt>へい</rt></ruby>を<ruby>国境<rt>こっきょう</rt></ruby>まで<ruby>進<rt>すす</rt></ruby>めた
　군대를 국경까지 전진시켰다

744
□ **すてる**　捨てる　버리다(↔ひろう)

❖ ごみを<ruby>捨<rt>す</rt></ruby>てる　쓰레기를 버리다

745
□ **すべる**　滑る　미끄러지다 (스키, 스케이트 등을)타다

❖ テールを<ruby>開<rt>ひら</rt></ruby>いて<ruby>滑<rt>すべ</rt></ruby>る
　테일을 벌리고 미끄러지다

746
□ **すむ**　済む　끝나다, 해결되다

❖ <ruby>試験<rt>しけん</rt></ruby>が<ruby>済<rt>す</rt></ruby>む　시험이 끝나다

747
□ **すむ**　住む　살다

❖ この<ruby>町<rt>まち</rt></ruby>に<ruby>住<rt>す</rt></ruby>んで<ruby>10年<rt>じゅうねん</rt></ruby>になる
　이 동네에 산 지 10년이 된다

748
■ **すわる**　座る　앉다

❖ <ruby>上座<rt>かみざ</rt></ruby>に<ruby>座<rt>すわ</rt></ruby>る　상석에 앉다

740
■ **そう**　沿う　가를 따라가다, 따르다

❖ <ruby>国策<rt>こくさく</rt></ruby>に<ruby>沿<rt>そ</rt></ruby>う　국책에 따르다

750
■ **たおす**　倒す　쓰러뜨리다, 넘어뜨리다

❖ <ruby>斧<rt>おの</rt></ruby>で<ruby>木<rt>き</rt></ruby>を<ruby>倒<rt>たお</rt></ruby>す　도끼로 나무를 쓰러뜨리다

751
□ **たおれる**　倒れる　쓰러지다, 넘어지다

❖ <ruby>台風<rt>たいふう</rt></ruby>でへいが<ruby>倒<rt>たお</rt></ruby>れる
　태풍으로 담이 쓰러지다

동사

752

□ **だく** 　　抱く 　　포옹하다, 안다

❖ 赤ん坊を抱く 아기를 안다

753

■ **だしあう** 　出し合う 　함께 내다, 나누어내다

❖ 費用を出し合う 비용을 함께 나누어 내다

754

□ **だす** 　　出す 　　내다, 제출하다

❖ つやを出す 광택을 내다

755

■ **たすかる** 　助かる 　도움이 되다, 살아나다

❖ 奇跡的に助かる 기적적으로 살아나다

756

■ **たすけあう** 助け合う 　서로 돕다

❖ 困ったときは助け合うものだ
곤란한 때는 서로 돕는 법이다

757

□ **たすける** 　助ける 　도와주다, 구하다

❖ おぼれかけている子供を助ける
물에 빠진 아이를 구하다

758

■ **たずねる** 　訪ねる 　방문하다, 찾아가다

❖ 娘の縁先を訪ねる 딸의 시가를 방문하다

759

□ **たずねる** 　尋ねる 　묻다, 질문하다

❖ 名前を尋ねる 이름을 묻다

760

■ **たたむ** 　　畳む 　　개다, 접다

❖ 布団を畳む 이부자리를 개다

761
■ **たつ**　建つ　건물이 서다

❖ 雨後のたけのこのように新しい建物が
建つ　우후죽순처럼 새로운 건물이 서다

762
■ **たつ**　経つ　시간이 경과하다

❖ ここに移り住んでから3年経った
이곳으로 이사한 지 3년이 지났다

763
□ **たつ**　立つ　서다

❖ 端に立つ　거리에 서다

764
□ **たのしむ**　楽しむ　즐기다

❖ 余生を楽しむ　여생을 즐기다

765
□ **たのむ**　頼む　부탁하다

❖ 頼むから教えてくれ
부탁이니 가르쳐 다오

766
■ **たべおわる**　食べ終わる　먹기가 끝나다, 다먹다

❖ ご飯を食べ終わる　밥을 다먹다

767
■ **たべつづける**　食べ続ける　계속 먹다

❖ 何か食べ続ける　무엇인가 계속 먹다

768
■ **たまる**　溜る　모이다

❖ 人が溜る　사람이 모이다

769
■ **ためる**　溜める　모아두다, 모으다

❖ 庭の隅にごみを溜める
뜰 한쪽에 쓰레기를 모아 두다

770

□ **たりる** 足りる 충분하다, 족하다, 충족되다

　❖ 1万円ほどあれば足りる
　1만 엔 정도 있으면 족하다

771

□ **ちがう** 違う 다르다

　❖ 好みが違う 기호가 다르다

772

■ **ちかづく** 近づく 가까이대다

　❖ 現場に近づく 현장에 접근하다

773

■ **ちかづける** 近づける 접근시키다

　❖ 敵を近づけない 적을 접근시키지 않다

774

■ **つうじる** 通じる 통하다, 연결되다

　❖ 電気が通じる 전기가 통하다

775

□ **つかう** 使う 사용하다, 쓰다

　❖ あたまを使う 머리[두뇌]를 쓰다

776

□ **つかまえる** 捕まえる 붙잡다

　❖ 犯人を捕まえる 범인을 붙잡다

777

■ **つかまる** 捕まる 잡히다

　❖ 泥棒が捕まる 도둑이 잡히다

778

□ **つかれる** 疲れる 지치다, 피로해지다

　❖ 生活に疲れる 생활에 지치다

779

■ **つきあう** 付き合う **사귀다, 함께 행동하다**

❖ 長年_{ながねん}付き合_あう 오랫동안 사귀다

780

■ **つく** 付く **붙다, 묻다**

❖ ぴったり付_ついて離_{はな}れない
딱 달라붙어 떨어지지 않다

781

□ **つく** 着く **도착하다**

❖ 定刻_{ていこく}に着_つく 정각에 도착하다

782

■ **つくりかえる** 作り替える **새로 만들다, 고쳐만들다**

❖ カーテンを作_{つく}り替_かえる
커튼을 새로 만들다

783

■ **つくりだす** 作り出す **만들어 내다**

❖ 製品_{せいひん}を作_{つく}り出_だす 제품을 만들어내다

784

■ **つくりなおす** 作り直す **다시 만들다**

❖ スカートを作_{つく}り直_{なお}す
스커트[치마]를 다시[고쳐] 만들다

785

□ **つくる** 作る **만들다**

❖ 時計_{とけい}を作_{つく}る 시계를 만들다

786

□ **つける** 付ける **붙이다, 묻히다**

❖ 体_{からだ}を壁_{かべ}に付_つける 몸을 벽에 붙이다

787

■ **つける** 浸ける **담그다, 적시다**

❖ 洗濯物_{せんたくもの}をせっけん水_{すい}に浸_つけておく
세탁물을 비눗물에 담가 두다

동사

788

□ **つたえる** 伝える 전하다, 전달하다

❖ 命令を伝える 명령을 전하다

789

■ **つたわる** 伝わる 전해지다, 전승되다

❖ 家に伝わる宝刀 집에 전해 내려오는 보도

790

□ **つづく** 続く 계속되다

❖ 打ち続く長雨で洪水になる
계속되는 장마로 홍수가 나다

791

□ **つづける** 続ける 계속하다

❖ 話を続ける 이야기를 계속하다

792

□ **つつむ** 包む 싸다, 포장하다

❖ ふろしきで着物を包む
보자기로 옷을 싸다

793

□ **つとめる** 勤める 근무하다, 종사하다

❖ 商事会社に勤める 상사 회사에 근무하다

794

■ **つまる** 詰まる 가득 차다, 막히다

❖ ぎっしり詰まった本箱 가득 찬 책장

795

■ **つめる** 詰める 채우다, 틀어막다

❖ びんに入れる[詰める]
병에 넣다[채우다]

796

■ **であう** 出会う 우연히 만나다, 마주치다

❖ 道でばったり旧友に出会った
길에서 옛 친구와 딱 마주쳤다

동사

797

□ **でかける** 出かける 나가다, 외출하다

❖ すきを見て出かける 짬을 보아 나가다

798

■ **てつだう** 手伝う 거들다, 도와주다

❖ 家事を手伝う 가사를 거들다

799

■ **でる** 出る 나오다, 나가다

❖ 庭に出る 뜰로 나가다

800

■ **といあわせる** 問い合わせる 문의하다, 조회하다

❖ 日時を問い合わせる 일시를 조회하다

801

■ **とおす** 通す 통하게하다, 안내하다

❖ 客を応接間に通す
손을 응접실로 안내하다

802

□ **とおる** 通る 지나다, 합격하다

❖ 毎朝通る道 매일 아침 지나는 길

803

■ **とく** 溶く 용해시키다

❖ メリケン粉を水に溶く
밀가루를 물에 풀다

804

■ **とく** 解く (문제 등을)풀다

❖ 方程式を解く 방정식을 풀다

805

■ **とどく** 届く 도착하다, 닿다, 미치다

❖ 荷物が届く 짐이 도착하다

806

□ **とどける** 届ける 보내다, 전하다

❖ 品物を届ける 물건을 전하다
しなもの とど

807

■ **とばす** 飛ばす 날리다, 건너뛰다

❖ 鳩を飛ばす 비둘기를 날리다
はと と

808

■ **とびだす** 飛び出す (갑자기) 뛰어나오다, 뛰어나가다

❖ 部屋から飛び出す 방에서 뛰어나가다
へや と だ

809

□ **とぶ** 飛ぶ 날다, 급히가다

❖ 鳥が飛ぶ 새가 날다
とり と

810

□ **とめる** 泊める 묵게 하다

❖ 留学生を家に泊める
りゅうがくせい いえ と
유학생을 집에 숙박시키다

811

■ **とめる** 止める 세우다, 막다

❖ 機械を止める 기계를 세우다
きかい と

812

□ **とりかえる** 取り替える 바꾸다, 교환하다

❖ 電球を取り替える 전구를 바꾸다
でんきゅう と か

813

■ **とりなおす** 撮り直す 다시 찍다, 다시 촬영하다

❖ 写真を撮り直す 사진을 다시찍다
しゃしん と なお

814

■ **とれる[とる]** 取れる[取る] 집다, 받다, 훔치다, 맡다 등

❖ 机の上の本を取る 책상 위의 책을 집다
つくえ うえ ほん と

815
□ **なおる** 　　直る 　　고쳐지다, 수리되다

❖ 間違_{まちが}いが直_{なお}る 잘못된 것이 고쳐지다

816
□ **なおる** 　　治る 　　낫다, 치료되다

❖ びょうきが治_{なお}る 병이 낫다

817
■ **ながす** 　　流す 　　흘리다, 흐르게하다

❖ 涙_{なみだ}を流_{なが}す 눈물을 흘리다

818
■ **なかす** 　　泣かす 　　울리다

❖ 子供_{こども}をじらして泣_なかす
어린이를 약올려서 울리다

819
■ **ながれでる** 　流れ出る 　흘러나오다, 유출하다

❖ どろどろと流_{なが}れ出_でる
걸쭉하게 흘러나오다

820
■ **ながれる** 　　流れる 　　흐르다

❖ 川_{かわ}が流_{なが}れる 강이 흐르다

821
■ **なきだす** 　　泣き出す 　(갑자기) 울기시작하다, 울음을 더뜨리다

❖ わっと泣_なき出_だした
와악 하고 울기 시작했다

822
□ **なく** 　　泣く 　　울다

❖ 悲_{かな}しくて泣_なく 슬퍼서 울다

823
■ **なくす** 　　亡くす 　　여의다, 사별하다

❖ 父_{ちち}を亡_なくす 아버지를 여의다

824
□ **なくす** 　　無くす　　잃다, 없애다

❖ この世から戦争を無くす
이 세상에서 전쟁을 없애다

825
□ **なげる** 　　投げる　　던지다

❖ ボールを投げる　공을 던지다

826
■ **なやむ** 　　悩む　　고민하다

❖ 恋に悩む若者　사랑에 번민하는 젊은이

827
□ **ならう** 　　習う　　배우다, 익히다

❖ 技術を習う　기술을 배우다

828
■ **ならす** 　　慣らす　　길들이다, 적응시키다

❖ 飼い慣らす　길러 길들이다

829
□ **ならぶ** 　　並ぶ　　한줄로서다, 늘어서다

❖ 一列に並ぶ　한 줄로 줄서다

830
□ **ならべる** 　　並べる　　늘어놓다, 배열하다

❖ 店頭に並べる　가게 앞에 죽 늘어놓다

831
□ **なれる** 　　慣れる　　길들다, 적응하다

❖ この靴はまだ足に慣れていない
이 구두는 아직 발에 길들지 않았다

832
■ **にあう** 　　似合う　　어울리다, 잘 맞다

❖ よく似合うカップル　잘 어울리는 커플

833

□ **にげる** 　逃げる　도망치다, 달아나다

❖ 刑務所から逃げる 교도소에서 도망치다

834

□ **ぬぐ** 　脱ぐ　벗다, 탈의하다

❖ 帽子を脱ぐ 모자를 벗다

835

□ **ぬすむ** 　盗む　훔치다, 도둑질하다

❖ さいふを盗む 지갑을 훔치다

836

■ **ぬらす** 　濡らす　적시다

❖ 雨で服を濡らす 비로 옷을 적시다

837

□ **ぬれる** 　濡れる　젖다

❖ 雨に濡れる 비에 젖다

838

■ **ねがう** 　願う　원하다, 바라다

❖ 大臣の椅子を願う 대신의 자리를 바라다

839

□ **ねむる** 　眠る　자다, 잠들다

❖ ぐっすり眠る 푹 자다

840

■ **のこす** 　残す　남기다

❖ 食べものを残す 음식을 남기다

841

□ **のこる** 　残る　남다

❖ 雪が残っている 눈이 남아 있다

동사

842
■ **のぞむ**　望む　バラダ, 원하다

　　　しゅっせ　のぞ
　❖ 出世を望む　출세를 바라다

843
■ **のびる**　伸びる/延びる　늘다

　　　うりあ　　の
　❖ 売上げが伸びる　매출이 늘다

844
■ **のびる**　延びる　연장되다

　　　じゅみょう　の
　❖ 寿命が延びる　수명이 연장되다

845
□ **のぼる**　登る　등산하다

　　　やま　のぼ
　❖ 山に上る　산에 오르다

846
■ **のぼる**　上る　오르다

　　　かいだん　のぼ
　❖ 階段を上る　계단을 오르다

847
□ **のりかえる**　乗り換える　갈아타다, 바꿔 타다

　　　い　　　　でんしゃ　の　か
　❖ バスで行って電車に乗り換える
　　버스로 가서 전차로 갈아타다

848
■ **のりこえる**　乗り越える　타고 넘다

　　　　　の　こ
　❖ へいを乗り越える　담을 타고 넘다

849
■ **のる**　乗る/載る　탈 것에 타다

　　　うま　の
　❖ 馬に乗る　말을 타다

850
■ **のる**　載る　실리다, 게재되다

　　　しんぶん　び だん　の
　❖ 新聞に美談が載る
　　신문에 미담이 실리다

851
□ **はいる** 入る 들어가다, 들어오다, 들다

❖ 応接間に入る 응접실에 들어가다

852
■ **はかる** 計る 재다, 측정하다

❖ 距離を計る 거리를 재다

853
■ **はく** 履く 신다

❖ くつを履く 신발을 신다

854
■ **はく** 穿く 입다

❖ ズボンを穿く 바지를 입다

855
□ **はじまる** 始まる 시작되다

❖ 新学期が始まる 새 학기가 시작되다

856
■ **はじめる** 始める 시작하다

❖ 仕事を始める 일을 시작하다

857
□ **はしる** 走る 달리다

❖ 医者を呼びに走る 의사를 부르러 달리다

858
■ **はずす** 外す 떼다, 놓치다

❖ 看板を外す 간판을 떼다

859
■ **はずれる** 外れる 빠지다, 빗나가다, 벗어나다

❖ 入歯が外れる 틀니가 빠지다

□ **はたらく**　働く　일하다, 작용하다

❖ 山で働く　산에서 일하다
_{やま}　_{はたら}

■ **はなしあう**　話し合う　서로 이야기하다, 서로의논하다

❖ 家族で話し合う　가족끼리 이야기하다
_{か ぞく}　_{はな あ}

■ **はなしかける**　話しかける　말을 걸다, 말을붙이다

❖ 隣席の人に話し掛ける
_{りんせき} _{ひと} _{はな か}
옆자리의 사람에게 말을 걸다

■ **はなしはじめる**　話し始める　이야기하기 시작하다

❖ おもむろに話し始める
_{はな はじ}
천천히 말을 시작하다

□ **はらう**　払う　지불하다, 털어내다

❖ 着物の雪を払う　옷의 눈을 털다
_{き もの} _{ゆき} _{はら}

■ **はる**　張る・貼る　붙이다, 바르다

❖ 切手を貼る　우표를 붙이다
_{きっ て} _は

■ **はれる**　晴れる　맑다, 개다(↔くもる)

❖ 空が晴れる　하늘이 개다
_{そら} _は

■ **ひえる**　冷える　차가워지다, 추워지다

❖ 冷えないようにする
_ひ
차가워지지 않도록 하다

■ **ひかる**　光る　빛나다, 반짝이다

❖ 星が光る　별이 빛나다
_{ほし} _{ひか}

869
■ **ひきうける** 引き受ける 책임지고 떠맡다, 맡다

❖翻訳を引き受ける 번역을 맡다

870
■ **ひく** 引く 끌다, 당기다

❖綱を引く 밧줄을 당기다

871
■ **ひく** 引く 끌다, 당기다, 빼다(↔おす)

❖ジェット機がおを引く
제트기가 꼬리를 끌다

872
■ **ひく** 弾く 연주하다, 치다

❖ピアノを弾く 피아노를 치다

873
■ **ひっこす** 引っ越す 이사하다, 이전하다

❖田舎へ引っ越す 시골로 이사하다

874
■ **ひやす** 冷やす 차게하다

❖かんぶを冷やす 환부를 차게 하다

875
■ **ひらく** 開く 개업하다, 열다, 펼치다

❖店を開く 가게를 열다

876
■ **ひろう** 拾う 줍다(↔すてる)

❖稲穂を拾う 이삭을 줍다

877
■ **ひろがる** 広がる 넓어지다, 퍼지다, 번지다

❖付き合いが広がる 교제가 넓어지다

878

□ **ふえる**　増える　늘다, 증가하다

❖ めかたが増える　무게가 늘다

879

□ **ふく**　吹く　(바람이) 불다, (관악기를) 불다

❖ かぜが吹く　바람이 불다

880

■ **ふせぐ**　防ぐ　막다, 방지하다

❖ 暴力を防ぐ　폭력을 방지하다

881

□ **ふとる**　太る　살찌다, 뚱뚱해지다(↔やせる)

❖ でぶでぶに太る　뒤룩뒤룩하게 살이 찌다

882

□ **ふむ**　踏む　밟다, 구르다

❖ むぎを踏む　보리를 밟다

883

■ **ふやす**　増やす　늘리다, 증가시키다

❖ まかずを増やす　방의 수를 늘리다

884

■ **へらす**　減らす　줄이다, 덜다

❖ くちを減らす　식구를 줄이다

885

■ **へる**　減る　줄다, 적어지다

❖ 商売のあがりが減る　장사의 매상이 줄다

886

□ **ほめる**　褒める　칭찬하다(↔しかる)

❖ 口でけなして心で褒める
말로는 헐뜯고 속으로 칭찬하다

887
■ **まがる** 曲がる 방향 등을 바꾸다, 돌다

❖ 塀について曲がる 담을 따라서 돌다

888
■ **まく** 巻く 말다, 감다

❖ ほを巻く 돛을 감다

889
■ **まげる** 曲げる 굽히다, 굽다

❖ こしを曲げる 허리를 굽히다

890
□ **まける** 負ける 지다(↔かつ)

❖ わずかの差で負ける 근소한 차로 지다

891
■ **まちがえる** 間違える 잘못하다, 착각하다

❖ けいさんを間違える 계산을 잘못하다

892
■ **まとまる** 모이다, 정리되다

❖ 考えがまとまる 생각이 정리되다

893
■ **まとめる** 모으다, 정리하다

❖ 荷物を一箇所にまとめる
짐을 한데 모으다

894
■ **まなぶ** 学ぶ 배우다, 익히다

❖ 先人の言行に学ぶ
선인의 언행에서 배우다

895
■ **まもる** 守る 지키다, 수호하다

❖ 国を守る 나라를 지키다

896

■ **まよう**　　迷う　　헤매다, 망설이다

❖ 路頭に迷う　노두에서 헤매다

897

■ **まわす**　　回す　　돌리다

❖ ハンドルを回す　핸들을 돌리다

898

□ **まわる**　　回る　　돌다

❖ こまが回る　팽이가 돌다

899

□ **みえる**　　見える　　보이다

❖ 山が見える　산이 보이다

900

□ **みがく**　　磨く　　닦다, 연마하다

❖ 歯を磨く　이를 닦다

901

■ **みせる**　　見せる　　보여주다

❖ 絵本を友達に見せてあける
그림책을 친구에게 보여 주다

902

□ **みつかる**　　見付かる　　발견되다, 들키다

❖ 数学の時間に内職して見付かる
수학 시간에 몰래 딴 과목을 공부하다가 들
키다

903

■ **みつける**　　見付ける　　찾아내다

❖ 欠点をめざとく見付ける
결점을 재빨리 찾아내다

904

□ **みる**　　見る　　보다

❖ 相手の顔を見る　상대의 얼굴을 보다

905
■ むかう 向かう 향해 가다, 마주보다

❖ 面と向かう 얼굴을 마주 대하다

906
■ むかえる 迎える 맞다, 맞아들이다

❖ 客を笑顔で迎える
손을 웃는 낯으로 맞다

907
■ むきあう 向き合う 서로 바라보다, 마주하다, 마주대하다

❖ 向き合った席を取る
마주 보이게 자리를 잡다

908
■ むく 向く 향하다, 얼굴 등을 돌리다

❖ 北に向く 북으로 향하다

909
■ むける 向ける 향하게하다, 돌리다

❖ 目を向ける 눈을 돌리다

910
■ もうしこむ 申し込む 신청하다

❖ 面会を申し込む 면회를 신청하다

911
□ やく 焼く 태우다, 굽다

❖ 古い手紙を焼く 낡은 편지를 태우다

912
□ やける 焼ける 타다, 굽히다

❖ 家が焼ける 집이 불타다

913
□ やせる 痩せる 여위다, 마르다(↔ふとる)

❖ 栄養不足で痩せる 영양 부족으로 마르다

동사

914
■ **やぶれる**　破れる　찢어지다, 패배하다

❖ 紙が破れる　종이가 찢어지다

915
■ **やむ**　止む　(비, 눈 등이)그치다, 멎다

❖ 雨が止む　비가 멎다

916
□ **やめる**　辞める　사직하다

❖ 会社を辞める　회사를 그만두다[사직하다]

917
□ **やめる**　止める　그만두다, 끊다

❖ ちゅうとで止める　중도에서 그만두다

918
■ **やる**　주다, 하다, 행하다

❖ うつろな事をやる　얼빠진 짓을 하다

919
□ **ゆれる**　揺れる　흔들리다, 요동하다

❖ 電車が揺れる　전차가 흔들리다

920
■ **よごす**　汚す　더럽히다, 오염시키다

❖ インクをこぼして服を汚す
잉크를 엎질러서 옷을 더럽히다

921
■ **よごれる**　汚れる　더렵혀지다, 오염되다

❖ セーターのくびが汚れた
스웨터의 목이 더럽혀졌다

922
■ **よぶ**　呼ぶ　부르다, 호명하다

❖ ボーイを呼ぶ　보이를 부르다

동사

923

■ **よみおわる** 読み終わる 읽기

❖ 本が読み終わる 책을 다 읽어 버리다

924

□ **よる** 寄る 들르다, 다가가다

❖ そばに寄る 곁에 다가서다

925

□ **よろこぶ** 喜ぶ 기뻐하다

❖ 父の喜ぶ顔が見たい
아버지의 기뻐하시는 얼굴이 보고 싶다

926

□ **わかす** 沸かす 끓이다, 데우다

❖ お茶を沸かす 차를 끓이다

927

□ **わかれる** 別れる 헤어지다, 이별하다

❖ 妻と別れる 아내와 헤어지다

928

□ **わく** 沸く 끓다, 데워지다

❖ お湯が沸く 물이 끓다

929

■ **わける** 分ける 나누다, 가르다

❖ 生徒を四組に分ける
생도를 4조로 나누다

930

□ **わすれる** 忘れる 잊다, 깜빡

❖ 英語の単語を忘れる 영어 단어를 잊다

931

□ **わたす** 渡す 건네주다

❖ けいやくきんを渡す 계약금을 건네주다

932

□ **わたる**　　渡る　　건너가다, 넘어가다

＊ 大陸へ渡る　대륙으로 건너가다

933

□ **わらう**　　笑う　　웃다

＊ にこにこ(と)笑う　싱글싱글 웃다

934

■ **わる**　　割る　　깨뜨리다, 나누다

＊ ふたつに割る　둘로 나누다[쪼개다]

935

□ **われる**　　割れる　　깨지다, 나누어지다

＊ コップが割れる　컵이 깨지다

TIP

• 중요한 복합동사　　いいかえす(言い返す)　대답하다, 말대꾸하다

　　　　　　　　うけとる(受け取る)　받다, 수취하다

　　　　　　　　かしだす(貸し出す)　대출하다, 빌려주다

　　　　　　　　つくりかえる(作り替える)　새로 만들다, 고쳐 만들다

　　　　　　　　といあわせる(問い合わせる)　문의하다, 조회하다

　　　　　　　　とりかえる(取り替える)　바꾸다, 교환하다

　　　　　　　　ながれでる(流れ出る)　흘러나오다, 유출하다

　　　　　　　　のりかえる(乗り換える)　갈아타다, 바꿔 타다

　　　　　　　　はなしかける(話しかける)　말을 걸다, 말을 붙이다

　　　　　　　　ひきうける(引き受ける)　책임지고 떠맡다, 맡다

　　　　　　　　もうしこむ(申し込む)　신청하다

936
■ あきらかだ 明らかだ 분명하다, 명백하다, 명확하다

❖ 明らかな理由
명백한 이유

937
■ あたりまえだ 当たり前だ 당연하다, 마땅하다

❖ 夏は暑いのが当たり前だ
여름은 더운 것이 당연하다

938
□ あんしんだ 安心だ 안심이다

❖ 彼にまかせておけば安心だ
그에게 맡겨 두면 안심이다

939
□ あんぜんだ 安全だ 안전하다

❖ 安全な遊び場 안전한 놀이터

940
■ いいかげんだ いい加減だ 적당하다, 무책임하다, 엉터리다

❖ いい加減な性格 알맞은(적당한) 성격

941
■ いがいだ 意外だ 외외다

❖ 意外な事件 의외의 사건

942
■ いじょうだ 異常だ 이상이다(↔せいじょうだ)

❖ 異常な関係 비정상적인 관계

943
■ いっぱんてきだ 一般的だ 일반적이다

❖ まず一般的なことを述べる
먼저 일반적인 것을 말한다

944

□ **いやだ** 嫌だ 싫다, 불쾌하다

❖ たばこの<ruby>煙<rt>けむり</rt></ruby>が<ruby>嫌<rt>いや</rt></ruby>だ 담배 연기가 싫다

945

■ **いろいろだ** 色々だ 여러 가지이다

❖ <ruby>色々<rt>いろいろ</rt></ruby>な<ruby>形<rt>かたち</rt></ruby>にさいくする
여러 가지 모양으로 세공하다

946

■ **おしゃべりだ** 수다스럽다, 수다쟁이다

❖ <ruby>男<rt>おとこ</rt></ruby>のくせにお<ruby>喋<rt>しゃべ</rt></ruby>りで<ruby>困<rt>こま</rt></ruby>る
남자가 수다스러워서 탈이다

947

■ **おしゃれだ** 멋스럽다, 세련되다

❖ お<ruby>洒落<rt>しゃれ</rt></ruby>な<ruby>女<rt>おんな</rt></ruby> 멋을 부리는 여자

948

■ **かくじつだ** 確実だ 확실하다

❖ <ruby>確実<rt>かくじつ</rt></ruby>な<ruby>証拠<rt>しょうこ</rt></ruby> 확실한 증거

949

■ **かわいそうだ** 불쌍하다, 가엾다

❖ <ruby>可哀相<rt>かわいそう</rt></ruby>なことをした 가엾은 짓을 했다

950

■ **かんぜんだ** 完全だ 완전하다

❖ <ruby>完全<rt>かんぜん</rt></ruby>な<ruby>敗北<rt>はいぼく</rt></ruby> 완전한 패배

951

□ **かんたんだ** 簡単だ 간단하다

❖ <ruby>簡単<rt>かんたん</rt></ruby>な<ruby>仕事<rt>しごと</rt></ruby> 간단한 일

952

■ **きけんだ** 危険だ 위험하다

❖ <ruby>危険<rt>きけん</rt></ruby>なふなじ 위험한 뱃길

953

■ **きちょうだ** 貴重だ 귀중하다

❖ <ruby>貴重<rt>き ちょう</rt></ruby>な<ruby>品<rt>しな</rt></ruby> 귀중한 물건

954

■ **きらいだ** 嫌いだ 싫다(↔すきだ)

❖ <ruby>雷<rt>かみなり</rt></ruby>が<ruby>嫌<rt>きら</rt></ruby>いだ 천둥이 싫다

955

■ **きらくだ** 気楽だ 속 편하다, 홀가분하다

❖ <ruby>気楽<rt>き らく</rt></ruby>な<ruby>仕事<rt>し ごと</rt></ruby> 속 편한 일

956

□ **きれいだ** 綺麗だ 깨끗하다, 예쁘다

❖ <ruby>奇麗<rt>き れい</rt></ruby>な<ruby>着物<rt>き もの</rt></ruby> 예쁜 옷

957

■ **ぐうぜんだ** 偶然だ 우연이다

❖ この<ruby>事故<rt>じ こ</rt></ruby>は<ruby>偶然<rt>ぐうぜん</rt></ruby>ではない
이 사고는 우연한 일이 아니다

958

■ **けちだ** 인색하다

❖ けちな<ruby>老人<rt>ろうじん</rt></ruby> 인색한 노인

959

□ **けっこうだ** 結構だ 좋다, 훌륭하다, 다행이다

❖ じょうぶで<ruby>結構<rt>けっこう</rt></ruby>だ 건강하여 다행이다

960

■ **げひんだ** 下品だ 천박하다(↔じょうひんだ)

❖ <ruby>下品<rt>げ ひん</rt></ruby>な<ruby>言葉遣<rt>ことば づか</rt></ruby>い 상스러운 말씨

961

■ **げんきだ** 元気だ 원기왕성하다

❖ <ruby>元気<rt>げん き</rt></ruby>な<ruby>尊容<rt>そんよう</rt></ruby>を<ruby>拝<rt>はい</rt></ruby>する
건강하신 존안을 뵙다

な 형용사

962
■ **ごういんだ** 　強引だ　강제로다, 억지로다

⠀ごういん
❖ 強引なやりくち 강압적인 수법

963
■ **さかんだ** 　盛んだ　번성하다, 번창하다, 성하다, 빈번하다

⠀こうぎょう　さか
❖ 工業が盛んだ 공업이 번성하다

964
■ **さまざまだ** 　様々だ　다양하다

⠀さまざま　い　かた
❖ 様々な生き方 갖가지 사는 방식

965
■ **ざんねんだ** 　残念だ　유감스럽다, 아쉽다

⠀ざんねん
❖ 残念なことには 유감스럽게도

966
□ **しずかだ** 　静かだ　조용하다

⠀こころしず　ひ　おく
❖ 心静かな日を送る 조용한 날을 보내다

967
■ **じつようてきだ** 　実用的だ　실용적이다

⠀じつようてき　けんきゅう
❖ 実用的な研究 실용적인 연구

968
■ **じみだ** 　地味だ　수수하다(↔はでだ)

⠀じみ　いろ
❖ 地味な色 수수한 색

969
■ **じゆうだ** 　自由だ　자유롭다

⠀じゆう　せんきょ　ふんいき
❖ 自由な選挙の雰囲気
자유스러운 선거 분위기

970
□ **じゅうぶんだ** 　十分だ　충분하다

⠀じゅうぶん　はいりょ
❖ 十分な配慮 충분한 배려

971
■ **じゅうようだ** 重要だ　중요하다

じゅうよう　しょうこ
❖ 重要な証拠 중요한 증거

972
■ **しょうきょくてきだ** 消極的だ　소극적이다(↔せっきょくてきだ)

しょうきょくてき　せいかく
❖ 消極的な性格 소극적인 성격

973
■ **しょうじきだ** 正直だ　정직하다

しょうじき　ひと
❖ 正直な人 정직한 사람

974
□ **じょうずだ** 上手だ　능숙하다(↔へただ)

え　じょうず
❖ 絵が上手だ 그림을 잘 그린다

975
■ **じょうひんだ** 上品だ　우아하다(↔げひんだ)

じょうひん　ふじん
❖ 上品な婦人 품위 있는 부인

976
□ **じょうぶだ** 丈夫だ　튼튼하다, 건장하다

じょうぶ　けっこう
❖ 丈夫で結構だ 건강하여 다행이다

977
■ **しんけんだ** 真剣だ　열심이다, 진지하다, 진심이다

しんけん　たいど　ひょうじょう
❖ 真剣な態度[表情] 진지한 태도[표정]

978
■ **しんこくだ** 深刻だ　심각하다

じたい　しんこく
❖ 事態は深刻だ 사태는 심각하다

979
□ **しんせつだ** 親切だ　친절하다

しんせつ　ひと
❖ 親切な人 친절한 사람

な형용사

980
■ **しんせんだ** 新鮮だ 　신선하다

❖ 新鮮（しんせん）な 野菜（やさい） 신선한 야채

981
■ **しんちょうだ** 慎重だ 　신중하다

❖ 慎重（しんちょう）な 態度（たいど） 신중한 태도

982
□ **すきだ** 好きだ 　좋다(↔きらいだ)

❖ 好（す）きな 人（ひと） 좋아하는 사람

983
■ **すてきだ** 素敵だ 　멋있다, 훌륭하다

❖ ほんとうに素敵（すてき）だ 정말 근사하다

984
■ **すなおだ** 素直だ 　고분고분하다, 솔직하다, 순수하다

❖ 素直（すなお）に 白状（はくじょう）した 순순히 자백했다

985
■ **せいかくだ** 正確だ 　정확하다

❖ 正確（せいかく）な 情報（じょうほう） 정확한 정보

986
■ **せいじょうだ** 正常だ 　정상이다(↔いじょうだ)

❖ 正常（せいじょう）な 精神（せいしん） 정상적인 정신

987
■ **ぜいたくだ** 贅沢だ 　사치스럽다, 호강하다

❖ 贅沢（ぜいたく）な 食事（しょくじ） 사치스러운 식사

988
■ **せっきょくてきだ** 積極的だ 　적극적이다(↔しょうきょくてきだ)

❖ 積極的（せっきょくてき）に 行動（こうどう）する 적극적으로 행동하다

989

■ **そっくりだ**　　　꼭 닮았다

　❖ 母親にそっくりだ 어머니를 꼭 닮았다

990

■ **だいきらいだ**　大嫌いだ　매우 싫다(↔だいすきだ)

　❖ ああいうやり方は大嫌いだ
　　저런 방식은 아주 싫다

991

■ **たいくつだ**　退屈だ　지루하다, 따분하다, 무료하다

　❖ 退屈な話 지루한 이야기

992

□ **だいじだ**　大事だ　소중하다, 중요하다

　❖ 大事な所でまずった
　　중요한 곳에서 실패했다

993

□ **だいじょうぶだ**　大丈夫だ　괜찮다, 걱정 없다

　❖ ぬらしても大丈夫な時計
　　물에 적셔도 안전한 시계

994

□ **だいすきだ**　大好きだ　매우 좋다(↔だいきらいだ)

　❖ 甘い物は大好きだ 단것은 아주 좋아한다

995

□ **たいせつだ**　大切だ　소중하다, 중요하다, 귀중하다

　❖ この点が大切だ 이 점이 중요하다

996

■ **たいへんだ**　大変だ　큰일이다, 대단하다, 힘들다, 고생스럽다

　❖ 大変な人出だ 대단한 인파다

997

□ **たしかだ**　確かだ　확실하다

　❖ 確かな証拠 확실한 증거

な 형용사

998

□ **だめだ** 　駄目だ 　안 된다, 좋지 않다, 쓸모없다

✿ 運命に逆らっても駄目だ
　運命に逆らっても駄目だ
　운명에 거역하여도 소용없다

999

■ **たんきだ** 　短気だ 　성미가 급하다

✿ 短気な性格 성급한 성미

1000

■ **たんじゅんだ** 　単純だ 　단순하다(↔ふくざつだ)

✿ 単純な考え 단순한 생각

1001

□ **ていねいだ** 　丁寧だ 　정중하다, 예의 바르다, 세심하다

✿ 丁寧なあいさつ 공손한 인사

1002

■ **てがるだ** 　手軽だ 　손쉽다, 간단하다

✿ 手軽な朝食をとる 간단한 조반을 들다

1003

□ **てきとうだ** 　適当だ 　적당하다

✿ 適当な運動 적당한 운동

1004

■ **てごろだ** 　手頃だ 　(능력, 조건에)걸맞다, 어울리다

✿ 手頃な大きさの板 알맞은 크기의 널빤지

1005

■ **とくいだ** 　得意だ 　잘한다, 자신있다(↔にがてだ)

✿ 得意ながっか 잘하는 학과

1006

□ **とくべつだ** 　特別だ 　특별하다(↔へいぼんだ)

✿ あいつは特別だよ 저 녀석은 특별이야

1007

■ **にがてだ** 苦手だ 못한다, 자신없다(↔とくいだ)

❖ あいつはどうも苦手だ
저 녀석은 어쩐지 대하기가 벅차다

1008

□ **にぎやかだ** 賑やかだ 번화하다, 떠들썩하다

❖ 賑やかな町 번화한 거리

1009

□ **ねっしんだ** 熱心だ 열심이다

❖ 熱心な仕事振り
열심히 일하는 태도[모습]

1010

■ **はでだ** 派手だ 화려하다(↔じみだ)

❖ 派手な色のネクタイをする
화사한 빛깔의 넥타이를 매다

1011

□ **ひつようだ** 必要だ 필요하다

❖ 必要な手段を取る 필요한 수단을 쓰다

1012

□ **ひまだ** 暇だ 한가하다

❖ 暇な職場 한가한 직장

1013

■ **ふあんだ** 不安だ 불안하다

❖ 不安な一夜 불안한 하룻밤

1014

□ **ふくざつだ** 複雑だ 복잡하다(↔たんじゅんだ)

❖ 複雑な仕事 복잡한 일

1015

■ **ふしぎだ** 不思議だ 불가사의하다, 이상하다

❖ 不思議な出仕事 이상한 사건

1016

■ **ぶじだ** 無事だ 무사하다

❖ 無事に暮す 무사히 지내다[살아가다]
ぶじ　くら

1017

□ **ふべんだ** 不便だ 불편하다(↔べんりだ)

❖ 不便な所 불편한 곳
ふ べん　ところ

1018

■ **ふまんだ** 不満だ 불만스럽다

❖ 不満な結果 불만스러운 결과
ふ まん　けっか

1019

■ **ふりだ** 不利だ 불리하다(↔ゆうりだ)

❖ 不利な条件 불리한 조건
ふ り　じょうけん

1020

■ **へいぼんだ** 平凡だ 평범하다(↔とくべつだ)

❖ 平凡な人物 평범한 인물
へいぼん　じんぶつ

1021

■ **へいわだ** 平和だ 평화롭다

❖ 平和に暮らす 평화롭게 살다
へい わ　く

1022

□ **へただ** 下手だ 서툴다(↔じょうずだ)

❖ 下手な字を書く 서투른 글씨를 쓰다
へ た　じ　か

1023

□ **へんだ** 変だ 이상하다

❖ なにか変だ 어쩐지 이상하다
へん

1024

□ **べんりだ** 便利だ 편리하다(↔ふべんだ)

❖ 生活に便利な道具 생활에 편리한 도구
せいかつ　べん り　どう ぐ

1025
■ **ほうふだ** 豊富だ 풍부하다

❖ 豊富な経験を生かす
풍부한 경험을 살리다

1026
■ **まあまあだ** 그럭저럭 괜찮다

❖ この程度ならまあまあだ
이 정도면 수수하다

1027
■ **まじめだ** 真面目だ 성실하다, 진지하다

❖ 真面目な話 진지한 이야기

1028
□ **まっすぐだ** 真っ直だ 똑바르다, 정직하다

❖ 真っ直な姿勢 똑바른 자세

1029
■ **まんぞくだ** 満足だ 만족스럽다

❖ 発掘した物はみな満足な状態であった
발굴한 물건은 모두 만족스런 상태였다

1030
■ **みごとだ** 見事だ 멋지다, 뛰어나다, 훌륭하다

❖ 見事な演技 뛰어난 연기

1031
■ **みぢかだ** 身近だ 익숙하다, 친숙하다

❖ 身近な人 가까운 사람

1032
■ **むくちだ** 無口だ 말수가 적다, 과묵하다

❖ 無口な人 과묵한 사람

1033
■ **むこうだ** 無効だ 무효하다(↔ゆうこうだ)

❖ 当選を無効とする 당선을 무효로 하다

1034

■ **むだだ**　無駄だ　쓸데없다, 헛되다, 보람없다

❖ 無駄な骨折り　헛된 수고. 헛수고

1035

■ **むちゅうだ**　夢中だ　열중하다, 몰두하다

❖ 無我夢中　자기를 잊고 열중함

1036

■ **むのうだ**　無能だ　무능하다(↔ゆうのうだ)

❖ 無能な指揮官　무능한 지휘관

1037

■ **むりだ**　無理だ　무리이다

❖ 無理なことを言う　무리한 말을 하다

1038

■ **めいかくだ**　明確だ　명확하다

❖ 明確な返答をする　명확한 대답을 하다

1039

■ **めんどうだ**　面倒だ　번거롭다, 귀찮다, 성가시다

❖ 面倒な手続き　귀찮은 절차

1040

■ **ゆうこうだ**　有効だ　유효하다(↔むこうだ)

❖ この契約は5年間有効だ
이 계약은 5년간 유효하다

1041

■ **ゆうしゅうだ**　優秀だ　우수하다

❖ 優秀な成績で卒業する
우수한 성적으로 졸업하다

1042

■ **ゆうのうだ**　有能だ　유능하다(↔むのうだ)

❖ 有能な弁護士　유능한 변호사

1043
□ **ゆうめいだ** 有名だ 유명하다

❖ 有名な作家 유명한 작가

1044
■ **ゆうりだ** 有利だ 유리하다(↔ふりだ)

❖ 有利な投資 유리한 투자

1045
■ **ゆたかだ** 豊かだ 풍부하다

❖ 豊かな生活 풍족[유복]한 생활

な形容詞

1046
■ **らくだ** 楽だ 안락하다, 간단하다, 간편하다

❖ 楽な姿勢を取る 편안한 자세를 취하다

1047
■ **りそうてきだ** 理想的だ 이상적이다

❖ 理想的な生活 이상적인 생활

1048
■ **りっぱだ** 立派だ 훌륭하다, 뛰어나다

❖ 立派な家造り 훌륭한 집의 구조

---------- TIP ----------

· たいへん[大変]와 けっこう(結構)는 품사에 따라 의미가 달라진다.

　たいへん[大変] 　[튀] 매우, 대단히, 몹시
　　　　　　　　　[な형] 큰일이다, 대단하다

　けっこう[結構] 　[튀] 제법, 꽤, 상당히
　　　　　　　　　[な형] 좋다, 훌륭하다

1049
□ **あおい** 青い 파랗다

　✧ 青い目の人形 파란 눈의 인형

1050
□ **あかい** 赤い 빨갛다

　✧ 夕焼けが赤い 저녁놀이 붉다

1051
□ **あかるい** 明るい 밝다(↔くらい)

　✧ 月が明るい 달이 밝다

1052
■ **あさい** 浅い 얕다(↔ふかい)

　✧ 川が浅い 강이 얕다

1053
□ **あたたかい** 暖かい 따뜻하다(↔すずしい)

　✧ 暖かいごはん 따뜻한 밥

1054
□ **あたらしい** 新しい 새것이다(↔ふるい)

　✧ 新しい靴 새 구두

1055
□ **あつい** 暑い 덥다(↔さむい)

　✧ 今日は大変暑い 오늘은 매우 덥다

1056
■ **あつい** 熱い 뜨겁다, 열정적이다(↔つめたい)

　✧ 湯が熱い 물[목욕물]이 뜨겁다

1057

□ **あつい**　　厚い　　두껍다, 두텁다(↔うすい)

❖ <ruby>厚<rt>あつ</rt></ruby>い <ruby>板<rt>いた</rt></ruby> 두꺼운 널빤지

1058

□ **あぶない**　　危ない　　위험하다, 위태롭다

❖ <ruby>危<rt>あぶ</rt></ruby>ない <ruby>遊<rt>あそ</rt></ruby>び 위험한 놀이

1059

□ **あまい**　　甘い　　달다(↔からい)

❖ <ruby>甘<rt>あま</rt></ruby>い <ruby>菓子<rt>かし</rt></ruby> 단 과자

1060

■ **ありがたい**　　고맙다, 감사하다, 다행스럽다

❖ <ruby>親切<rt>しんせつ</rt></ruby>にしてくれてありがたい
친절하게 해 주어서 고맙다

1061

□ **いそがしい**　　忙しい　　바쁘다(↔ひまだ)

❖ <ruby>目<rt>め</rt></ruby>が<ruby>回<rt>まわ</rt></ruby>るほど<ruby>忙<rt>いそが</rt></ruby>しい
눈이 핑핑 돌 정도로 바쁘다

1062

□ **いたい**　　痛い　　아프다, 고통스럽다

❖ のどが<ruby>腫<rt>は</rt></ruby>れて<ruby>痛<rt>いた</rt></ruby>い
목구멍이 부어서 아프다

1063

□ **うすい**　　薄い　　얇다(↔あつい)

❖ <ruby>薄<rt>うす</rt></ruby>い <ruby>紙<rt>がみ</rt></ruby> 얇은 종이

1064

□ **うすい**　　薄い　　옅다, 연하다(↔こい)

❖ <ruby>色<rt>いろ</rt></ruby>が<ruby>薄<rt>うす</rt></ruby>い 색이 옅다

1065

□ **うつくしい**　　美しい　　아름답다

❖ <ruby>美<rt>うつく</rt></ruby>しい <ruby>女<rt>おんな</rt></ruby> 아름다운 여자

い 형용사

1066

□ **うまい**　　甘い　　맛있다(↔まずい)

　❖ 甘い料理 맛있는 요리

1067

■ **うらやましい**　　부럽다

　❖ 羨ましいと思わない
　　　부럽다고 생각지 않다

1068

□ **うるさい**　　煩い　　시끄럽다(↔しずかだ)

　❖ がいやが煩い 국외자가 시끄럽다

1069

□ **うれしい**　　嬉しい　　기쁘다(↔かなしい)

　❖ 会えて嬉しい
　　　만날 수 있어서 기쁘다[반갑다]

1070

■ **えらい**　　偉い　　훌륭하다, 위대하다, 지위가 높다

　❖ 偉い学者 훌륭한 학자

1071

□ **おいしい**　　美味しい　　맛있다

　❖ 美味しいお菓子 맛있는 과자

1072

□ **おおい**　　多い　　많다(↔すくない)

　❖ 悩みの多い人生 고민이 많은 인생

1073

□ **おおきい**　　大きい　　크다(↔ちいさい)

　❖ 幅が大きい 폭이 크다

1074

□ **おかしい**　　可笑しい　　이상하다, 우습다

　❖ 箸がころんでも可笑しい
　　　젓가락이 구르기만 해도 우습다

1075
■ **おさない**　幼い　어리다

❖ 幼(おさな)いころのおもいで 어릴 적의 추억

1076
□ **おそい**　遅い　늦다, 느리다(↔はやい)

❖ テンポが遅(おそ)い 템포가 느리다

1077
■ **おとなしい**　大人しい　얌전하다, 온순하다, 고분고분하다

❖ 大人(おとな)しい子(こ) 얌전한 아이

1078
□ **おもい**　重い　무겁다(↔かるい)

❖ 重(おも)い荷物(にもつ) 무거운 짐

1079
□ **おもしろい**　面白い　재미있다, 흥미롭다

❖ このごろ勉強(べんきょう)が面白(おもしろ)い
요즘 공부가 재미있다

1080
■ **かしこい**　賢い　현명하다, 영리하다, 요령이 좋다

❖ 賢(かしこ)い少年(しょうねん) 영리한 소년

1081
□ **かたい**　堅い　단단하다(↔やわらかい)

❖ 石(いし)は堅(かた)い 돌은 단단하다

1082
□ **かなしい**　悲しい　슬프다(↔うれしい)

❖ 悲(かな)しい物語(ものがたり) 슬픈 이야기

1083
□ **からい**　辛い　맵다, 짜다(↔あまい)

❖ 辛(から)いカレー 매운 카레

い형용사

1084

□ **かるい** 　軽い　　가볍다(↔おもい)

　　　　　　　　　　　　❖ 紙は石より軽い 종이는 돌보다 가볍다

1085

□ **かわいい** 　可愛い　귀엽다

　　　　　　　　　　　　❖ 可愛い顔 귀여운 얼굴

1086

■ **かわいらしい** 可愛らしい　앙증맞다

　　　　　　　　　　　　❖ 可愛らしい車 작고 예쁘장스러운 자동차

1087

□ **きいろい** 　黄色い　노랗다

　　　　　　　　　　　　❖ 顔色が黄色い 얼굴색이 노랗다

1088

□ **きたない** 　汚い　　더럽다, 비겁하다, 인색하다

　　　　　　　　　　　　❖ 汚い手 더러운 손

1089

■ **きつい** 　　　　　꽉 끼다, 여유가 없다, 힘들다

　　　　　　　　　　　　❖ そのくつはきつい 그 구두는 꼭 끼인다

1090

□ **きびしい** 　厳しい　엄하다, 엄격하다, 혹독하다

　　　　　　　　　　　　❖ 厳しい表情 엄한 표정

1091

■ **くさい** 　　臭い　구리다, 악취가 나다

　　　　　　　　　　　　❖ どこかで臭いにおいがする
　　　　　　　　　　　　　어디선지 구린내가 난다

1092

■ **くだらない** 　下らない　시시하다, 쓸모없다

　　　　　　　　　　　　❖ 下らない人間 쓸모없는 인간

1093

■ **くやしい** 悔しい 분하다, 억울하다, 후회스럽다

❖ あんなやつにばかにされて悔しい
저런 놈에게 멸시당해서 억울하다

1094

□ **くらい** 暗い 어둡다(↔あかるい)

❖ この電灯は暗い 이 전등은 어둡다

1095

■ **くるしい** 苦しい 답답하다, 괴롭다, 경제적으로 어렵다

❖ 息が苦しい 숨이 답답하다

1096

□ **くろい** 黒い 검다

❖ 黒い喪服 검은 상복

1097

■ **くわしい** 詳しい 상세하다, 세세하다, 정통하다, 잘 알고
있다

❖ 詳しい地図 상세한 지도

1098

■ **こい** 濃い 진하다(↔うすい)

❖ 味が濃い 맛이 진하다

1099

□ **こまかい** 細かい 잘다, 자잘하다, 상세하다, 자세하다

❖ 細かい粒 작은 알갱이

1100

□ **こわい** 怖い 무섭다, 두렵다

❖ 怖い目付き 무서운 눈매

1101

□ **さびしい** 寂しい 쓸쓸하다, 외롭다

❖ 寂しい村 쓸쓸한 마을

い
형
용
사

1102
□ **さむい** 寒い 춥다(↔あつい)

❖ 寒い冬 추운 겨울

1103
■ **しおからい** 塩辛い 짜다(↔あまい)

❖ 塩辛いみそ汁 짠 된장국

1104
■ **しかくい** 四角い 네모나다(↔まるい)

❖ 四角い豆腐 네모난 두부

1105
□ **しずかだ** 静かだ 조용하다(↔うるさい)

❖ 海は油を流したように静かだ
바다는 아주 잔잔하다

1106
■ **したしい** 親しい 친하다, 익숙하다

❖ 親しい仲 친한 사이

1107
■ **しつこい** 끈덕지다, 집요하다, (맛, 냄새 등이)질
다, 농후하다

❖ しつこい質問 끈질긴 질문

1108
□ **しろい** 白い 희다

❖ 色が白い 색이 희다

1109
□ **すくない** 少ない 적다(↔おおい)

❖ 口数の少ない人 말수가 적은 사람

1110
□ **すごい** 凄い 대단하다, 굉장하다

❖ 凄いうなり声 무시무시한 신음소리

1111
□ **すずしい**　涼しい　시원하다(↔あたたかい)

❖ ほんとうに涼しい　정말로 시원하다

1112
□ **すっぱい**　酸っぱい　시다, 시큼하다(↔にがい)

❖ 酸っぱいみかん　시큼한 귤

1113
□ **すばらしい**　素晴らしい　훌륭하다, 굉장하다

❖ 彼の演奏は素晴らしかった
그의 연주는 매우 훌륭했다

1114
■ **するどい**　鋭い　날카롭다

❖ 鋭い刃先　날카로운 칼끝

1115
□ **せまい**　狭い　좁다(↔ひろい)

❖ 庭が狭い　마당이 좁다

1116
■ **たかい**　高い　높다(↔ひくい)

❖ 高い山　높은 산

1117
■ **たかい**　高い　비싸다(↔やすい)

❖ 金利が高い　금리가 비싸다

1118
□ **ただしい**　正しい　바르다, 맞다

❖ 君の姿勢は正しい　너의 자세는 바르다

1119
□ **たのしい**　楽しい　즐겁다

❖ 楽しい音楽　즐거운 음악

い形容詞

1120

□ **ちいさい**　小さい　작다(↔おおきい)

❖ 小^{ちい}さい別荘^{べっそう} 작은 별장

1121

□ **ちかい**　近い　가깝다(↔とおい)

❖ 近^{ちか}い距離^{きょり} 가까운 거리

1122

■ **つまらない**　　시시하다, 하찮다, 재미가 없다

❖ つまらない事^{こと}にこだわる
하찮은 일에 신경을 쓰다

1123

□ **つめたい**　冷たい　차갑다, 냉정하다(↔あつい)

❖ 山^{やま}から降^おりる冷^{つめ}たい風^{かぜ}
산에서 내리부는 차가운 바람

1124

□ **つよい**　強い　강하다, 강인하다(↔よわい)

❖ いしが強^{つよ}い 의지가 강하다

1125

■ **つらい**　辛い　괴롭다, 고통스럽다, 모질다

❖ 生^いきてゆくのが辛^{つら}い
살아가는 것이 괴롭다

1126

□ **とおい**　遠い　멀다(↔ちかい)

❖ 駅^{えき}からかなり遠^{とお}い所^{ところ} 역에서 꽤 먼 곳

1127

■ **とんでもない**　뜻밖이다, 터무니없다, 당치도 않다

❖ とんでもない値段^{ねだん} 터무니없는 값

1128

□ **ながい**　長い　길다(↔みじかい)

❖ 長^{なが}い棒^{ぼう} 긴 막대기

1129
■ **なさけない** 情けない　　한심하다, 딱하다, 정나미 떨어지다

　　❖ <ruby>連敗<rt>れんぱい</rt></ruby>とは<ruby>情<rt>なさ</rt></ruby>けない　연패라니 한심하구나

1130
■ **なつかしい** 懐かしい　　그립다, 정겹다, 옛생각이 난다

　　❖ <ruby>昔<rt>むかし</rt></ruby>が<ruby>懐<rt>なつ</rt></ruby>かしい　옛날이 그립다

1131
□ **にがい**　　苦い　　쓰다(↔すっぱい)

　　❖ <ruby>苦<rt>にが</rt></ruby>い<ruby>薬<rt>くすり</rt></ruby>　쓴 약

1132
■ **にぶい**　　鈍い　　무디다

　　❖ <ruby>鈍<rt>にぶ</rt></ruby>い<ruby>刀<rt>かたな</rt></ruby>　무딘 칼

い 형용사

1133
□ **ぬるい**　　温い　　미지근하다

　　❖ ふろが<ruby>温<rt>ぬる</rt></ruby>い　목욕물이 미지근하다

1134
□ **ねむい**　　眠い　　졸리다

　　❖ いやに<ruby>眠<rt>ねむ</rt></ruby>い　몹시 졸리다

1135
■ **ばからしい**　　시시하다, 바보스럽다

　　❖ ばからしい<ruby>話<rt>はなし</rt></ruby>はやめなさい
　　　시시한[터무니없는] 이야기는 그만두시오

1136
■ **はげしい** 激しい　　세차다, 심하다, 격심하다

　　❖ <ruby>激<rt>はげ</rt></ruby>しい<ruby>痛<rt>いた</rt></ruby>み　심한 통증

1137
□ **はずかしい** 恥ずかしい　　부끄럽다, 창피하다

　　❖ <ruby>恥<rt>は</rt></ruby>ずかしい<ruby>行為<rt>こうい</rt></ruby>　부끄러운 행위

1138

□ **はやい**　　早い　　이르다, 빠르다(↔おそい)

❖ <ruby>早<rt>はや</rt></ruby>い<ruby>汽車<rt>きしゃ</rt></ruby> 빠른 기차

1139

□ **ひくい**　　低い　　낮다(↔たかい)

❖ <ruby>低<rt>ひく</rt></ruby>い<ruby>山<rt>やま</rt></ruby> 낮은 산

1140

□ **ひどい**　　　　　　심하다, 형편없다, 무정하다

❖ あまりにもひどい 너무 심하다

1141

□ **ひもじい**　　　　　시장하다, 배고프다

❖ ひもじい<ruby>思<rt>おも</rt></ruby>いをする 시장기를 느끼다

1142

□ **ひろい**　　広い　　넓다(↔せまい)

❖ <ruby>広<rt>ひろ</rt></ruby>い<ruby>海<rt>うみ</rt></ruby> 넓은 바다

1143

□ **ふかい**　　深い　　깊다(↔あさい)

❖ <ruby>傷口<rt>きずぐち</rt></ruby>が<ruby>深<rt>ふか</rt></ruby>くない 상처가 깊지 않다

1144

□ **ふとい**　　太い　　굵다(↔ほそい)

❖ <ruby>太<rt>ふと</rt></ruby>い<ruby>糸<rt>いと</rt></ruby> 굵은 실

1145

□ **ふるい**　　古い　　낡았다, 오래되다(↔あたらしい)

❖ <ruby>古<rt>ふる</rt></ruby>い<ruby>建物<rt>たてもの</rt></ruby> 낡은 건물

1146

□ **ほしい**　　欲しい　　갖고 싶다, 탐나다

❖ <ruby>何<rt>なに</rt></ruby>も<ruby>欲<rt>ほ</rt></ruby>しくない 아무것도 갖고 싶지 않다

1147

□ **ほそい**　細い　가늘다(↔ふとい)

❖ 細_{ほそ}い糸_{いと} 가는 실

1148

□ **まずい**　맛없다(↔うまい)

❖ かんざましはまずい
식은 술은 맛이 없다

1149

■ **まずしい**　貧しい　가난하다

❖ 暮_くらしが貧_{まず}しい 살림이 가난하다

1150

■ **まっくろい**　真っ黒い　새까맣다

❖ 真_まっ黒_{くろ}い煙_{けむり}を吐_はき出_だす
새까만 연기를 내뿜다

1151

■ **まっしろい**　真っ白い　새하얗다

❖ 真_まっ白_{しろ}い雲_{くも} 새하얀 구름

1152

■ **まぶしい**　眩しい　눈부시다

❖ 太陽_{たいよう}が眩_{まぶ}しかった 태양이 눈부셨다

1153

□ **まるい**　丸い　둥글다(↔しかくい)

❖ 丸_{まる}い月_{つき} 둥근 달

1154

□ **みじかい**　短い　짧다(↔ながい)

❖ 短_{みじか}いスカート 짧은 스커트

1155

■ **むしあつい**　蒸し暑い　무덥다, 찌듯덥다

❖ 蒸_むし暑_{あつ}い夜_{よる} 무더운 밤

い形容詞

1156

□ **むずかしい** 難しい 어렵다(↔やさしい)

❖ この書物は難しい 이 책은 어렵다
（しょもつ むずか）

1157

□ **めずらしい** 珍しい 진귀하다, 희귀하다, 보기 드물다

❖ 珍しい形の花 희귀한 모양의 꽃
（めずら かたち はな）

1158

■ **めでたい** 경사스럽다, 축하할 만하다

❖ 合格してめでたい 합격해서 경사스럽다
（ごうかく）

1159

■ **もうしわけない** 申し訳ない 변명할 여지가 없다, 미안하다

❖ まったく申し訳ない 정말로 미안하다
（もう わけ）

1160

■ **もったいない** 아깝다

❖ そんなに残すなんて勿体無い
그렇게 남기다니 아깝다
（のこ もったい な）

1161

□ **やさしい** 易しい 쉽다(↔むずかしい)

❖ 問題が易しい 문제가 쉽다
（もんだい やさ）

1162

□ **やすい** 安い 싸다(↔たかい)

❖ 物価が安い 물가가 싸다
（ぶっか やす）

1163

□ **やわらかい** 柔らかい 부드럽다, 온화하다, 유연하다(↔かたい)

❖ 柔らかい肌 보드라운 살결
（やわ はだ）

1164

■ **よい・いい** 良い 좋다(↔わるい)

❖ 良い天気だ 좋은 날씨이다
（い てんき）

1165
□ **よろしい**　宜しい　좋다 (いい·よいの 정중한 표현)

❖ 帰っても宜しい 돌아가도 좋다

1166
□ **よわい**　弱い　약하다, 허약하다(↔つよい)

❖ 気が弱い 기가 약하다

1167
■ **わかい**　若い　젊다

❖ 若い人 젊은 사람

1168
□ **わるい**　悪い　나쁘다(↔よい)

❖ 悪い事はすぐ覚える
나쁜 짓은 금방 배운다

い 형 용 사

--- TIP ---

・감정 관련 い형용사　うれしい(嬉しい) 기쁘다
かなしい(悲しい) 슬프다
いたい(痛い) 아프다, 고통스럽다
おもしろい(面白い) 재미있다, 흥미 있다 / 우습다
かわいい(可愛い) 귀엽다
かわいらしい(可愛らしい) 앙증맞다
こわい(怖い) 무섭다, 두렵다
たのしい(楽しい) 즐겁다
さびしい(寂しい) 쓸쓸하다, 외롭다
おかしい 이상하다, 우습다

1169
■ **あいにく**　　　　공교롭게도, 마침

❖ あいにく留守だった
공교롭게도 집에 없었다

1170
■ **あっというまに**　あっという間に　　순식간, 눈깜짝 할사이

❖ あっという間に逃げた
눈 깜짝할 사이에 도망쳤다

1171
■ **いきなり**　　　　돌연, 갑자기

❖ いきなり胸ぐらをとる
갑자기 멱살을 잡다

1172
■ **いちおう**　一応　　일단, 우선은

❖ 一応考えた上で　일단 생각한 연후에

1173
■ **いったい**　一体　　도대체, 대체

❖ 一体どんな事が起こったんだ
도대체 무슨일이 생겼냐?

1174
■ **いつのまにか**　いつの間にか　　어느 사이엔지, 어느덧

❖ 雨はいつの間にか止んでいた
비는 어느 사이엔지 그쳐 있었다

1175
■ **いっぱんに**　一般に　　일반적으로

❖ 一般に熱帯の住民は早熟である
일반적으로 열대 주민은 조숙하다

1176
■ **いよいよ**　　　　마침내, 드디어

❖ いよいよ僕の番だ　마침내 내차례다

1177
■ **うっかり**　　　깜빡, 무심코

❖ うっかり秘密を漏らす
무심코 비밀을 누설하다

1178
■ **がっかり**　　　실망, 낙담하는 모양

❖ 不合格にがっかりする
불합격에 낙심하다

1179
■ **きちんと**　　　정확히, 규칙 바른, 말쑥히

❖ きちんと約束の時間に着く
정확히 약속시간에 닿다

1180
■ **きゅうに**　急に　갑자기

❖ 子供が急に家に帰りたがる
아이가 갑자기 집에 가고싶어 한다

1181
■ **ぐっすり**　　　푹, 깊이 자는

❖ 昼の疲れでぐっすりと眠る
낮의 피로 때문에 푹 자다

1182
■ **けっきょく**　結局　결국, 마침내

❖ 結局わたしたちが勝った
결국 우리가 이겼다

1183
■ **さすが**　　　과연, 역시

❖ さすが(に)寒い 과연 춥다

1184
■ **さっぱり**　　　개운, 담백, 산뜻한 모양

❖ 髪を洗ってさっぱり(と)する
머리를 감아 상쾌해지다

1185
■ **さらに**　　　더욱더, 더한층

❖ さらに速く走る 더욱 더 빨리 달리다

부
사

JLPT N3 필수단어 | **141**

1186

□ **しっかり**　　　　단단히, 확실히, 착실히

❖ ひもを しっかり 結ぶ　끈을 단단히 매다

1187

■ **じっさいに**　実際に　실제로

❖ 実際にやってみたら難しかった
실제로 해보니 어려웠다

1188

■ **しょうしょう**　少々　잠시, 잠깐, 약간, 조금

❖ 今日は少々疲れだ
오늘은 좀 지쳤다

1189

■ **ずいぶん**　　　　상당히, 꽤

❖ ずいぶん寒い日だ　상당히 추운 날씨다

1190

■ **すくなくとも**　少なくとも　적어도, 최소한

❖ 少なくとも1万円にはなる
최소한 만 엔은 된다

1191

□ **すっかり**　　　　완전히, 매우

❖ すっかり体が丈夫になる
건강을 완전히 회복하다

1192

■ **すっきり**　　　　상쾌해지다, 산뜻이

❖ 良く寝たので頭がすっきりした
잘 자고 나니 머리가 상쾌해졌다

1193

□ **ずっと**　　　　계속, 쭉, 훨씬

❖ この方がずっと重い　이쪽이 훨씬 무겁다

1194

■ **すべて**　全て　모두, 전부

❖ 財産を全て失った　재산을 몽땅 잃었다

1195
□ **ぜんぜん**　全然　　전혀, 조금도

❖ 全然 知らない　전혀 알지 못하다
_{ぜんぜん}

1196
□ **それほど**　　그렇게, 그만큼, 그다지

❖ それほどうれしいか　그렇게 기쁘냐?

1197
□ **そろそろ**　　슬슬, 어떤 시기에 접어듬

❖ そろそろ来るころだ
이제 슬슬 올 때가 되었다

1198
■ **そんなに**　　그렇게, 그토록

❖ そんなに簡単に行くかな
_{かんたん}　_い
그렇게 간단히 될까

1199
■ **たいして**　大して　그다지, 별로

❖ 大して気にしない
_{たい}　_き
별로 신경 쓰지 않는다

1200
■ **だいたい**　　대개, 대충

❖ 仕事はだいたい終わった
_{し ごと}　　　_お
일은 대충 끝났다

1201
□ **たいてい**　　대개, 대체로

❖ 日曜日はたいてい家にいる
_{にちよう び}　　　_{いえ}
일요일에는 대개 집에 있다

1202
■ **たしか**　確か　분명히, 확실히, 아마

❖ 確かに自分がやった。
_{たし}　_{じ ぶん}
분명히 내가 했다.

1203
■ **たしょう**　多少　다소

❖ 多少成績があがる　다소 성적이 오르다
_{た しょうせいせき}

1204
□ **だんだん**　　점점, 차차, 차츰

❖ 成績がだんだんよくなる
성적이 차츰차츰 나아지다

1205
□ **ちっとも**　　조금도, 전혀

❖ ちっともこわくない　조금도 두렵지 않다

1206
■ **ちゃんと**　　꼼꼼하게, 착실하게, 분명하게

❖ ちゃんと話をして別れる
분명하게 이야기를 하고 헤어지다

1207
■ **つい**　　무심코, 그만, 바로

❖ つい目の前を通っていく
바로 눈앞을 지나가다

1208
■ **ついに**　　마침내, 결국

❖ ついに成功した　마침내 성공했다

1209
■ **つぎつぎに**　次々に　잇달아, 계속해서

❖ 新しい家が次々に建つ
새집이 계속해서 들어서다

1210
□ **できるだけ**　　가능한 한, 최대한

❖ できるだけ早く済ませよう
되도록 서둘러 끝내자

1211
□ **とうとう**　　드디어, 마침내

❖ とうとう成功した　마침내 성공했다

1212
□ **どうも**　　어쩐지, 아무래도

❖ どうも助けようがない
아무리 해도 도울 방도가 없다

1213
■ **どきどき** 두근두근

  ❖ 胸^{むね}が**どきどき**する 가슴이 두근두근하다

1214
■ **とつぜん** 突然 돌연, 갑자기

  ❖ 突然^{とつぜん}雨^{あめ}が降^ふる 돌연 비가 오다

1215
■ **とにかく** 여하튼, 어쨌든

  ❖ **とにかく**まちがいない 여하튼 틀림없다

1216
■ **どんどん** 잇따라, 계속해서, 자꾸자꾸

  ❖ 新人^{しんじん}が**どんどん**出^でてくる
    신인이 속속 나오다

1217
□ **なるべく** 가능한 한, 되도록

  ❖ **なるべく**ならその方^{ほう}がいい
    가능하다면 그 편[그것]이 좋다

부사

1218
□ **なるほど** 과연, 정말(수긍이나 납득)

  ❖ **なるほど**立派^{りっぱ}な人^{ひと}だ
    과연 훌륭한 사람이다

1219
■ **なんだか** 何だか 어쩐지, 왠지

  ❖ 何^{なん}だか変^{へん}だ 어쩐지 이상하다

1220
■ **なんとか** 何とか 이럭저럭, 어떻게든

  ❖ 何^{なん}とかなるさ 어떻게(든) 되겠지

1221
■ **にこにこ** 웃는 모습, 생글생글

  ❖ **にこにこ**顔^{がお} 생글생글 웃는 얼굴

1222

■ **のんびり**　　　　한가로이, 유유히, 태평스럽게

❖ のんびりと暮らす　한가롭게 살아가다

1223

□ **はっきり**　　　　확실히, 뚜렷이

❖ はっきり(と)区切る　확실히 구분하다

1224

□ **ひじょうに**　非常に　대단히, 매우

❖ 非常に頭がいい　대단히 머리가 좋다

1225

■ **びっくり**　　　　놀라는 모습, 깜짝

❖ びっくり驚かせる　깜짝 놀라게 하다

1226

■ **ぴったり**　　　　꼭 들어맞는 모양, 잘 맞는 모양, 꼭, 딱

❖ ぴったりとした表現　딱 들어맞는 표현

1227

■ **ふたたび**　再び　재차, 다시

❖ 再び舞い戻る　다시 되돌아오다

1228

□ **ほとんど**　　　　거의

❖ ほとんど手がつけられない
거의 손댈 수가 없다

1229

■ **まさか**　　　　설마

❖ まさか逃げはしないだろう
설마 달아나기야 하겠나?

1230

■ **まったく**　全く　전혀, 정말로, 참으로

❖ お酒を全く飲まない人
술을 전혀 마시지 않는 사람

1231
■ **むしろ**　　　　　오히려, 차라리

❖ それなら むしろ やめたい
그렇다면 차라리 그만두고 싶다

1232
□ **もちろん**　　勿論　　물론

❖ 勿論 行くよ　물론 가지

1233
■ **もっとも**　　最も　　가장, 제일

❖ 最も 重要な 問題　가장 중요한 문제

1234
■ **やっと**　　　　　겨우, 가까스로

❖ やっと 出来上がった　겨우 완성되었다

1235
□ **ゆっくり**　　　　천천히, 느긋하게

❖ ゆっくり 歩く　천천히 걷다

1236
■ **ようやく**　　　　겨우, 간신히

❖ ようやく 完成を 見た
간신히 완성을 보았다

1237
■ **わざと**　　　　　고의로, 일부러

❖ わざと こわす　일부러 부수다

1238
■ **わざわざ**　　　특별히, 특히

❖ わざわざ 見舞いに 行く
특별히 문안하러 가다

1239
■ **アイデア・アイディア** 아이디어

❖ 奇抜な アイディア 기발한 아이디어

1240
■ **アクセサリ–** 액세서리

❖ 少女趣味の アクセサリー
소녀 취미의 액세서리

1241
■ **アジア** 아시아

❖ 東南 アジア 동남 아시아

1242
■ **アナウンサ–** 아나운서, 방송원

❖ アナウンサー が生中継で放送する
아나운서가 생중계로 방송하다

1243
■ **アナウンス** 아나운스, 방송

❖ 校内放送で アナウンス する
교내 방송으로 방송하다

1244
■ **アニメ–ション** 애니메이션

❖ 人形を使って撮る立体 アニメーション
인형을 사용하여 찍는 입체 애니메이션

1245
■ **アルバイト・バイト** 아르바이트

❖ アルバイト をしてがくひをかせぐ
아르바이트를 하여 학비를 벌다

1246
■ **インスタント** 인스턴트

❖ インスタント コーヒー 인스턴트 커피

1247
■ インタビュー　　인터뷰

❖ 首相にインタビューする
수상과 인터뷰하다

1248
■ エネルギー　　에너지

❖ エネルギー不滅の法則
에너지 불멸의 법칙

1249
■ オーダー　　오더, 주문

❖ 背広をオーダーする　양복을 주문하다

1250
□ オーバー　　오버

❖ 定員をオーバーする
정원을 초과(오버)하다

1251
□ カーテン　　커튼

❖ カーテンを引く　커튼을 치다

1252
■ ガイド　　가이드

❖ 山でガイドを雇う
산에서 안내인(가이드)을 고용하다

외
래
어

1253
□ ガソリンスタンド　　주유소

❖ 免税ガソリンスタンドで給油する
면세주유소에서 급유하다

1254
□ ガソリン　　가솔린

❖ ガソリンをまんタンにする
가솔린을 탱크에 가득 채우다

1255
■ カタログ　　카탈로그

❖ ステレオのカタログをとりよせる
스테레오의 상품 목록(카탈로그)을 부쳐오
게 하다

1256

■ **カット**　　커트, 자름

❖ ハンドカット　손으로 잘라 냄

1257

□ **カレンダ-**　　달력

❖ スポーツカレンダー　스포츠 캘린더(달력)

1258

■ **キャンセル**　　캔슬, 취소

❖ 航空券をキャンセルする
　항공권을 취소하다

1259

□ **クラス**　　학급, 반

❖ クラスの首席　학급 수석

1260

■ **クラスメ-ト**　　클래스메이트, 동급생, 급우

❖ クラスメートのかいごうを催す
　클래스메이트의 회합을 개최하다

1261

□ **グル-プ**　　그룹

❖ グループ活動　그룹 활동

1262

■ **ケ-キ**　　케이크

❖ ケーキをきりはじめる
　케이크를 베기 시작하다

1263

□ **コ-ヒ-**　　커피

❖ コーヒーを入れる　커피를 끓이다

1264

■ **コピ-**　　카피, 복사

❖ コピーを取る　사본을 뜨다. 복사하다

1265

■ **コミュニケ-ション** 커뮤니케이션

❖ 部員相互のコミュニケ-ションが大切だ
부원 상호간의 의사소통이 중요하다

1266

□ **コンサ-ト** 콘서트

❖ コンサ-トを催す
연주회(콘서트)를 개최하다

1267

■ **コントロ-ル** 컨트롤, 조정

❖ コントロ-ルのいい投手
컨트롤이 좋은 투수

1268

□ **サンダル** 샌들

❖ サンダルをひっかける 샌들을 신다

1269

■ **ス-ツ** 슈트, 양복

❖ くろのス-ツ 검은 양복

1270

□ **ス-ツケ-ス** 슈트케이스, 여행용 가방

❖ ス-ツケ-スがほしいのですが見せて
下さい
여행용가방을 사고 싶은데 보여주세요

1271

■ **ス-パ-** 슈퍼(슈퍼마켓의 준말)

❖ 大資本のス-パ-が商店街になぐりこ
みをかけた 대자본의 슈퍼마켓이 상가에
진출하여 도전했다

1272

■ **スクリ-ン** 스크린

❖ スクリ-ンに大きくうつる
스크린에 크게 비치다

1273

■ **スケジュ-ル** 스케줄, 일정, 예정표

❖ スケジュ-ルを組む 스케줄을 짜다

1274

■ **ステーキ** 스테이크

❖ ステーキハウス 스테이크 전문점

1275

□ **ステレオ(レコード)** 스테레오(레코드)

❖ 車<ruby>くるま</ruby>にステレオをとりつける
차에 스테레오를 설치하다

1276

■ **ストレート** 스트레이트

❖ ウィスキーをストレートで飲<ruby>の</ruby>む
위스키를 스트레이트로 마시다

1277

■ **ストレス** 스트레스

❖ ストレスが溜<ruby>た</ruby>まる 스트레스가 쌓이다

1278

■ **スピーチ** 스피치, 연설

❖ 長<ruby>なが</ruby>いスピーチにげんなりする
긴 연설에 진절머리나다

1279

■ **セール** 세일, 판매

❖ クリスマスセール 크리스마스 세일

1280

■ **セット** 세트

❖ コーヒーセット 커피 세트

1281

□ **タイプ** 타입, 형, 형식

❖ 新<ruby>あたら</ruby>しいタイプの車<ruby>くるま</ruby> 새로운 형의 차

1282

■ **ダンス** 댄스, 춤

❖ ソーシャルダンス 소셜 댄스, 사교춤

1283

■ **チェック**

체크

❖ チェックライター
체크 라이터. 수표 금액 기입기

1284

■ **チェックアウト**

체크아웃(↔チェックイン)

❖ ホテルの**チェックアウト**を済ませる
호텔의 체크아웃을 마치다

1285

■ **チェックイン**

체크인(↔チェックアウト)

❖ ホテルのフロントで**チェックイン**を済ませる
호텔 프런트에서 체크인을 마치다

1286

■ **チャンス**

찬스, 기회

❖ 絶好の**チャンス** 절호의 찬스

1287

■ **ツアー**

투어, 관광 여행

❖ スキー**ツアー** 스키 투어. 스키 여행

1288

□ **テキスト**

텍스트, 교재, 교과서

❖ **テキスト**を構成し直す
텍스트를 재구성하다

1280

■ **デジタルカメラ**

디지털카메라

❖ しんしきの**デジタルカメラ**
신식디지털 카메라

1290

■ **ドイツ**

독일

❖ **ドイツ**かきょく 독일 가곡

1291

■ **トイレットペーパー**

화장지

❖ **トイレットペーパー**3個
두루마리 휴지(화장지) 3개

1292

□ **ナイフ** 칼

❖ フォークと ナイフ 포크와 나이프

1293

■ **パートタイム** 파트타임, 시간제 근무

❖ 主婦の間ではパートタイムの仕事が盛んである
주부들 사이에는 파트타임이 성행하고 있다

1294

■ **パソコン** PC, 개인용 컴퓨터

❖ モデムを介してパソコンと電話回線をつなぐ 모뎀을 개재하여 PC와 전화 회선을 연결하다

1295

□ **バタ** 버터

❖ ピーナッツバター 피너츠 버터. 땅콩 버터

1296

■ **パック** 旅行 패키지 여행의 준말

❖ パック旅行にでる 패키지여행을 떠나다

1297

■ **パッケージ** 패키지, 포장, 꾸러미

❖ パッケージされた品物 포장된 물건

1298

■ **バレーボール** 배구

❖ 同校の先生たちでつくるバレーボールチームではエースーアタッカーだった
동교 선생들로 구성한 배구 팀에서는 주공격수였다

1299

□ **ハンカチ** 손수건

❖ ハンカチがかわく 손수건이 마르다

1300

■ **ファン** 팬(연예인의 팬, 선풍기, 송풍기)

❖ 電気のファン 전기 송풍기

1301
□ **フィルム** 필름

❖ フィルムを巻く 필름을 감다

1302
■ **フリ-** 프리, 자유, 공짜

❖ フリーの記者 자유계약기자

1303
■ **ページ** 페이지

❖ ページの狂っている本
페이지가 뒤바뀐 책

1304
□ **ベッド** 침대

❖ ダブルベッド 더블 베드. 2인용 침대

1305
■ **ペット** 애완동물

❖ ペットをかう 애완 동물을 기르다

1306
■ **ペットボトル** 페트병

❖ 手にペットボトルを下げた人たちが
来る 손에 페트병을 든 사람들이 온다

1307
□ **ベル** 벨

❖ 玄関のベルを押す 현관의 벨을 누르다

1308
□ **ボタン** 버튼, 단추

❖ 金ボタン 금 단추

1309
■ **ホ-ムペ-ジ** 홈페이지

❖ ホームページの作り方を学ぶ
홈페이지 만드는법을 배우다

1310

□ **ポケット**　　　　　포켓

❖ うちがわのポケット　안쪽 포켓

1311

■ **ポスター**　　　　　포스터

❖ ポスターの圖案　포스터의 도안

1312

■ **ポスト**　　　　　우체통

❖ 手紙をポストに入れる
편지를 우체통에 넣다

1313

□ **ホテル**　　　　　호텔

❖ ホテルに泊まる　호텔에 유숙하다

1314

□ **マッチ**　　　　　성냥

❖ マッチ棒　성냥개비

1315

□ **メートル**　　　　　미터

❖ メートル法にかんさんする
미터법으로 환산하다

1316

■ **ユーモア**　　　　　유머

❖ ユーモアのある人　유머가 있는 사람

1317

□ **ラジオ**　　　　　라디오

❖ ラジオを聞く　라디오를 듣다

1318

■ **リサイクル**　　　　　리사이클, 재활용

❖ リサイクルショップ [recycle shop]
리사이클 숍. 재활용품·중고품 등의 판
매·교환을 하는 상점

1319
ルール　　　룰, 규칙

　❖ 会議のルール　회의의 규칙

1320
レシート　　　리시트, 영수증

　❖ レシートをパンチする
　　영수증에 구멍을 뚫다

1321
レジスター・レジ　　　금전 출납계

　❖ レジスターの女の子　금전 출납원 아가씨

1322
レポーター・リポーター　　　리포터, 보고자

　❖ 研究会のレポーター　연구회의 보고자

1323
レポート　　　리포트, 보고서

　❖ レポートを作成する
　　리포트를 작성하다

1324

□ **だから・ですから** 접 그러니까, 그래서

❖ だからどうだと言うのだ
그러니까 어쨌다는 거야?

❖ 雨が降ったから試合はなかった
비가 내렸으므로(그래서) 시합은 없었다

1325

□ **それで** 그래서

❖ それで彼は来られなかった
그래서 그는 오지 못했다

1326

■ **そこで** 접 그래서, 그런 까닭으로

❖ ノックをしたが返事がない。そこで裏へ
回ってみた 노크를 했지만 대답이 없다.
그래서 뒤편으로 돌아가 보았다

1327

□ **すると** 접 그러자, 그러자

❖ 門をたたいた。すると娘が出てきた
문을 두드렸다. (그랬더니)그러자 처녀가 나
왔다

1328

□ **しかし** 접 그러나, 그렇지만

❖ 品物は良い。しかし値段が高い
물건은 좋다. 그러나 값이 비싸다

1329

■ **が・だが** 접 그러나, 그렇지만

❖ 努力したがだめだった
노력하였으나 소용없었다

❖ 仕事は早いだが間違いが多い
일은 빠르지만 실수가 많다

1330
■ けれども・けれど

접 그렇지만

❖ 頭は良くない. けれど気立てはいい
머리는 좋지 않다. 하지만(그렇지만) 마음씨
는 좋다

1331
□ でも

접 그래도, 그렇지만

❖ でもこのあたりの眺めは悪くない
하지만(그래도) 이 근방의 전망은 나쁘지 않다

1332
■ それでも

접 그런데도, 그럼에도 불구하고

❖ 天気は悪かった. それでも出かけて行
った 날씨는 나빴다. 그런데도 나섰다

1333
■ ところが

접 그런데, 그러나

❖ ところが大間違いだった
그런데 딴판이었다

1334
■ それなのに

접 그런데도, 그럼에도 불구하고

❖ 収入は十分ある. それなのにいつも赤
字だ 수입은 충분히 있다. 그런데도 언제나
적자다

1335
■ そして

접 그리고

❖ 春が来た. そして花も咲いた
봄이 왔다, 그리고 꽃도 피었다

1336
□ また

접 또, 게다가

❖ また雪が降った 또(다시) 눈이 왔다

1337
■ さて

접 그런데, 그건 그렇고

❖ さて例の件ですが
그건 그렇고, 그 건에 대해선데요

기
타

1338

■ **ところで** 　　 접 그런데, 그건 그렇고

❖ ところでどこで食事をしましょうか
그런데, 어디서 식사를 할까요?

1339

■ **そのうえ** 　　 접 게다가, 또한

❖ 雨降りだ.そのうえ風も強い
비가 온다. 게다가 바람도 세다

1340

□ **それに** 　　 접 게다가, 더욱이

❖ 頭が痛い.それにかぜ気味だ
머리가 아프다. 게다가 감기 기운도 있다

1341

■ **しかも** 　　 접 게다가

❖ 安くてしかも営養のある食べ物
값싸고 게다가 영양분이 많은 음식

1342

□ **それから** 　　 접 그리고

❖ テレビを見た.それから勉強をした
텔레비전을 보았다. 그리고(나서) 공부를 했다

1343

■ **なぜなら** 　　 접 왜냐하면

❖ なぜなら(ば)彼が嫌いだからだ
왜냐하면 그가 싫기 때문이다

1344

■ **ただ** 　　 접 다만, 그러나

❖ あの店はうまいものを食わせる.ただ
料金が高い 저 집의 음식은 맛이 좋다. 단
(다만), 값이 비싸다

1345

■ **あまり** 　　 기타부사 그다지

❖ あまり嬉しくない 그다지 기쁘지 않다

1346

□ **いくら** 　　　　[기타부사] **아무리**

❖ いくら頼(たの)んでも無駄(むだ)だろう
아무리 부탁해도 허사일 것이다

1347

■ **いちども** 　一度も　[기타부사] **한번도**

❖ 一度(いちど)も怒(おこ)ったためしがない
한 번도 화를 낸 예가 없다

1348

■ **いまにも** 　今にも　[기타부사] **당장이라도**

❖ 今(いま)にも降(ふ)り出(だ)しそうな空(そら)
당장에라도 비가[눈이] 내릴 것 같은 하늘

1349

■ **かなり** 　　　　[기타부사] **꽤**

❖ あの人(ひと)はかなり酔(よ)っている
저 사람은 꽤 취해 있다

1350

■ **きっと** 　　　　[기타부사] **꼭, 틀림없이**

❖ きっと彼(かれ)が食(た)べたのだろう
틀림없이 그가 먹었을 것이다

1351

■ **けっして** 　決して　[기타부사] **결코**

❖ 決(けっ)して不自然(ふしぜん)ではない
결코 부자연스럽지는 않다

1352

■ **じつは** 　　実は　[기타부사] **실은, 사실은**

❖ 実(じつ)は金(かね)がない　사실은 돈이 없다

1353

■ **すこしも** 　少しも　[기타부사] **조금도**

❖ 少(すこ)しも驚(おどろ)かない　조금도 놀라지 않다

기
타

1354

■ **ぜひ (~たい・~ましょう)** [기타부사] 꼭, 부디 (~하고 싶다, ~합시다,
~てください) ~해 주십시오)

❖ ぜひ行きましょう 꼭 갑시다

❖ ぜひもう一度がんばりたい
꼭, 다시 한번 열심히 해 보고 싶다

1355

■ **たいへん**　大変　[기타부사] 대단히

❖ 大変な人出だ 대단한 인파다

1356

■ **たとえ**　[기타부사] 가령, 설령, 비록

❖ たとえわが身がどうなろうとも約束は
守る 비록 내가 어떻게 된다 하더라도 약속
은 지키겠다

1357

■ **たぶん (~だろう・~でしょう)** [기타부사] 아마 (~일 것이다, ~일 것입니다)

❖ たぶんそれがベターだろう
아마 그것이 더 나을 것이다

❖ たぶん寒いでしょう 아마 추울 것입니다

1358

□ **とても**　[기타부사] 도저히, 매우, 아주

❖ とても駄目だ 도저히 할 수 없다

❖ とてもいい 매우 좋다

1359

■ **どんなに**　[기타부사] 아무리

❖ どんなにすきあっていても
아무리 서로 좋아하더라도

1360

□ **なかなか**　[기타부사] 좀처럼

❖ なかなかうまくできない
좀처럼 잘 되지 않다

1361
■ **なんと・なんて**　[기타부사] 이 얼마나, 참으로

❖ なんと美(うつく)しい人(ひと)だろう
참으로 아름다운 사람이구나

❖ なんて鈍(どん)なやつだ
참(으로) 둔한 녀석이군

1362
■ **にどと**　二度と　[기타부사] 두 번 다시

❖ 二度(にど)とない機会(きかい)　두 번 다시 없는 기회

1363
■ **べつに**　別に　[기타부사] 별로, 특별히

❖ 別(べつ)に用(よう)はない　별로 볼일은 없다

1364
■ **まるで (~ようだ)**　[기타부사] 마치, 흡사(~같다)

❖ まるで絵(え)のようだ　마치 그림같다

1365
□ **もし**　[기타부사] 만약

❖ もし雨(あめ)が降(ふ)れば中止(ちゅうし)する
만약 비가 오면 중지한다

1366
■ **もしかすると**　[기타부사] 어쩌면 (~일지도 모른다)

❖ もしかするとあしたは雨(あめ)かも知(し)れない
어쩌면 내일은 비가 올지도 모른다

1367
□ **やはり・やっぱり**　[기타부사] 역시, 과연

❖ 彼(かれ)もやはり冒険家(ぼうけんか)だ　그도 역시 모험가다

❖ やっぱり思(おも)ったとおりだ
역시 생각했던 대로다

1368
■ **~れる**　[수동] ~한테서 ~함을 당하다

・5단동사 : 어미 ～う단을 ～あ
단으로 바꾸고 +

❖ 財布(さいふ)を盗(ぬす)まれる
지갑을 도둑맞다 (도둑한테서 도둑질함을
당하다)

기타

■ ~られる

• 1단동사 : 어미 ~る를 빼고 +

【수동】 ~한테서 ~함을 당하다

❖ 甘く見られる
만만하게 보이다(누군가에게서 만만하게 보임을 당하다)

1370
■ ~れる

• 불규칙동사 : 来る → 来られる
　　　　　　　する → される

【수동】 ~한테서 ~함을 당하다

❖ 急に夜中に来られて迷惑だった
갑자기 한밤중에 호출받아 귀찮았다

❖ いたずらをされる　희롱당하다

1371
■ ~せる

• 5단동사 : 어미 ~う단을 ~あ
　　단으로 바꾸고 +

【사역】 ~에게 ~하도록 지시하다, 명령하다, 허락하다

❖ 子供を外で遊ばせる
아이를 밖에서 놀게 하다

1372
■ ~させる

• 1단동사 : 어미 ~る를 빼고 +

【사역】 ~에게 ~하도록 지시하다, 명령하다, 허락하다

❖ 料理が下手だから妹に煮させる
요리솜씨가 서투르니까 누이동생에게 끓이게 하다

❖ ごみを捨てさせる　쓰레기를 버리게 하다

1373
■ ~させる

• 불규칙동사 : 来る → 来させる
　　　　　　　する → させる

【사역】 ~에게 ~하도록 지시하다, 명령하다, 허락하다

❖ 彼を来させます　그를 오게 하겠습니다

❖ むりやりに承服させる
억지로 승복시키다

1374
■ ~せられる

• 5단동사 : 어미 ~う단을 ~あ
　　단으로 바꾸고 +

【사역수동】 ~한테서 ~하게함을 당하다

❖ お酒を飲ませられたり歌を歌わせられたりしたんです
술을 마시게도 하고, 노래를 부르게도 하기도 하고 했던겁니다

1375

■ ~させられる

- 1단동사 : 어미 ~る를 빼고 +

[사역수동] ~한테서 ~하게함을 당하다

❖ 子供のとき母にいろいろな野菜を食べさせられました 어릴 적, 엄마는 여러 가지 야채를 억지로 먹이셨습니다

1376

■ ~させられる

- 불규칙동사 : 来る → 来させられる / する →させられる

[사역수동] ~한테서 ~하게함을 당하다

❖ 部長にコーヒーを買って来させられました 부장님 때문에 커피를 사 오게 되었습니다

❖ 警察の命令によって停船させられる 경찰의 명령에 의해 정선당하다

1377

■ ~てやる・~てあげる ・~てさし上げる

[수수] 자신이 상대에게 ~해 주다

❖ 絵本を友達に見せてやる 그림책을 친구에게 보여 주다

❖ 老人をたすけてバスに乗せてあげる 노인을 부축하여 버스에 태워 드리다

❖ お客様に案内して差しあげました 손님께 안내해 드렸습니다

1378

■ ~てくれる・~てくださる

[수수] 상대가 자신에게 ~해 주다

❖ 親がしおくりしてくれる 부모가 돈을 보내준다

1379

■ ~てもらう・~ていただく

[수수] 자신이 상대로부터 ~해 받다

❖ 10円まけてもらう 10엔 에누리해 받다

❖ なにからなにまで教えていただいた 이것저것 다 가르침을 받았다

1380

□ **お・ご~になる** 　존경 ~하시다

❖ おあいになる 만나시다

❖ 御こうらいになる 왕림하시다

1381

■ **~れる・られる** 　존경 ~하시다

❖ 本を読まれる 책을 보시다

❖ 叔父さまが見えられる 숙부님이 오시다

1382

■ **お・ご ~くださる/ください** 　존경 ~주시다 / ~주십시오

❖ いつも心にお掛けくださる
늘 염려하여 주시다

❖ よくお読みください 잘 읽어 주십시오

1383

■ **お・ご~する** 　겸양 ~하다, ~해 드리다

❖ お電話する 전화드리다

❖ お客を家までご案内する
손님을 집까지 모시다

1384

■ **お・ご~いただく** 　겸양 ~해 받다, ~해 주시다

❖ いろいろとお心づかいを頂きまして
여러 모로 배려를 해 주셔서

❖ 教示をいただく 교시를 받다

1385

■ **ござる** 　정중 있습니다

❖ いずれに御座るか 어디 계신가?

1386

■ **~でござる** 　정중 ~입니다

❖ 鈴木でございます 鈴木입니다

1387

□ **うかがう** 伺う 　[겸양] 찾아뵙다

❖ 明日8時に伺います
　내일 8시에 찾아뵙겠습니다

1388

■ **~ていただく** 　[정중] ~하다

❖ せんえつながら司会をつとめさせて
　いただきます
　외람됩니다만 사회를 맡아보겠습니다

1389

■ **~ていただけますか** 　[정중] ~해 주실 수 있겠습니까?
　~ていただけませんか

❖ もう1回言っていただけますか
　다시 말씀해 주시겠습니까

❖ 私にやらせていただけませんか
　저에게 맡겨주시지 않겠습니까?

1390

■ **あさねぼうする** 朝寝坊する 　[관용] 늦잠 자다

❖ ゆっくり朝寝坊する 느긋이 늦잠을 자다

1391

■ **かぜをひく** 風邪を引く 　[관용] 감기에 걸리다

❖ 毎年今時分になると風邪を引く
　매년 이맘때가 되면 감기에 걸린다

기
타

1392

■ **きがながい** 気が長い 　[관용] 성미가 느긋하다(↔きがみじかい)

❖ 落ちついていて気が長い
　안정되어 성미가 느긋하다

1393

■ **きがみじかい** 気が短い 　[관용] 성질이 급하다(↔きがながい)

❖ 生まれ付き気が短い 원래 성질이 급하다

1394

■ **きにする**　気にする　관용 걱정하다, 마음에 두다

❖ そんなこと気にするなよ
그런 것 걱정하지 마라

1395

■ **きになる**　気になる　관용 걱정되다, 마음에 걸리다

❖ 気になって食事も喉を通らない
걱정이 되어 음식도 잘 넘어가지 않다

1396

■ **きをつける**　気を付ける　관용 조심하다, 주의하다

❖ 気を付けてお帰りなさい
조심해서 돌아가세요

1397

■ **くちがおもい**　口が重い　관용 말수가 적다, 과묵하다

❖ なにせ口が重いのでその心中をはかり
知れない
워낙 말이 없는지라 속을 알 수가 없다

1398

■ **はらがたつ**　腹が立つ　관용 화가 나다

❖ 彼の無神経に腹が立つ
그의 뻔뻔스러움에 화가 나다

1399

□ **まにあう**　間に合う　관용 시간에 대다, 늦지않다

❖ ぎりぎりで間に合う
가까스로 시간에 대다

1400

■ **みちにまよう**　道に迷う　관용 길을 헤매다, 길을 잃다

❖ 山の中で道に迷う　산중에서 길을 잃다

1401

■ **やくにたつ**　役に立つ　관용 쓸모가 있다, 도움이되다

❖ けっこう役に立つ　상당히 쓸모 있다

1
■ いくら~ても

・동사·い형용사 て형 / な형
용사, 명사의 て형 +

아무리 ~해도 (정도)

❖ いくら頼んでも無駄だろう
아무리 부탁해도 허사일 것이다

2
■ だって

・명사 +

하지만, 그렇지만, 왜냐하면 (이유, 변명)

❖ だってお金がないんだもの
그렇지만 돈이 없는걸요

3
■ たとえ~ても

・동사·い형용사 て형 / な형
용사, 명사의 て형 +

설령, 비록 ~할지라도 (가정)

❖ たとえそうだとしても君がにも責任は
あるんだ   비록 그렇다 해도 자네에게도 책
임은 있네

4
■ ~(よ)う

・5단동사는 ~う단(어미)을
~お단으로 바꾸고 +う

・1단동사는 ~る(어미) 빼고 +

・불규칙동사는 くる → こよう,
する → しよう

~하자, ~하겠다 (의지)

❖ 最後までやり遂げよう 끝까지 해내자

5
■ ~(よ)う

・5단동사는 ~う단(어미)을
~お단으로 바꾸고 +う

・1단동사는 ~る(어미) 빼고 +

・불규칙동사는 くる→こよう,
する → しよう

~하자 (권유)

❖ さあ早く食べよう 자 빨리 먹자

6
■ ~(よ)う＋か

・5단동사는 ~う단(어미)을
~お단으로 바꾸고 +う

・1단동사는 ~る(어미) 빼고 +

・불규칙동사는 くる→こよう,
する → しよう

~할까? (권유, 자청)

❖ 無事に着いただろうか
무사히 도착했을까?

7

■ ~(よ)う＋とする

~하려고 하다 (의지 실현)

- 5단동사는 ～う단(어미)을
  ～お단으로 바꾸고 ＋う
- 1단동사는 ～る(어미) 빼고 ＋
- 불규칙동사는 くる→こよう,
  する → しよう

❖ 教室から出ようとした途端に呼ばれた
교실에서 막 나오려는 참에 불리었다

8

■ ~(よ)う＋と思う

~하려고 생각하다 (의지의 객관적 표현)

- 5단동사는 ～う단(어미)을
  ～お단으로 바꾸고 ＋う
- 1단동사는 ～る(어미) 빼고 ＋
- 불규칙동사는 くる→こよう,
  する → しよう

❖ 行こうと思う 가려고 생각하다

9

■ ~あいだ

~ 동안 계속, ~ 동안에는 (기간동안)

- 동사 기본형, ている형 / い형
  용사, な형용사의 명사수식형
  / 명사の

❖ ぞんじょうせるあいだ 살아있는 동안

10

■ ~あいだに

~동안에 (한정된 시간)

- 동사 기본형, ている형 / い형
  용사, な형용사의 명사수식형
  / 명사の

❖ 三日のあいだに完成する
사흘 동안에 완성하다

11

■ ~うえ(に)

~한데다가 (비슷한 성질)

- 동사・い형용사・な형용사・
  명사의 명사수식형 / その ＋

❖ 叱られたうえに罰金までとられる
야단을 맞은데다가 벌금까지 물다

12

■ ~うちに

~ 동안에, ~ 사이에, ~ 때에 (범위)

- 동사 기본형・ている형・ない
  형 / い형용사 기본형 / な형
  용사 명사수식형 /명사の(で
  ある) ＋

❖ あつあつのうちにどうぞ
따끈따끈할 때에 어서 드십시오

13

■ ~おかげだ・~おかげで
　・~おかげか

~ 덕분이다, ~덕분으로 (결과)

- 동사・い형용사・な형용사의
  명사수식형 / 명사の ＋

❖ この度の成功はひとえに君のおかげ
だよ 이번의 성공은 오로지 자네 덕분이네

14
■ ~がする
• 명사 +

～이 나다 (현상, 느낌)

❖ すっぱい味_{あじ}がする 시큼한 맛이 나다

15
■ ~かどうか
• 동사·い형용사의 보통형 /
な형용사 어간 / 명사 +

～인지 어떤지 (불확실한 짐작)

❖ 子供_{こども}は健_{すこ}やかによく育_{そだ}つかどうか気_きになる 아이는 건강하게 잘 자라는지 어떤지 궁금하다

16
□ ~かもしれない
• 동사·い형용사의 보통형 /
な형용사 어간/ 명사 +

～일지도 모른다 (가능성)

❖ 5人_{ごにん}をでるかもしれない
다섯사람이 넘을지도 모른다

17
■ ~から~にかけて
• 명사 +

～부터 ～에 걸쳐서 (시간, 장소, 범위)

❖ 春_{はる}から夏_{なつ}にかけて 봄부터 여름에 걸쳐서

18
■ ~かわりに
• 명사の +

～대신에 (유사한 표현)

❖ お金_{かね}のかわりに労働_{ろうどう}で償_{つぐな}う
돈 대신에 몸으로 때우다

19
■ ~かわりに
• 동사·い형용사·な형용사의
명사수식형 +

～하는 대신에, ～하는 대가로 (대가)

❖ 宿題_{しゅくだい}を見_みてもらうかわりに肩_{かた}たたきをする
숙제를 봐 주는 대신에 어깨를 두드려 주다

20
■ ~くせに
• 동사·い형용사·な형용사의
명사수식형 / 명사の +

～주제에, ～한데, ～인데 (비난, 경멸)

❖ 男_{おとこ}のくせにいくじがない
남자인 주제에 패기가 없다

21
■ ~くらい
• 명사, 동사 기본형 +

～정도, ～쯤 (한도)

❖ 猫_{ねこ}くらいの大_{おお}きさ 고양이 정도의 크기

문법

22

■ ~くらい（だ）

・동사・い형용사・な형용사의
　명사수식형 ＋

~만큼・정도(이다) (상태 정도)

❖ そのはやさといったら目にもとまら
　ない くらいだ
　그 빠르기란 눈에도 보이지 않을 정도이다

23

■ ~くらい~はない

・명사, 동사 기본형 ＋

~만큼 ~한 것은 없다 (비교기준)

❖ 異国で病気をする くらい 心細いこと
　はない
　타국에서 병을 앓는 일만큼 외로운 것은 없다

24

■ ~くらいなら

・동사 기본형 ＋

~할 정도라면, ~할 거라면 (예시)

❖ らっぱ飲みする くらいなら 大した酒飲
　みだ
　병나발을 불 정도라면 대단한 술꾼이다

25

□ ~ことがある

・동사 기본형・ない형 ＋

~하는 경우가 있다 (경우, 가능성)

❖ ここで下車する ことがある
　여기서 하차할 때(하차하는 경우)가 있다

26

□ ~ことができる

・동사 기본형 ＋

~할 수 있다 (기능)

❖ 想像する ことができる 상상할 수 있다

27

□ ~ことにする

・동사 기본형, ない형 ＋

~하기로 하다 (결정, 결의)

❖ やめる ことにする 그만두기로 하다

28

□ ~ことになる

・동사 기본형 ＋

~하게 되다, ~한 결과가 된다 (주위 상황)

❖ それは本当にまずい ことになった ね
　그것 참 난처하게 되었군

29

■ ~ことは~が

・동사・い형용사・な형용사의
　명사수식형 ＋

~하기는 ~하지만 (반복)

❖ 行く ことは 行く が 가기는 가지만

30
■ ~さいちゅうに　最中(に)

~하는 중에 (한창)

• 동사 ている형 / 명사の

❖ 雨が降っている最中に
비가 한참 오고 있는 도중에

31
□ ~し

~하고 (조건 열거)

• 동사 · い형용사 · な형용사 ·
명사의 보통형 +

❖ 頭も良いし 気立ても良い
머리도 좋고 성질도 좋다

32
■ ~ず

~않다 (부정)

• 동사 ない형 +

❖ 習わずして知る 배우지않고도 알다

33
□ ~すぎる

너무 ~하다, 지나치게 ~하다 (정도)

• 동사 ます형 / い형용사 · な
형용사의 어간 +

❖ ねすぎて疲れる
너무 오래 자서 나른해지다

34
■ ~せいだ

~때문이다 (원인)

• 동사 · い형용사 · な형용사의
명사수식형 / 명사の +

❖ みなわたしのせいだ 모두 나 때문이다

35
□ ~そうだ

~할 것 같다, ~으로 보인다 (양태)

• 동사 ます형 / い형용사 · な
형용사의 어간 +

❖ 二人はさも楽しそうだ
두 사람은 자못 즐거워 보인다

36
□ ~そうだ

~라고 한다 (전문)

• 동사 · い형용사 · な형용사 ·
명사의 보통형 +

❖ 休まず歩くそうだ
쉬지않고 걷는다고 한다

37
□ ~だけ

~ 만~ 뿐 (수량)

• 명사 +

❖ 私だけが知っている 나만이 알고 있다

38

□ ~だけ

- 가능동사 / 동사 たい / な형
  용사의 명사수식형 +

~만큼 (관용적 표현)

❖ それだけ読めればいい
  그만큼 읽을 줄 알면 되었다

39

■ ~だけだ

- 동사·い형용사·な형용사의
  명사수식형 +

~ 뿐이다 (한정)

❖ 話はそれだけだ 이야기는 그것 뿐이다

40

■ ~だけで(は)ない
~だけで(は)なく

- 동사·い형용사·な형용사의
  명사수식형 / 명사 +

~뿐 아니라 (범위)

❖ 人は外見だけではない
  사람은 겉모양뿐(만은) 아니다

41

□ ~でも

- 명사, 동사 기본형 +

(적어도) ~만이라도 (최소 희망)

❖ 土地だけでも買っておきたい
  땅만이라도 사 놓고 싶다

42

■ ~だって

- 명사 +

~역시, ~일지라도 (예시, 의문)

❖ どこへだって行ける 어디라도 갈 수 있다

43

■ ~だって~だって

- 명사 + ~だって 명사 +

~이든 ~이든 (나열, 예시)

❖ 洋服だって靴だってみんな兄貴のお
  古だ 양복이든 구두든 모두 형의 퇴물이다

44

■ ~たところ

- 동사 た형 +

~했더니 (결과)

❖ うちみたところ変わったようすはない
  언뜻 봤는데(봤더니) 이상한 점은 없다

45

■ ~ばかりだ

- 동사 た형 +

~한 지 얼마 안됐다 (동작완료)

❖ 建てたばかりの家 지은지 얼마 안된 집

46
■ ~たびに
• 동사 기본형 / 명사の / その
  +

~할 적마다, ~할 때면 언제나 (결과)

❖ 会うたびに小遣をくれる
만날때마다 용돈을 주다

47
■ ~ためだ
• 동사·い형용사·な형용사의
  명사수식형/명사の(である) +

~ 때문이다 (이유)

❖ 今度の失敗は全部わたしのためだ
이번 실패는 모두 나 때문이다

48
□ ~ためだ
• 동사 기본형, ない형 / 명사の
  +

~ 위해서다 (목적)

❖ 他ならぬ君のためだ
다른 사람도 아닌 자네를 위해서다

49
□ ~たら
• 동사·い형용사·な형용사·
  명사의 た형 +

~하면, ~하자 (가정(~하면))

❖ 彼女が来たら出発だ 그녀가 오면 떠난다

50
■ ~だらけ
• 명사 +

~투성이 (모습)

❖ 血だらけ 피투성이

51
□ ~だろう・~でしょう
• 동사·い형용사의 보통형 +
  な형용사 어간, 명사 +

~일 것이다, ~일 테지요 (추량)

❖ 彼は今日は来ないだろう
그는 오늘 오지 않을 것이다

❖ 明日もいい天気でしょう
내일도 날씨가 좋을 테지요

52
■ ~た方がいい
~ない方がいい
• 동사 た형＋/동사 ない형＋

~하는 편이 좋다 (충고, 지시, 명령)

❖ 飲むより食べた方がいい
마시는것보다 먹는편이 좋다

53
■ ~って
• 동사, い형용사, な형용사, 명
  사의 보통형 +

~라고 하다, ~하대, ~이래 (전달)

❖ 学校に行くって出かけましたよ
학교에 간다면서 나갔는데요

문법

54

■ **~って**
- 문장 +

~라고 (인용)

❖ この犬はポチっていうんだ
이 개는 포치라고 불러

55

■ **~って**
- 명사 / 명사 상당어구 +

~이라는 것은, ~란, ~은 (화제)

❖ 孫って可愛いものだ
손자란 귀여운 것이다

56

■ **~って？**
- 동사, い형용사, な형용사, 명사 +

~라니? ~라고? (반문)

❖ なぜってそんな事は言えないよ
왜라니, 그런것은 말할수 없어

57

■ **~って + 명사**
- 명사 / 동사·い형용사 な형용사의 보통형

~라고 하는, ~라는 (설명)

❖ 山って字書けるかい
산(山)이라는 글자 쓸줄 아니?

58

■ **~つもりだ**
- 동사 た형/い형용사·な형용사의 명사수식형/명사の +

~했다고 생각하다 (가상, 착오, 과신)

❖ ぜひとも成功させる積もりだ
무슨 일이 있어도 성공시키겠다고 생각하다

59

□ **~つもりだ**
- 동사의 기본형·ない형 / その +

~할 작정·생각·의도이다 (객관적 표현)

❖ とことんまで争うつもりだ
끝까지 싸울 작정이다

60

■ **~つもりだった**
- 동사 기본형·ない형 / その +

~할 작정이었다 (과거시점 의지)

❖ 彼は我々を仲たがいさせるつもりだった
그는 우리 사이를 갈라 놓으려고 생각했었다

61

□ **~である**
- 명사, な형용사 어간 +

~이다 (단정)

❖ あの青年は末頼もしい人材[人物]である
저 청년은 앞으로 큰일을 할 재목이다

62

■ **~て 以来 ~한**

・동사 て형 +

이후 쭉, ~하고 나서는 (동작, 상태)

❖ 卒業<ruby>そつぎょう</ruby>して 以来<ruby>いらい</ruby>会<ruby>あ</ruby>っていない
졸업한 이후 (쭉) 만나지 못했다

63

□ **~ている・~てある**

・동사 て형 +

~하고 있다 (진행, 상태)

❖ 虫<ruby>むし</ruby>が鳴<ruby>な</ruby>いている 벌레가 울고 있다

64

□ **~ておく**

・동사 て형 +

~해 두다, ~해 놓다 (상태)

❖ 唾<ruby>つば</ruby>を付<ruby>つ</ruby>けて置<ruby>お</ruby>く
타인에게 빼앗기지 않도록 미리 손을 써 두다

65

□ **~てから**

・동사 て형 +

~하고 나서 (전후관계)

❖ ご飯<ruby>はん</ruby>を食<ruby>た</ruby>べてから学校<ruby>がっこう</ruby>へ行<ruby>い</ruby>く
밥을 먹고 나서 학교에 가다

66

■ **~てください・**
  ~ないでください

・동사 て형 +

~해 주세요 (명령, 지시, 의뢰, 부탁)

❖ 車<ruby>くるま</ruby>をどけてください 차를 치워 주세요

67

□ **~てくる**

・동사 て형 +

~해 오다 (진행정도)

❖ 預金<ruby>よきん</ruby>をおろして来<ruby>く</ruby>る 예금을 찾아오다

68

■ **~てしかたがない**
  ~てしようがない

・동사・い형용사・な형용사의
 て형 +

~해서 어쩔 수가 없다 (마음 상태)

❖ 退屈<ruby>たいくつ</ruby>で仕方<ruby>しかた</ruby>がない
따분해서 견딜 수가 없다(어쩔 수가 없다)

69

□ **~てしまう**

・동사 て형 +

~해 버리다 (동작 완료)

❖ 用事<ruby>ようじ</ruby>を忘<ruby>わす</ruby>れてしまった
용건을 (완전히) 잊어버렸다

문법

70

■ **～てはいけない**
　～てはだめだ
　～てはならない

　• 동사, い형용사 + /な형용사,
　　명사 +

～해서는 안 된다 (금지)

❖ たばこを吸ってはだめだ
　담배를 피워서는 안된다

71

■ **～てばかりだ**
　～てばかりいる

　• 동사 て형 +

～하기만 하다 (동작 한정)

❖ だらけてばかりいるな
　게으름만 피우지 말아라

72

□ **～てほしい・**
　～ないでほしい

　• 동사 て형 + / 동사 ない형 +

～해 주었으면 좋겠다 (희망, 의뢰)

❖ はやく行って欲しい　빨리 갔으면 좋겠다

73

■ **～てみる**

　• 동사 て형 +

～해 보다 (의미)

❖ 一口飲んでみる　한모금 마셔보다

74

■ **～でも**

　• 명사 +

(설령) ～일지라도 (가정)

❖ 子供でもできる　어린아이도 할 수 있다

75

■ **～でも**

　• 명사 +

～이라도, ～조차도 (물론)

❖ 初めての人でもすぐできる
　처음 하는 사람이라도 금방 할 수 있다

76

■ **～でも**

　• 명사 +

～라도, ～이나 (예시, 제안)

❖ そばでも食べよう　메밀국수라도 먹자

77

■ **～でも**

　• 명사 +

～든지, ～이라도 (부정긍정)

❖ どこでもかまわない　어디든지 상관없다

78

□ **~てもいい**
~てもかまわない
~なくてもいい
~なくてもかまわない

• 동사, い형용사 + / な형용
사, 명사 + / 동사, い형용사,
な형용사, 명사의 ない형+

~해도 되다, ~해도 상관 없다, ~하지 않아도 되다, ~하지 않아도 상관 없다
(허가, 허용)

❖ てまえなんか知らんでもいい
너따위는 몰라도 돼

❖ タバコを吸ってもかまわない
담배를 피워도 상관없다

❖ それほどまでにしなくてもいいと思う
그렇게까지는 하지않아도 된다고 생각한다

❖ 来てもらわなくても構わない
와 주지 않아도 상관없다

79

□ **~と**

• 동사 · い형용사 · な형용사의
기본형 / 명사だ +

~하면 (결과, 자연현상, 논리, 객관적 사실)

❖ 君が友達だと良いのだが
네가 친구라면 좋으련만

80

■ **~といい・~ばいい**
~たらいい

• 동사 · い형용사의 ば형+/동사
· い형용사 · な형용사 · 명사의
た형+/동사 · い형용사의 기
본형+/な형용사 어간 · 명사 +

~하면 좋다, ~하면 된다 (조언, 권유)

❖ 晴れるといいな 날이 개면 좋겠는데

❖ 善い事をすればいい報いがある
좋은 일을 하면 좋은 보답이 있다

81

■ **~という**

• 명사 / 동사 · い형용사 · な형
용사의 보통형 +

~라는, ~라고 하는 (인용)

❖ 銀座という繁華街 銀座라는 번화가

82

■ **~ということだ**

• 동사 · い형용사 · な형용사의
보통형 / 명사だ +

~라고 한다 (인용)

❖ きのうの火事はつけびだという事だ
어제의 화재는 방화라고 한다

83

■ **~というより**

• 명사 / 동사 · い형용사 · な형
용사(어간)의 보통형 +

~라고 하기보다 (평가)

❖ おんなというよりまだ少女だ
여자라기보다는 아직 소녀다

문
법

84

■ **~といった**　　　　　~같은, ~등의 (나열)

・명사 / 동사·い형용사·な형
용사의 보통형 +

❖ 旦那といったていの身なり
　나리이기나 한 듯한 차림새

85

■ **~といっても**　　　　~라고 해도 (사실)

・명사 / 동사·い형용사·な형
용사의 보통형 +

❖ 君の話は大豆で味そこうじを作ると
いっても信用しない
네 말은 콩으로 메주를 쏜대도 안믿겠다

86

■ **~とおり(に)**　　　　~대로 (상태표현)

・동사 기본형·た형 / 명사의
/ 이, 그, 저 +

❖ 過日申し合わせた通りに事を運ぶ
일전에 약정한 대로 일을 진행시키다

87

■ **~とか**　　　　　　　~라든지, ~든지 (예를 제시)

・동사·い형용사의 기본형 /
な형용사 어간, 명사 + (だ) +

❖ 雨とか雪とか
비라든가(든지) 눈이든가(든지)

88

□ **~ところだ**　　　　　~하려는 참이다, 막 ~했다 (순서)

・동사의 기본형·ている형·た
형 +

❖ いま出掛けるところだ
지금 나가려는 참이다

89

■ **~ところに・~ところへ**　~시점에, ~참에 (장면, 상황)

・동사의 기본형·ている형·た
형 +

❖ ちょうど良いところに彼が現れた
마침 좋은 때(시점)에 그가 나타났다

❖ 寝かけたところへ客が来た
막 자려는 시점에 손님이 왔다

90

■ **~として**　　　　　　~로서, ~의 입장에서 (자격, 명목)

・명사 +

❖ 脇役としていい味をだしている
조연(助演)으로서 좋은 연기를 보여 주고 있다

91
■ ~とする

• 동사 · い형용사 · な형용사, 명사(だ)의 보통형 +

~라고 하다 (가정)

❖ 実験が成功したとする
実験が成功した
실험이 성공했다고 가정하다

92
■ ~とは
~というのは

• 명사 +

~은(는), ~라고 하는 것은 (명제)

❖ 彼とはよく会う 그와는 종종 만난다
かれ　　　あ

❖ 時は金なりと言うのは定論だ
とき　かね　　　　い　　　　ていろん
시간이 금이라고 하는 것은 정론이다

93
■ ~な

• 동사 · い형용사 · な형용사 · 명사의 보통형, 정중형 +

~구나 (놀람, 감탄)

❖ とてもうまいな
아주 잘하는구나[맛있구나]

94
□ ~な

• 동사 기본형+

~하지 마 (강한 금지)

❖ 騒ぐな 떠들지 마라
さわ

95
■ ~ながら

• 동사 ます형 +

~하면서 (동시진행)

❖ 音楽を聞きながら本を読む
おんがく　き　　　　ほん　よ
음악을 들으면서 책을 보다

96
■ ~なければならない
~なければいけない
~なければだめだ
~なくてはならない
~なくてはいけない
~なくてはだめだ
~ないといけない
~ないとだめだ
~ないとならない

• 동사, い형용사, な형용사, 명사의 ない형+

~하지 않으면 안 된다, ~하지 않고서는 안 된다, ~하지 않으면 안 된다 (의무, 당연, 필요, 쓸언)

❖ もう行かなければならない
い
이제 가지않으면 안된다

❖ 何をおいてもすぐ駆けつけなくては
なに　　　　　　か
ならない
만사를 제쳐놓고서라도 곧 달려가야 한다

❖ さらに申しこまないといけない
もう
다시 신청하지 않으면 안 된다

문
법

97

■ ~など・~なんか

- 명사, 명사상당어, 문장, 문절 + /명사, 명사상당어 + /명사, 동사, 형용사, 형용사의 보통형 +

~ 등, ~ 같은 것 (예시, 경시. 놀람)

❖ 住所・姓名・年齢などを尋ねる
주소 성명 연령 등을 묻다

❖ 雨なんかふるものかい
비 같은 것 올 게 뭐냐

98

□ ~なら

- 동사·い형용사의 기본형 /な형용사 어간·명사 +

~라면 (조건)

❖ 山なら富士だ 산이라면 富士산이다

99

■ ~において

- 명사 +

~에서, ~에 있어서 (상황, 장소, 방면)

❖ 敵はすうにおいてまさる
적은 수에서 우월하다

100

■ ~に関して

- 명사 +

~에 관해서 (취급대상)

❖ 政治に関しては全くむちだ
정치에 관해서는 전혀 무지하다

101

■ ~にすぎない

- 명사 / 동사의 보통형 +

~에 지나지 않는다 (강조)

❖ これはほんのいちれいにすぎない
이것은 사소한 일례에 지나지 않는다

102

■ ~にする

- 명사 +

~으로 하다 (선택, 평가)

❖ 人をこけにする 사람을 바보로 취급하다

103

■ ~に対して

- 명사である(な) /동사·い형용사·な형용사의 명사수식형 +

~한데 비해서, ~와는 반대로 (상황대비)

❖ 投じた資金に対するかえりが少ない
투입한 자금에 비해서 돌아오는 것이 적다

104

■ ~に違いない

- 동사·い형용사의 보통형 / 명사, な형용사 어간 + である(생략가능) +

~임에 틀림없다 (확신)

❖ 彼の仕業に違いない
그의 소행임에 틀림없다

105
■ ~について

~에 관해서 (취급대상)

• 명사 +

❖ 上記の件については
상기의 건에 관해서는

106
■ ~にとって

~에게 있어서 (입장상황)

• 명사 +

❖ 日本にとって大問題だ
일본으로서는(일본의 입장에서 생각하면)
큰 문제다

107
■ ~には

~하기에는 (평가)

• 동사 기본형 +

❖ 帰るにはまだ早い
돌아가기에는 아직 이르다

108
■ ~によって

~에 따라서 (의존, 수단, 원인)

• 명사 +

❖ ばあいによっては 형편에 따라서(는)

109
■ ~によっては

~에 따라서는 (수단)

• 명사 +

❖ はなしによっては力になろう
사정에 따라서는 도움이 되어 주겠다

110
■ ~によると‥~によれば

~에 의하면, ~로는 (전문)

• 명사 +

❖ もののほんによると 어떤 책에 의하면

❖ ききつたえるところによれば
들리는 바에 의하면, 듣기로는

111
■ ~にわたって

~동안, ~전체에, ~에 걸쳐서 (범위)

• 명사 +

❖ ながきにわたって
오랜세월에 걸쳐(오랜 세월 동안)

112
■ ~に比べて

~에 비해서, ~와 비교해서 (상황비교)

• 명사 +

❖ 例年に比べてずっと暑い
예년에 비해서 훨씬 덥다

문법

113

■ ~の (~のは・~のが)

- 동사·い형용사·な형용사의
  명사수식형 +

~것 (~것은, ~것이) −명사화 (강조)

❖ 争うのはよろしくない
싸우는 것은 좋지 않다

114

□ ~のだ・~んだ

- 동사·い형용사·な형용사의
  명사수식형 / 명사な +

~것이다 (이유나 상황을 설명)

❖ 問題はこれなのだ 문제는 이것인 것이다

115

□ ~のに

- 동사·い형용사·な형용사의
  명사수식형 / 명사な +

~한데, 인데 (역접)

❖ 春なのにまだ寒い 봄인데도 아직 춥다

116

■ ~のに

- 동사 기본형 +

~하는데 (목적)

❖ 旅行するのに必要なもの
여행하는데 필요한 물건

117

■ ~のは ~だ・~のが~だ

- 동사·い형용사·な형용사의
  명사수식형 +

~것은 ~이다, ~것이 ~이다 (강조)

❖ 見えるのは山ばかりだ
보이는 것은 산뿐이다

❖ 損をするのがおちだ
손해보는 것이 당연하다

118

■ ~ば

- 동사·い형용사의 ば형 +

~하면 (가정/ 자연현상, 논리, 속담)

❖ 読めば分かる 읽으면 안다

119

□ ~ば~ほど

- 동사·い형용사의 ば형 + ~ば
  + 동사·い형용사의 명사 수식
  형 + ~ほど

~하면 ~할수록 (반복)

❖ あせればあせるほどうまくできない
초조해하면 할수록 잘 되지 않는다

120

■ ~ばかり

- 명사 +

~뿐, ~만 / ~ 정도, ~쯤 (한정)

❖ 見えるのは山ばかりだ
보이는 것은 산 뿐이다

121

■ ~ばかりだ

~할 뿐이다 (범위 한정)

• 동사 · い형용사의 기본형 /
な형용사의 명사수식형 +

❖ 最愛いの妻をなくして彼はただなみだ
に暮れるばかりだ
이를데없이 사랑하는 아내를 잃고 그는 오
직 눈물로 지새울 뿐이다

122

■ ~ばかりで(は)ない
~ばかりで(は)なく

~뿐 아니다 / ~뿐 아니라 (범위설정)

• 명사 / 동사 · い형용사 · な형
용사의 명사수식형 +

❖ 彼はあれこれくいちらすばかりで定職
につこうとしない 그는 이것저것 손댈
뿐 일정한 직업을 가지려 하지 않는다

123

■ ~はずがない

~할 리가 없다 (미확신)

• 동사 · い형용사 · な형용사의
명사수식형 / 명사の +

❖ 無理がきくはずがない
무리가 통할 리 없다

124

■ ~はずだ

~할 터이다 (확신)

• 동사 · い형용사 · な형용사의
명사수식형 / 명사の +

❖ それでよいはずだ 그것이면 좋을 터이다

125

■ ~はもちろん

~은 물론, ~은 당연하거니와 (당연)

• 명사 +

❖ 英語はもちろんのことドイツ語も出来る
영어는 물론이고(당연하거니와) 독일어도
할 수 있다

126

■ ~ほど(だ)

~ 만큼 · 정도(이다) (강조)

• 동사 · い형용사, な형용사의
명사수식형 +

❖ おきふしもできないほどだ
거동도 못할 정도다

127

■ ~ほど~ない

~만큼 ~하지 않다 (강조)

• 명사 / 동사 기본형 +

❖ そんな言葉を信じるほど愚かではない
그런 말을 믿을만큼 어리석지 않다

□ ~まで・~までして・~てまで

~까지, ~까지 해서, ~해서 까지 (목적)

・명사 / 동사 て형 +

❖ 仲間をけおとしてまで出世しようと
する 동료를 밀어내면서(해서)까지 출세하
려고 하다

□ ~まで・~までに

~까지 (도달)

・명사 / 동사기본형 +

❖ 明日まで提出せよ 내일까지 제출하라

■ ~まま(で)

~한 채 (상황)

・동사 た형, ない형 +

❖ かけたままでよろしい 앉은 채로 괜찮다

■ ~むき　　　　向き

~향, ~방향 (방향)

・명사 +

❖ 南向きの明るいへや 남향의 밝은 방

■ ~むきだ・~むきに・~むきの　向き

~에 적합하다 (어울림)

・명사 +

❖ その洋服は夏向きだ
그 양복은 여름에 적합하다

■ ~むけ　　　　向け

~용 (적합)

・명사 +

❖ ジュニア向けの雑誌
주니어 대상(용)의 잡지

■ ~ものだ

~하곤 했다 (회상)

・동사・い형용사・な형용사의
た형 +

❖ よく見に行ったものだ
종종 보러 가곤 했다

■ ~ものだから

~때문에 (변명, 이유)

・동사・い형용사・な형용사의
명사수식형 / 명사 + な +

❖ 高価できれいな物だから盗まれやすい
값지고 예쁜 물건이라서(때문에) 손타기 쉽다

□ ~やすい・~にくい

~하기 쉽다, ~하기 어렵다 (경향)

・동사 ます형 +

❖ 読みやすい 읽기 쉽다

❖ 発音しにくい 발음하기 어렵다

137

■ ~ようだ・みたいだ　　~같다 (불확실 판단)

- 동사·い형용사·な형용사의 명사수식형 / 명사の / 연체사 +
- 동사·い형용사의 보통형 / な형용사 어간 / 명사 +

❖ まるで雪のようだ　흡사 눈과 같다

❖ まるで子供みたいね　마치 어린애 같군요

138

■ ~ような・~ように　　~ 같은, ~ 같이 (구체적인 예)

- 동사·い형용사·な형용사의 명사수식형 / 명사の / 연체사 +
- 동사·い형용사의 보통형 / な형용사 어간 / 명사 +

❖ じぼのような愛　자모와 같은 사랑

❖ きじゅつのように　기술한 바와 같이

139

■ ~ように　　~하도록 (충고, 권고, 희망)

- 동사 기본형·ない형 / 정중형 +

❖ ぜひごしゅっせきくださいますように
부디 참석해 주시기를

140

□ ~ようにする　　~하도록 하다 (목표)

- 동사 기본형·ない형 +

❖ 逆わぬようにする　거역하지 않도록 하다

141

■ ~ようになる　　~하게 되다 (결과)

- 동사 기본형·ない형 +

❖ 赤ん坊がはうようになった
아기가 기게 되었다

142

■ ~ように言う　　~하도록 말하다 (의뢰, 명령, 금지)

- 동사의 기본형·ない +

❖ すぐ立ち退くようにと言った
곧 퇴거하라고(하도록) 말했다

143

■ ~らしい　　~답다 (접미어적 용법) (성질)

- 명사 +

❖ いかにも彼らしいね　정말 그답군요

144

□ ~らしい　　~인 것 같다, ~인 모양이다 (전문 추량)

- 동사·い형용사의 보통형 / な형용사 어간 / 명사 +

❖ あの二人はうまくいっていないらしい
저 두 사람은 사이가 썩 좋지 않은 듯하다

145

■ ~れる・られる

- 5단동사 : 어미 ~う단을 ~あ단으로 바꾸고 +
- 1단동사 : 어미 ~る를 빼고 + /불규칙동사 : 来る → 来られる / する → られる

~하시다 (존경)

❖ 本を読ま**れる** 책을 보시다
❖ 母は泣いてお**られる** 어머니는 울고 계신다

146

■ ~わけがない

- 동사·い형용사·な형용사, 명사의 명사수식형 +

~할 리가 없다 (주관적 판단)

❖ その人が干渉する**わけがない**
그 사람이 간섭할 리가 없다

147

■ ~わけだ

- 동사·い형용사·な형용사의 명사수식형 +

~하는 것이다, ~할 만하다 (당연)

❖ はやい話がだまされたという**わけだ**
요컨대 속았다고 하는 것이다

148

■ ~わけではない

- 동사·い형용사·な형용사의 명사수식형 +

~하는 것은 아니다 (부정)

❖ 君をうたがう**わけではない**
자네를 의심하는 것은 아니다

149

■ ~をとおして　通して

- 명사 +

~을 통해서 (수단)

❖ 作品**を通して**作者のないてき生命に話れる
작품을 통해서 작자의 내적 생명에 접하다

150

■ ~をちゅうしんに(して)　中心に(して)

- 명사 +

~을 중점적으로, 중심으로 (사항, 장소, 사물, 인물)

❖ 点**を中心にして**回転する
점을 중심으로 해서 회전하다

1 加	더할 가	훈 くわえる・くわわる	加わる [くわわるや] (수량이) 늘다 加え算 [くわえざん] 덧셈
	부수 力(2획) 총획 5획	음 カ	加害 [かがい] 가해 加入 [かにゅう] 가입
2 可	옳을 가	훈 –	
	부수 口(3획) 총획 5획	음 カ	可決 [かけつ] 가결 許可 [きょか] 허가
3 各	각각 각	훈 おのおの	各各 [おのおの] 각자, 각각제각기
	부수 口(3획) 총획 6획	음 カク	各国 [かっこく] 각국 各種 [かくしゅ] 각종
4 刊	책 펴낼 간	훈 –	
	부수 刀(2획) 총획 5획	음 カン	新刊 [しんかん] 신간 週刊誌 [しゅうかんし] 주간지
5 干	방패 간	훈 ほす・ひる	干す [ほす] 말리다 干る [ひる] 마르다
	부수 干(3획) 총획 3획	음 カン	干渉 [かんしょう] 간섭 干戈 [かんか] 간과
6 簡	대쪽 간	훈 –	
	부수 竹(6획) 총획 18획	음 カン	木簡 [もっかん] 목간 簡冊 [かんさく] 간책
7 減	덜 감	훈 へる・へらす	減る [へる] 무게가 줄다 減らす [へらす] 줄이다
	부수 氵(3획) 총획 12획	음 ゲン	減少 [げんしょう] 감소 軽減 [けいげん] 경감
8 甘	달 감	훈 あまい・あまえる	甘える [あまえる] 응석부리다 甘み [あまみ] 단맛
	부수 甘(5획) 총획 5획	음 カン	甘味 [かんみ] 감미 甘露 [かんろ] 감로
9 個	낱 개	훈 –	
	부수 亻(2획) 총획 10획	음 コ	個人 [にじん] 개인 各個 [かっこ] 각개

한자

10 客	손 객	훈 –		
	부수 宀(3획) 총획 9획	음 キャク・カク	客室 [きゃくしつ] 객실 客 [かく] 손님
11 巨 (巨)	클 거	훈 –		
	부수 匚(2획) 총획 5획	음 キョ	巨漢 [きょかん] 거한 巨人 [きょじん] 거인
12 居	있을 거	훈 いる	居る [いる] (사람이나 동물이) 있다. 존재하다
	부수 尸(3획) 총획 8획	음 キョ	居住 [きょじゅう] 거주 旧居 [きゅうきょ] 옛 집
13 件	사건 건	훈 –	建設 [けんせつ] 건설 創建 [そうけん] 창건
	부수 亻(2획) 총획 6획	음 ケン	物件 [ぶっけん] 물건 人件費 [じんけんひ] 인건비
14 格	바로잡을 격	훈 –		
	부수 木(4획) 총획 10획	음 カク・コウ	格式 [かくしき] 격식 規格 [きかく] 규격
15 肩 (肩)	어깨 견	훈 かた	肩布団 [かたぶとん] 작은 이불 肩抜け [かたぬけ] 부담
	부수 月(4획) 총획 8획	음 ケン	肩章 [けんしょう] 견장 双肩 [そうけん] 쌍견
16 決	터질 결	훈 きめる・ きまる	決める [きめる] 정하다 決まる [きまる] 결정되다
	부수 氵(3획) 총획 7획	음 ケツ	決裂 [けつれつ] 결렬 決心 [けっしん] 결심
17 経 (經)	날 경	훈 へる	経る [へる] 경과하다
	부수 糸(6획) 총획 11획	음 ケイ・キョウ	経緯 [けいい] 경위
18 景	볕 경	훈 –		
	부수 日(4획) 총획 12획	음 ケイ	光景 [こうけい] 광경 景気 [けいき] 경기

19 係	걸릴 계	훈 かかる・かかり	係る [かかる] 관계되다 係り [かかり] 계 담당, 담당 직원
		부수 イ(2획) 총획 9획	음 ケイ	係数 [けいすう] 계수 関係 [かんけい] 관계
20 季	끝 계	훈 -	
		부수 子(3획) 총획 8획	음 キ	季節 [きせつ] 계절 春季 [しゅんき] 춘계
21 械	형틀 계	훈 -	
		부수 木(4획) 총획 11획	음 カイ	機械 [きかい] 기계 器械 [きかい] 기계
22 告	알릴 고	훈 つげる	告げる [つげる] 고하다
		부수 口(3획) 총획 7획	음 コク	予告 [よこく] 예고 広告 [こうこく] 광고
23 固	굳을 고	훈 かたまる・かためる	固まる [かたまる] 굳다 固める [かためる] 다지다
		부수 口(3획) 총획 8획	음 コ	固形 [こけい] 고형 堅固 [けんご] 견고
24 苦	쓸 고	훈 くるしい・くるしめる	苦しい [くるしい] 답답하다 苦しめる [くるしめる] 걱정시키다
		부수 ++(3획) 총획 8획	음 ク	苦味 [くみ] 쓴맛 苦笑 [くしょう] 고소, 쓴웃음
25 曲	굽을 곡	훈 まがる・まげる	曲がる [まがる] 구부러지다 曲げる [まげる] 구부리다
		부수 日(4획) 총획 6획	음 キョク	曲線 [きょくせん] 곡선 湾曲 [わんきょく] 만곡
26 谷	골 곡	훈 たに	谷 [たに] 골짜기 谷間 [たにま] 산골짜기
		부수 谷(7획) 총획 7획	음 コク	峡谷 [きょうこく] 협곡 浮谷 [けいこく] 계곡
27 困	괴로울 곤	훈 こまる	困る [こまる] 어려움을 겪다 縮こまる [ちぢこまる] 오그라들다
		부수 口(3획) 총획 7획	음 コン	困苦 [こんく] 곤고 困惑 [こんわく] 곤혹

한자

28 骨	뼈 **골**	훈 ほね	骨 [ほね] 뼈, 가시 気骨 [きぼね] 심려
	부수 骨(10획) 총획 10획	음 コツ	骨格 [こっかく] 골격 筋骨 [きんこつ] 근골
29 共	함께 **공**	훈 とも	共 [とも] 같음 共共 [ともども] 다같이
	부수 八(2획) 총획 6획	음 キョウ	共栄 [きょうえい] 공영 共学 [きょうがく] 공학
30 過 (過)	지날 **과**	훈 すぎる• あやまち	過ぎる [すぎる] 지나가다 過ち [あやまち] 실수
	부수 辶(4획) 총획 13획	음 カ	通過 [つうか] 통과 過去 [かこ] 과거
31 果	실과 **과**	훈 はたす• はてる•はて	果(た)す [はたす] (의무 등을) 완수하다 果て [はて] 끝
	부수 木(4획) 총획 8획	음 カ	果汁 [かじゅう] 과즙 青果 [せいか] 청과
32 課	매길 **과**	훈 -	
	부수 言(7획) 총획 15획	음 カ	課税 [かぜい] 과세 賦課 [ふか] 부과
33 観 (觀)	볼 **관**	훈 みる	観る [みる] 보다
	부수 見(7획) 총획 18획	음 カン	観念 [かんねん] 관념 客観 [きゃっかん] 객관
34 関 (關)	빗장 **관**	훈 せき	関守 [せきもり] 관문지기
	부수 門(8획) 총획 14획	음 カン	関門 [かんもん] 관문 税関 [ぜいかん] 세관
35 官	벼슬 **관**	훈 -	
	부수 宀(3획) 총획 8획	음 カン	官庁 [かんちょう] 관청 官報 [かんぽう] 관보
36 慣	버릇 **관**	훈 なれる• ならす	慣れる [なれる] 익숙해지다 慣らす [ならす] (동물 등을) 길들이다
	부수 忄(3획) 총획 14획	음 カン	慣性 [かんせい] 관성 習慣 [しゅうかん] 습관

| 37 | 사귈 **交** | 훈 まざる・まぜる | 交ざる [まざる] 섞이다
交ぜる [まぜる] 섞다 |
| | 부수 亠(2획)
총획 6획 | 음 コウ | 交戦 [こうせん] 교전
交錯 [こうさく] 교착 |

| 38 | 갖출 **具** **具** | 훈 − | |
| | 부수 八(2획)
총획 8획 | 음 グ | 具現 [ぐげん] 구현
家具 [かぐ] 가구 |

| 39 | 예 **旧** **舊** | 훈 − | |
| | 부수 日(4획)
총획 5획 | 음 キュウ | 旧家 [きゅうか] 구가
旧観 [きゅうかん] 옛모습 |

| 40 | 오랠 **久** | 훈 ひさしい | 久しい [ひさしい] 오래다
久し振り [ひさしぶり] 오래간만 |
| | 부수 ノ(1획)
총획 3획 | 음 キュウ・ク | 永久 [えいきゅう] 영구
久遠 [くおん] 구원) 영원 |

| 41 | 판 **局** | 훈 − | |
| | 부수 尸(3획)
총획 7획 | 음 キョク | 局譜 [きょくふ] 국보
局面 [きょくめん] 국면 |

| 42 | 임금 **君** | 훈 きみ | 君が代 [きみがよ] 일본 국가(國歌)
君 [きみ] 임금, 군주, 그대 |
| | 부수 口(3획)
총획 7획 | 음 クン | 君臣 [くんしん] 군신
君王 [くんのう] 군왕 |

| 43 | 군사 **軍** | 훈 − | |
| | 부수 車(7획)
총획 9획 | 음 グン | 軍隊 [ぐんたい] 군대
軍艦 [ぐんかん] 군함 |

| 44 | 문서 **券** **券** | 훈 − | |
| | 부수 刀(2획)
총획 8획 | 음 ケン | 券面額 [けんめんがく] 액면, 가격
券面 [けんめん] 액면 |

| 45 | 책상 **机** | 훈 つくえ | 机 [つくえ] 책상 |
| | 부수 木(4획)
총획 6획 | 음 キ | 机上 [きじょう] 궤상
机辺 [きへん] 책상, 옆 |

한자

46	根	뿌리 근	훈 ね	根元 [ねもと] 뿌리, 밑동 根扱ぎ [ねこぎ] 뿌리째 뽑음
		부수 木(4획) 총획 10획	음 コン	草根 [そうこん] 초근 根幹 [こんかん] 근간
47	期	기약할 기	훈 –	
		부수 月(4획) 총획 12획	음 キ・ゴ	期待 [きたい] 기대 最期 [さいご] 최후
48	機	틀 기	훈 はた	機 [はた] 베틀 機織り [はたおり] 베틀로 베를 짬
		부수 木(4획) 총획 16획	음 キ	機械 [きかい] 기계 機器 [きき] 기기
49	肌	살 기	훈 はだ	肌 [はだ] 피부, 살결 肌色 [はだいろ] 살색
		부수 月(4획) 총획 6획	음 –	
50	娘	아가씨 낭	훈 むすめ	娘 [むすめ] 딸 娘婿 [むすめむこ] 사위
		부수 女(3획) 총획 10획	음 –	
51	内 (内)	안 내	훈 うち	内 [うち] 안, 내부, 내 집 内側 [うちがわ] 안쪽
		부수 冂(2획) 총획 4획	음 ナイ・ダイ	家内 [かない] 자기 아내 参内 [さんだい] 참내, 입궐
52	念	생각할 념	훈 –	
		부수 心(4획) 총획 8획	음 ネン	念願 [ねんがん] 염원 執念 [しゅうねん] 집념
53	能	능할 능	훈 –	
		부수 月(4획) 총획 10획	음 ノウ	能弁 [のうべん] 능변 可能 [かのう] 가능
54	団 (團)	둥글 단	훈 –	
		부수 口(3획) 총획 6획	음 ダン・トン	団扇 [だんせん] 부채 布団 [ふとん] 이불

55 段	구분 **단**	훈 –	
	부수 殳(4획) 총획 9획	음 ダン	階段 [かいだん] 계단 段階 [だんかい] 단계
56 達 達	통할 **달**	훈 –	
	부수 辶(4획) 총획 13획	음 タツ	達弁 [たつべん] 달변 達観 [たっかん] 달관
57 曇	흐릴 **담**	훈 くもる	曇る [くもる] 흐리다 曇り声 [くもりごえ] 흐린 목소리
	부수 日(4획) 총획 16획	음 ドン	曇天 [どんてん] 담천 晴曇 [せいどん] 청담
58 談	말씀 **담**	훈 –	
	부수 言(7획) 총획 15획	음 ダン	談合 [だんごう] 담합 雑談 [ざつだん] 잡담
59 当 當	당할 **당**	훈 あたる・ あてる	当たる [あたる] 맞다 当てる [あてる] 부딪다
	부수 小(3획) 총획 6획	음 トウ	当籤 [とうせん] 당첨 妥当 [だとう] 타당
60 対 對	대답할 **대**	훈 –	
	부수 寸(3획) 총획 7획	음 タイ・ツイ	対面 [たいめん] 대면 対語 [ついご・たいご] 반대어
61 到	이를 **도**	훈 –	
	부수 刀(2획) 총획 8획	음 トウ	到達 [とうたつ] 도달 殺到 [さっとう] 쇄도
62 島	섬 **도**	훈 しま	島 [しま] 섬, 외딴 곳 島影 [しまかげ] 섬의 모습
	부수 山(3획) 총획 10획	음 トウ	群島 [ぐんとう] 군도 島嶼 [とうしょ] 도서
63 徒	무리 **도**	훈 いたずら・ ただ	徒 [いたずら] 헛됨 徒 [ただ] 보통, 예사
	부수 彳(3획) 총획 10획	음 ト	教徒 [きょうと] 교도 徒党 [ととう] 도당

한자

64 渡	건널 **도**	훈 わたる・ わたす	渡る [わたる] 건너다 渡す [わたす] 넘기다
	부수 氵(3획) 총획 12획	음 ト	渡米 [とべい] 도미 過渡期 [かとき] 과도기
65 登	오를 **등**	훈 のぼる	登る [のぼる] 등산하다 登り [のぼり] 오름, 상경
	부수 癶(5획) 총획 12획	음 トウ・ト	登頂 [とうちょう] 등정 登山 [とざん] 등산
66 落	떨어질 **락**	훈 おちる・ おとす	落ちる [おちる] (아래로) 떨어지다 落とす [おとす] 떨어뜨리다
	부수 艹(4획) 총획 13획	음 ラク	落馬 [らくば] 낙마 下落 [げらく] 하락
67 卵	알 **란**	훈 たまご	卵 [たまご] 알 卵焼き [たまごやき] 달걀 부침
	부수 卩(2획) 총획 7획	음 ラン	鶏卵 [けいらん] 계란 卵白 [らんぱく] 난백
68 冷	찰 **랭**	훈 つめたい・ ひやす	冷たい [つめたい] 차다 冷やす [ひやす] 식히다
	부수 冫(2획) 총획 7획	음 レイ	冷却 [れいきゃく] 냉각 寒冷 [かんれい] 한랭
69 両 兩	두 **량**	훈 -	
	부수 一(1획) 총획 6획	음 リョウ	両面 [りょうめん] 양면 両親 [りょうしん] 양친
70 良	좋을 **량**	훈 よい	良い [よい] 뛰어나다 良く [よく] 잘, 충분히
	부수 艮(6획) 총획 7획	음 リョウ	良好 [りょうこう] 양호 善良 [ぜんりょう] 선량
71 量	헤아릴 **량**	훈 はかる	量る [はかる] (무게를) 달다
	부수 里(7획) 총획 12획	음 リョウ	量水 [りょうすい] 양수 計量 [けいりょう] 계량
72 歴 歷	지낼 **력**	훈 -	
	부수 止(4획) 총획 14획	음 レキ	歴史 [れきし] 역사 経歴 [けいれき] 경력

73 連 (連)	잇닿을 **련**	훈 つらなる・つれる	連なる [つらなる] 한 줄로 줄지어 있다 連れる [つれる] 데리고 가다(오다)
	부수 辶(4획) 총획 11획	음 レン	連結 [れんけつ] 연결 連名 [れんめい] 연명
74 恋 (戀)	사모할 **련**	훈 こい・こいしい	恋 [こい] (남녀 간의) 사랑, 연애 恋しい [こいしい] 그립다
	부수 心(4획) 총획 10획	음 レン	悲恋 [ひれん] 비련 恋愛 [れんあい] 연애
75 列	벌일 **렬**	훈 –	
	부수 刀(2획) 총획 6획	음 レツ	列挙 [れっきょ] 열거 並列 [へいれつ] 병렬
76 令	영 **령**	훈 –	
	부수 人(2획) 총획 5획	음 レイ	令状 [れいじょう] 영장 指令 [しれい] 지령
77 領	옷깃 **령**	훈 –	
	부수 頁(9획) 총획 14획	음 リョウ	領袖 [りょうしゅう] 영수 綱領 [こうりょう] 강령
78 礼 (禮)	예도 **례**	훈 –	
	부수 礻(4획) 총획 5획	음 レイ・ライ	礼装 [れいそう] 예장 祭礼 [さいれい] 제례
79 例	법식 **례**	훈 たとえる	例える [たとえる] 예를 들다 例え [たとえ] 예, 비유
	부수 亻(2획) 총획 8획	음 レイ	例規 [れいき] 예규 条例 [じょうれい] 조례
80 労 (勞)	일할 **로**	훈 –	
	부수 力(2획) 총획 7획	음 ロウ	労力 [ろうりょく] 노력 徒労 [とろう] 도로
81 老	늙은이 **로**	훈 おいる・ふける	老いる [おいる] 늙다 老ける [ふける] 나이를 먹다
	부수 老(6획) 총획 6획	음 ロウ	老境 [ろうきょう] 노경 老翁 [ろうおう] 노옹

한자

82 路	길 로	훈 じ	大路 [おおじ] 대로, 큰길
	부수 足(7획) 총획 13획	음 ロ	路面 [ろめん] 노면 陸路 [りくろ] 육로

83 錄 (録)	기록할 록	훈 –	
	부수 金(8획) 총획 16획	음 ロク	速記録 [そっきろく] 속기록 録音 [ろくおん] 녹음

84 綠	초록빛 록	훈 みどり	緑 [みどり] 녹색, 초록 緑虫 [みどりむし] 연두벌레
	부수 糸(6획) 총획 14획	음 リョク・ロク	緑竹 [りょくちく] 녹죽 緑青 [ろくしょう] 녹청

85 淚 (涙)	눈물 루	훈 なみだ	涙 [なみだ] 눈물 涙脆い [なみだもろい] 잘 울다
	부수 氵(3획) 총획 10획	음 ルイ	落涙 [らくるい] 낙루 涙腺 [るいせん] 누선

86 流	흐를 류	훈 ながれる・ ながす	流れる [ながれる] 흐르다 ながす [流す] 흐르게 하다
	부수 氵(3획) 총획 10획	음 リュウ・ル	気流 [きりゅう] 기류 流刑 [るけい] 유형

87 陸	뭍 륙	훈 –	
	부수 阝(3획) 총획 11획	음 リク	陸運 [りくうん] 육운 内陸 [ないりく] 내륙

88 利	날카로울 리	훈 きく	利く [きく] 효력이 있다 利き目 [ききめ] 효과, 효능
	부수 刀(2획) 총획 7획	음 リ	利剣 [りけん] 이검 鋭利 [えいり] 예리

89 馬	말 마	훈 うま・ま	馬市 [うまいち] 말 시장 馬子 [まご] 마부
	부수 馬(10획) 총획 10획	음 バ	馬車 [ばしゃ] 마차 競馬 [けいば] 경마

90 晚 (晩)	저물 만	훈 –	
	부수 日(4획) 총획 12획	음 バン	晩餐 [ばんさん] 만찬 今晩 [こんばん] 오늘 밤

91 末	끝 **말**	훈 すえ	末[すえ] (물체의) 끝, 말단
	부수 木(4획) 총획 5획	음 マツ・バツ	本末[ほんまつ] 본말 末子[まっし・ばっし] 막내
92 亡	망할 **망**	훈 ない	亡い[ない] 죽어서 이 세상에 없다 亡き顔[なきがお] 울상
	부수 亠(2획) 총획 3획	음 ボウ・モウ	滅亡[めつぼう] 멸망 亡者[もうじゃ] 망자
93 忘	잊을 **망**	훈 わすれる	忘れる[わすれる] 잊다 忘れっぽい[わすれっぽい] 곧잘 잊다
	부수 心(4획) 총획 7획	음 ボウ	健忘[けんぼう] 건망 忘却[ぼうきゃく] 망각
94 忙	바쁠 **망**	훈 いそがしい	忙しい[いそがしい] 바쁘다
	부수 忄(3획) 총획 6획	음 ボウ	多忙[たぼう] 다망 忙中[ぼうちゅう] 망중
95 枚	줄기 **매**	훈 –	
	부수 木(4획) 총획 8획	음 マイ	枚挙[まいきょ] 매거 一枚[いちまい] 한 장
96 麦	보리 **맥**	훈 むぎ	麦[むぎ] 보리 麦焦がし[むぎこがし] 보리 미숫가루
	부수 麦(7획) 총획 7획	음 バク	麦芽[ばくが] 맥아 燕麦[えんばく] 연맥
97 眠	잠잘 **면**	훈 ねむる・ ねむい	眠る[ねむる] 자다, 잠들다 眠い[ねむい] 졸리다
	부수 目(5획) 총획 10획	음 ミン	冬眠[とうみん] 동면 安眠[あんみん] 안면
98 面	낯 **면**	훈 おも・おもて	面[おも] 얼굴, 표면 面[おもて] 안면, 겉면, 표면
	부수 面(9획) 총획 9획	음 メン	鬼面[きめん] 귀면 仮面[かめん] 가면
99 命	목숨 **명**	훈 いのち	命[いのち] 목숨, 생명 命の親[いのちのおや] 생명의 은인
	부수 口(3획) 총획 8획	음 メイ・ミョウ	命運[めいうん] 명운 宿命[しゅくめい] 숙명

한자

100 皿	그릇 **명**	훈 さら	皿 [さら] 접시 皿秤 [さらばかり] 접시저울
	부수 皿(5획) 총획 5획	음 –	
101 募	모을 **모**	훈 つのる	募る [つのる] 더해지다
	부수 力(2획) 총획 12획	음 ボ	募金 [ぼきん] 모금 応募 [おうぼ] 응모
102 毛	털 **모**	훈 け	毛 [け] 털, 모발 毛糸 [けいと] 털실
	부수 毛(4획) 총획 4획	음 モウ	毛髪 [もうはつ] 모발 羊毛 [ようもう] 양모
103 夢	꿈 **몽**	훈 ゆめ	夢 [ゆめ] 꿈 夢見 [ゆめみ] 꿈을 꿈
	부수 夕(3획) 총획 13획	음 ム	夢想 [むそう] 몽상 白昼夢 [はくちゅうむ] 백일몽
104 務	일 **무**	훈 つとめる	務める [つとめる] 소임을 맡다 務め [つとめ] 의무, 임무
	부수 力(2획) 총획 11획	음 ム	勤務 [きんむ] 근무 業務 [ぎょうむ] 업무
105 無	없을 **무**	훈 ない	無い [ない] 없다 無くす [なくす] 없애다, 잃다
	부수 灬(4획) 총획 12획	음 ム・ブ	有無 [うむ] 유무 無音 [ぶいん] 무소식
106 貿	바꿀 **무**	훈 –	
	부수 貝(7획) 총획 12획	음 ボウ	貿易 [ぼうえき] 무역 貿易船 [ぼうえきせん] 무역선
107 未	아닐 **미**	훈 –	
	부수 木(4획) 총획 5획	음 ミ	未完 [みかん] 미완 未明 [みめい] 미명
108 米	쌀 **미**	훈 こめ	米 [こめ] 쌀 米屋 [こめや] 쌀가게
	부수 米(6획) 총획 6획	음 ベイ・マイ	米価 [べいか] 미가, 쌀값 白米 [はくまい] 백미

109 美	아름다울 **미**	훈 うつくしい	美しい [うつくしい] 아름답다 美食 [びしょく] 미식
	부수 羊(6획) 총획 9획	음 ビ	甘美 [かんび] 감미
110 薄	엷을 **박**	훈 うすい・うすめる・ うすまる・うすらぐ・うすれる	薄い [うすい] 얇다 薄める [うすめる] 묽게 하다
	부수 ++(3획) 총획 16획	음 ハク	薄利 [はくり] 적은 이익 薄俸 [はくほう] 박봉
111 反	되돌릴 **반**	훈 そる・そらす	反る [そる] (활 모양으로) 휘다 反らす [そらす] 뒤로 젖히다
	부수 又(2획) 총획 4획	음 ハン・ホン・ タン	反切 [はんせつ] 반절 謀反 [むほん] 모반
112 般	돌 **반**	훈 –	
	부수 舟(6획) 총획 10획	음 ハン	諸般 [しょはん] 제반 今般 [こんぱん] 금번
113 返	돌아올 **반**	훈 かえす・ かえる	返す [かえす] 돌려주다 返る [かえる] (원상태로) 돌아가다
	부수 辶(4획) 총획 8획	음 ヘン・ハン・ ホン	返事 [へんじ] 대답 返還 [へんかん] 반환
114 坊	동네 **방**	훈 –	
	부수 土(3획) 총획 7획	음 ボウ・ボッ	坊間 [ぼうかん] 방간 坊ちゃん [ぼっちゃん] 아드님, 도련님
115 倍	곱 **배**	훈 –	
	부수 亻(2획) 총획 10획	음 バイ	倍 [ばい] 배, 곱절 倍額 [ばいがく] 배액
116 杯	잔 **배**	훈 さかずき	杯 [さかずき] 술잔
	부수 木(4획) 총획 8획	음 ハイ	杯盤 [はいばん] 배반 酒杯 [しゅはい] 술잔
117 背	등 **배**	훈 せ・せい	背 [せ] (사람・동물의)등, 배경 背 [せい] 신장, 키
	부수 月(4획) 총획 9획	음 ハイ	背後 [はいご] 배후 背面 [はいめん] 배면

한자

番			

118 配	아내 배	훈 くばる	配る[くばる] 나누어주다
	부수 酉(7획) 총획 10획	음 ハイ	配偶[はいぐう] 배우 配合[はいごう] 배합

119 番	갈마들 번	훈 -	
	부수 田(5획) 총획 12획	음 バン	週番[しゅうばん] 주번 当番[とうばん] 당번

120 法	법 법	훈 -	
	부수 氵(3획) 총획 8획	음 ホウ・ハッ	法官[ほうかん] 법관 法度[はっと] 무가(武家) 시대의 법률

121 変	변할 변	훈 かわる・ かえる	変わる[かわる] 변하다 変える[かえる] (위치 등을)옮기다
	부수 夂(3획) 총획 9획	음 ヘン	変化[へんか] 변화 急変[きゅうへん] 급변

122 並	아우를 병	훈 ならぶ	並ぶ[ならぶ] 줄을 서다
	부수 一(1획) 총획 8획	음 ヘイ	並立[へいりつ] 병립 並行[へいこう] 병행

123 宝	보배 보	훈 たから	宝[たから] 보배, 보물
	부수 宀(3획) 총획 8획	음 ホウ	宝物[ほうもつ] 보물 家宝[かほう] 가보

124 普	널리 보	훈 -	
	부수 日(4획) 총획 12획	음 フ	普及[ふきゅう] 보급 普遍[ふへん] 보편

125 福	복 복	훈 -	
	부수 礻(4획) 총획 13획	음 フク	福祉[ふくし] 복지 幸福[こうふく] 행복

126 付	줄 부	훈 つける・つく	付ける[つける] 붙이다 付く[つく] 붙다, 묻다
	부수 亻(2획) 총획 5획	음 フ	付与[ふよ] 부여 寄付[きふ] 기부

127 夫	지아비 **부**	훈 おっと	夫 [おっと] 남편
	부수 大(3획) 총획 4획	음 フ・フウ	夫人 [ふじん] 부인 夫婦 [ふうふ] 부부
128 府	곳집 **부**	훈 –	
	부수 广(3획) 총획 8획	음 フ	府庫 [ふこ] 부고 秘府 [ひふ] 비부
129 部	거느릴 **부**	훈 –	
	부수 阝(3획) 총획 11획	음 ブ	支部 [しぶ] 지부 部員 [ぶいん] 부원
130 仏 (佛)	부처 **불**	훈 ほとけ	仏 [ほとけ] 부처, 불상 仏心 [ほとけごころ] 불심, 자비심
	부수 イ(2획) 총획 4획	음 ブツ	仏道 [ぶつどう] 불도 念仏 [ねんぶつ] 염불
131 払 (拂)	떨칠 **불**	훈 はらう	払う [はらう] 없애다 払い物 [はらいもの] 팔아치울 물건
	부수 扌(3획) 총획 5획	음 フツ・ホツ	払拭 [ふっしょく] 불식 払底 [ふってい] 바닥이 남
132 鼻 (鼻)	코 **비**	훈 はな	鼻 [はな] 코 鼻汁 [はなしる] 콧물
	부수 鼻(14획) 총획 14획	음 ビ	鼻音 [びおん] 비음 耳鼻 [じび] 이비
133 比	견줄 **비**	훈 くらべる	比べる [くらべる] 비교하다 比べ物 [くらべもの] 비교할 만한 것
	부수 比(4획) 총획 4획	음 ヒ	比較 [ひかく] 비교 対比 [たいひ] 대비
134 費	쓸 **비**	훈 ついやす	費やす [ついやす] 소비하다
	부수 貝(7획) 총획 12획	음 ヒ	経費 [けいひ] 경비
135 非	아닐 **비**	훈 –	
	부수 非(8획) 총획 8획	음 ヒ	非行 [ひこう] 비행

136 飛	날 **비**	훈 とぶ・とばす	飛ぶ [とぶ] 날다 飛ばす [とばす] 날리다
	부수 飛(9획) 총획 9획	음 ヒ	飛行 [ひこう] 비행 雄飛 [ゆうひ] 웅비
137 氷	얼음 **빙**	훈 こおり・ひ	氷 [こおり] 얼음 氷雨 [ひさめ] 우박, 싸락눈
	부수 水(4획) 총획 5획	음 ヒョウ	氷点 [ひょうてん] 빙점 流氷 [りゅうひょう] 유빙
138 捨 捨	버릴 **사**	훈 すてる	捨てる [すてる] 버리다 捨て鉢 [すてばち] 자포자기
	부수 扌(3획) 총획 11획	음 シャ	取捨 [しゅしゃ] 취사 四捨五入 [ししゃごにゅう] 사사오입
139 史	역사 **사**	훈 –	
	부수 口(3획) 총획 5획	음 シ	歴史 [れきし] 역사 史学 [しがく] 사학
140 司	맡을 **사**	훈 –	
	부수 口(3획) 총획 5획	음 シ	司法 [しほう] 사법 上司 [じょうし] 상사
141 寺	절 **사**	훈 てら	寺 [てら] 절 寺参り [てらまいり] 절에 참배함
	부수 寸(3획) 총획 6획	음 ジ	寺院 [じいん] 사원 社寺 [しゃじ] 신사(神社)와 절
142 詞	말씀 **사**	훈 –	
	부수 言(7획) 총획 12획	음 シ	作詞 [さくし] 작사 祝詞 [しゅくし] 축사
143 辞 辭	말 **사**	훈 やめる	辞める [やめる] 그만두다 辞典 [じてん] 사전
	부수 辛(7획) 총획 13획	음 ジ	言辞 [げんじ] 언사
144 算	셀 **산**	훈 –	
	부수 竹(6획) 총획 14획	음 サン	算数 [さんすう] 산수 計算 [けいさん] 계산

145 狀 (狀)	형상 **상**	훈 −	
	부수 犬(4획) 총획 7획	음 ジョウ	波状 [はじょう] 파상 球状 [きゅうじょう] 구상
146 相	서로 **상**	훈 あい	相 [あい] 서로, 함께 相方 [あいかた] 상대
	부수 目(5획) 총획 9획	음 ソウ・ショウ	相互 [そうご] 상호 宰相 [さいしょう] 재상
147 箱	상자 **상**	훈 はこ	箱 [はこ] 상자, 궤짝. 箱詰め [はこづめ] 상자에 담음
	부수 竹(6획) 총획 15획	음 −	
148 席	자리 **석**	훈 −	
	부수 巾(3획) 총획 10획	음 セキ	席上 [せきじょう] 석상 宴席 [えんせき] 연석
149 昔	예 **석**	훈 むかし	昔 [むかし] 옛날, 예전 昔語り [むかしがたり] 옛날 이야기
	부수 日(4획) 총획 8획	음 セキ・シャク	昔時 [せきじ] 석시, 옛날 今昔 [こんじゃく] 금석
150 石	돌 **석**	훈 いし	石 [いし] 돌, 보석 石切り [いしきり] 채석
	부수 石(5획) 총획 5획	음 セキ・シャク ・コク	石材 [せきざい] 석재 岩石 [がんせき] 암석
151 選 (選)	가릴 **선**	훈 えらぶ	選ぶ [えらぶ] 고르다 選り抜き [えりぬき] 선발
	부수 辶(4획) 총획 16획	음 セン	選択 [せんたく] 선택 当選 [とうせん] 당선
152 線	줄 **선**	훈 −	
	부수 糸(6획) 총획 15획	음 セン	線路 [せんろ] 선로 電線 [でんせん] 전선
153 雪 (雪)	눈 **설**	훈 ゆき	雪 [ゆき] 눈 雪焼け [ゆきやけ] 눈에 피부가 탐
	부수 雨(8획) 총획 11획	음 セツ	残雪 [ざんせつ] 잔설 雪害 [せつがい] 설해

한자

154	城 (城)	성 성	부수 土(3획) 총획 9획	훈 しろ 음 ジョウ	城 [しろ] 성 城跡 [しろあと] 성터 都城 [とじょう] 도성 城邑 [じょうゆう] 성읍
155	成 (成)	이룰 성	부수 戈(4획) 총획 6획	훈 なる・なす 음 セイ・ジョウ	成る [なる] 이루어지다 成す [なす] 달성하다 完成 [かんせい] 완성 成就 [じょうじゅ] 성취
156	姓	성 성	부수 女(3획) 총획 8획	훈 － 음 セイ・ジョウ	百姓 [ひゃくしょう] 여러 성씨, 백성 姓名 [せいめい] 성명
157	性	성품 성	부수 忄(3획) 총획 8획	훈 － 음 セイ・ショウ	性向 [せいこう] 성향 根性 [こんじょう] 근성
158	星	별 성	부수 日(4획) 총획 9획	훈 ほし 음 セイ・ショウ	星 [ほし] 별 星空 [ほしぞら] 별밤하늘 恒星 [こうせい] 항성 明星 [みょうじょう] 명성
159	省	살필 성	부수 目(5획) 총획 9획	훈 かえりみる・ はぶく 음 セイ・ショウ	省みる [かえりみる] 돌이켜보다 省く [はぶく] 줄이다 省察 [せいさつ] 성찰 省略 [しょうりゃく] 생략
160	歳 (歳)	해 세	부수 止(4획) 총획 13획	훈 － 음 サイ・セイ	歳暮 [さいぼ・せいぼ] 세모 歳末 [さいまつ] 세말
161	細	가늘 세	부수 糸(6획) 총획 11획	훈 ほそい・ こまかい 음 サイ	細い [ほそい] 가늘다 細かい [こまかい] 작다 繊細 [せんさい] 섬세 細流 [さいりゅう] 세류
162	笑	웃을 소	부수 竹(6획) 총획 10획	훈 わらう・えむ 음 ショウ	笑う [わらう] 웃다 笑む [えむ] 미소 짓다 笑声 [しょうせい] 소성 微笑 [びしょう] 미소

163 咲	필 소	훈 さく	咲く [さく] (꽃이) 피다 咲き誇る [さきほこる] 흐드러지게 피다
	부수 口(3획) 총획 9획	음 –	
164 続 (續)	이을 속	훈 つづく・ つづける	続く [つづく] 이어지다 続ける [つづける] 계속하다
	부수 糸(6획) 총획 13획	음 ゾク	続行 [ぞっこう] 속행 相続 [そうぞく] 상속
165 孫	손자 손	훈 まご	孫 [まご] 손자 孫子 [まごこ] 손자와 아들
	부수 子(3획) 총획 10획	음 ソン	曽孫 [そうそん] 증손 王孫 [おうそん] 왕손
166 輸 (輸)	나를 수	훈 –	
	부수 車(7획) 총획 16획	음 ユ	空輸 [くうゆ] 공수 輸送 [ゆそう] 수송
167 数 (數)	셀 수	훈 かず・ かぞえる	数 [かず] 수 数える [かぞえる] 세다
	부수 攵(4획) 총획 13획	음 スウ・ス	数 [すう] 수, 수효
168 受	받을 수	훈 うける・ うかる	受ける [うける] 받다 受かる [うかる] (시험에) 합격하다
	부수 又(2획) 총획 8획	음 ジュ	受験 [じゅけん] 수험 甘受 [かんじゅ] 감수
169 守	지킬 수	훈 まもる・もり	守る [まもる] 지키다 守り [もり] 보살핌
	부수 宀(3획) 총획 6획	음 シュ・ス	守護 [しゅご] 수호 固守 [こしゅ] 고수
170 宿	묵을 숙	훈 やど・やどす	宿 [やど] 살고 있는 집 宿す [やどす] 묵게 하다.
	부수 宀(3획) 총획 11획	음 シュク	下宿 [げしゅく] 하숙 宿泊 [しゅくはく] 숙박
171 順	순할 순	훈 –	
	부수 頁(9획) 총획 12획	음 ジュン	順 [じゅん] 순서, 순번 順応 [じゅんおう] 순응

한자

172 **示**	보일 **시**	훈 しめす	示す[しめす] 가리키다 示し[しめし] 계시(啓示), 교시
	부수 示(5획) 총획 5획	음 ジ・シ	表示[ひょうじ] 표시 示範[しはん] 시범
173 **式**	법 **식**	훈 −	
	부수 弋(3획) 총획 6획	음 シキ	様式[ようしき] 양식 式辞[しきじ] 식사
174 **息**	숨쉴 **식**	훈 いき	息[いき] 숨, 호흡 息の根[いきのね] 숨통, 목숨
	부수 心(4획) 총획 10획	음 ソク	安息[あんそく] 안식 休息[きゅうそく] 휴식
175 **神**	귀신 **신**	훈 かみ・こう	神[かみ] 신, 하느님 神戸[こうべ] 고베(지명)
神	부수 ネ(4획) 총획 9획	음 シン・ジン	神霊[しんれい] 신령 鬼神[きじん] 귀신
176 **信**	믿을 **신**	훈 −	
	부수 イ(2획) 총획 9획	음 シン	信義[しんぎ] 신의 背信[はいしん] 배신
177 **申**	납 **신**	훈 もうす	申す[もうす] 말씀 드리다 申し上げる[もうしあげる] 말씀 드리다
	부수 田(5획) 총획 5획	음 シン	申告[しんこく] 신고 上申[じょうしん] 상신
178 **臣**	신하 **신**	훈 −	
	부수 臣(7획) 총획 7획	음 シン・ジン	臣下[しんか] 신하 大臣[だいじん] 대신
179 **身**	몸 **신**	훈 み	身[み] 몸, 신체 身分[みぶん] 신분, 신세
	부수 身(7획) 총획 7획	음 シン	身体[しんたい] 신체 全身[ぜんしん] 전신
180 **辛**	매울 **신**	훈 からい	辛い[からい] 맵다 辛い[つらい] 괴롭다
	부수 辛(7획) 총획 7획	음 シン	辛酸[しんさん] 신산 辛苦[しんく] 신고

181 実 (實)	열매 실	훈 み・みのる	実[み] 열매, 씨앗 実る[みのる] 열매를 맺다
	부수 宀(3획) 총획 8획	음 ジツ	果実[かじつ] 과실 結実[けつじつ] 결실
182 失	잃을 실	훈 うしなう	失う[うしなう] 잃다 失せ物[うせもの] 분실물
	부수 大(3획) 총획 5획	음 シツ	失業[しつぎょう] 실업 紛失[ふんしつ] 분실
183 岩 (巖)	바위 암	훈 いわお	巌[いわ-お] 큰 바위 岩[いわ] 바위
	부수 山(3획) 총획 8획	음 ガン	岩頭[がんとう] 바위 위 岩窟[がんくつ] 암굴
184 圧 (壓)	누를 압	훈 ‒	
	부수 土(3획) 총획 5획	음 アツ	圧迫[あっぱく] 압박 弾圧[だんあつ] 탄압
185 央	가운데 앙	훈 ‒	
	부수 大(3획) 총획 5획	음 オウ	中央[ちゅうおう] 중앙 震央[しんおう] 진앙
186 愛	사랑 애	훈 ‒	
	부수 心(4획) 총획 13획	음 アイ	愛人[あいじん] 애인 恋愛[れんあい] 연애
187 約 (約)	묶을 약	훈 ‒	
	부수 糸(6획) 총획 9획	음 ヤク	約束[やくそく] 약속 約する[やくする] 약속하다
188 様 (樣)	모양 양	훈 さま	様[さま] 모양, 모습, 님, 씨 様様[さまざま] 여러 가지
	부수 木(4획) 총획 14획	음 ヨウ	様相[ようそう] 양상 同様[どうよう] 동양
189 余 (餘)	나 여	훈 あまる・ あます	余る[あまる] 남다 余す[あます] 남기다
	부수 人(2획) 총획 7획	음 ヨ	余力[よりょく] 여력 余地[よち] 여지

한자

190 役	부릴 역	훈 –	
		음 ヤク・エキ	役員 [やくいん] 역원 兵役 [へいえき] 병역
	부수 彳(3획) 총획 7획		

191 易	바꿀 역	훈 やさしい	易しい [やさしい] 쉽다
		음 エキ・イ	変易 [へんえき] 변역 簡易 [かんい] 간이
	부수 日(4획) 총획 8획		

192 煙 (煙)	연기 연	훈 けむり・けむる ・けむい	煙 [けむ/けむり] 연기 煙る [けむる] 연기나다
		음 エン	煙突 [えんとつ] 굴뚝 煙筒 [えんとう] 연통
	부수 火(4획) 총획 13획		

193 熱	더울 열	훈 あつい	熱い [あつい] 뜨겁다 熱湯 [あつゆ] 뜨거운 목욕물
		음 ネツ	熱風 [ねっぷう] 열풍 温熱 [おんねつ] 온열
	부수 灬(4획) 총획 15획		

194 迎 (迎)	맞이할 영	훈 むかえる	迎える [むかえる] 맞이하다 迎え [むかえ] 맞이함
		음 ゲイ	送迎 [そうげい] 송영 歓迎 [かんげい] 환영
	부수 辶(4획) 총획 8획		

195 営 (營)	경영할 영	훈 いとなむ	営む [いとなむ] 영위하다 営み [いとなみ] 일, 생업.
		음 エイ	営業 [えいぎょう] 영업 運営 [うんえい] 운영
	부수 火(3획) 총획 12획		

196 永	길 영	훈 ながい	永い [ながい] 오래다. 永らえる [ながらえる] 오래 살다
		음 エイ	永久 [えいきゅう] 영구 永遠 [えいえん] 영원
	부수 水(4획) 총획 5획		

197 泳	헤엄칠 영	훈 およぐ	泳ぐ [およぐ] 헤엄치다 泳法 [えいほう] 영법
		음 エイ	遊泳 [ゆうえい] 유영
	부수 氵(3획) 총획 8획		

198 汚	더러울 오	훈 けがす・ よごれる	汚す [けがす] 더럽히다 汚れる [よごれる] 더러워지다
		음 オ	汚濁 [おだく] 오탁 汚染 [おせん] 오염
	부수 氵(3획) 총획 6획		

| 199 玉 | 옥 옥 | 훈 たま | 玉 [たま] 둥근 것
玉垣 [たまがき] 신사의 울타리 |
| | | 부수 玉(5획)
총획 5획 | 음 ギョク | 玉石 [ぎょくせき] 옥석
青玉 [せいぎょく] 청옥 |

| 200 温 | 温 따뜻할 온 | 훈 あたたか・
あたたかい | 温か [あたたか] 따뜻함
温かい [あたたかい] 따뜻하다 |
| | | 부수 氵(3획)
총획 12획 | 음 オン | 温室 [おんしつ] 온실
温泉 [おんせん] 온천 |

| 201 完 | 완전할 완 | 훈 - | |
| | | 부수 宀(3획)
총획 7획 | 음 カン | 完全 [かんぜん] 완전
完勝 [かんしょう] 완승 |

| 202 王 | 임금 왕 | 훈 - | |
| | | 부수 王(4획)
총획 4획 | 음 オウ | 王位 [おうい] 왕위
王子 [おうじ] 왕자 |

| 203 要 | 要 구할 요 | 훈 いる | 要る [いる] 필요하다.
要らざる [いらざる] 쓸데없는 |
| | | 부수 襾(6획)
총획 9획 | 음 ヨウ | 要所 [ようしょ] 요소
重要 [じゅうよう] 중요 |

| 204 欲 | 하고자 할 욕 | 훈 ほっする・
ほしい | 欲する [ほっする] 바라다
欲しい [ほしい] 갖고 싶다 |
| | | 부수 欠(4획)
총획 11획 | 음 ヨク | 欲心 [よくしん] 욕심
欲望 [よくぼう] 욕망 |

| 205 浴 | 목욕할 욕 | 훈 あびる・
あびせる | 浴びる [あびる] 끼얹다
浴びせる [あびせる] 끼얹다 |
| | | 부수 氵(3획)
총획 10획 | 음 ヨク | 浴室 [よくしつ] 욕실
入浴 [にゅうよく] 입욕 |

| 206 容 | 얼굴 용 | 훈 - | |
| | | 부수 宀(3획)
총획 10획 | 음 ヨウ | 容色 [ようしょく] 용색
容顔 [ようがん] 용안 |

| 207 羽 | 羽 깃 우 | 훈 は・はね | 羽 [は] 날개
羽根 [はね] 새털, 깃, 날개 |
| | | 부수 羽(6획)
총획 6획 | 음 ウ | 羽衣 [うい] 우의
羽毛 [うもう] 우모 |

한자

208 宇	집 우	훈 -	
	부수 宀(3획) 총획 6획	음 ウ	堂宇 [どうう] 당우 屋宇 [おくう] 옥우
209 雲	구름 운	훈 くも	雲 [くも] 구름 雲路 [くもじ] 구름 길
	부수 雨(8획) 총획 12획	음 ウン	雲煙 [うんえん] 운연 暗雲 [あんうん] 암운
210 原	근원 원	훈 はら	原 [はら] 들, 벌판 原っぱ [はらっぱ] 들판
	부수 厂(2획) 총획 10획	음 ゲン	原則 [げんそく] 원칙 原因 [げんいん] 원인
211 園	동산 원	훈 その	園 [その] 정원, 뜰 園生 [そのう] 정원
	부수 囗(3획) 총획 13획	음 エン	庭園 [ていえん] 정원 農園 [のうえん] 농원
212 願	원할 원	훈 ねがう	願う [ねがう] 원하다 願わくは [ねがわくは] 아무쪼록
	부수 頁(9획) 총획 19획	음 ガン	祈願 [きがん] 기원 念願 [ねんがん] 염원
213 囲 圍	둘레 위	훈 かこむ・ かこう	囲む [かこむ] 둘러싸다 囲う [かこう] 에워싸다
	부수 囗(3획) 총획 7획	음 イ	包囲 [ほうい] 포위 囲繞 [いにょう・いじょう] 위요
214 位	자리 위	훈 くらい	位 [くらい] 지위, 계급 位する [くらいする] 위치하다
	부수 亻(2획) 총획 7획	음 イ	位置 [いち] 위치 方位 [ほうい] 방위
215 胃	밥통 위	훈 -	
	부수 月(4획) 총획 9획	음 イ	胃 [い] 위) 밥통 胃腸 [いちょう] 위장
216 油	기름 유	훈 あぶら	油 [あぶら] 기름 油絵 [あぶらえ] 유화
	부수 氵(3획) 총획 8획	음 ユ	石油 [せきゆ] 석유 油脂 [ゆし] 유지

217 由	말미암을 **유**	훈 よし	由 [よし] 까닭, 원인 由無い [よしない] 이유가 없다
	부수 田(5획) 총획 5획	음 ユウ・ユ・ ユイ	自由 [じゆう] 자유 由来 [ゆらい] 유래
218 育	기를 **육**	훈 そだつ・ そだてる	育つ [そだつ] 자라다 育てる [そだてる] 기르다
	부수 月(4획) 총획 8획	음 イク	成育 [せいいく] 성육 育英 [いくえい] 육영
219 移	옮길 **이**	훈 うつる・う つす	移る [うつる] 옮기다 移す [うつす] 옮기다
	부수 禾(5획) 총획 11획	음 イ	移住 [いじゅう] 이주 推移 [すいい] 추이
220 因	인할 **인**	훈 よる	因る [よる] 말미암다 因って [よって] 그러므로
	부수 口(3획) 총획 6획	음 イン	因習 [いんしゅう] 인습 因果 [いんが] 인과
221 込	담을 **입**	훈 こむ・こめる	込む [こむ] 붐비다 込める [こめる] 재다
	부수 辶(4획) 총획 6획	음 -	
222 昨	어제 **작**	훈 -	
	부수 日(4획) 총획 9획	음 サク	昨日 [さくじつ] 어제 昨夜 [さくや] 어젯밤
223 残 殘	남을 **잔**	훈 のこる・ のこす	残る [のこる] 남다 残す [のこす] 남기다
	부수 歹(4획) 총획 10획	음 ザン	残骸 [ざんがい] 잔해 残留 [ざんりゅう] 잔류
224 将 將	장차 **장**	훈 -	
	부수 寸(3획) 총획 10획	음 ショウ	将校 [しょうこう] 장교 主将 [しゅしょう] 주장
225 張	베풀 **장**	훈 チョウ	張る [はる] 덮이다 張り合い [はりあい] 대립
	부수 弓(3획) 총획 11획	음 はる	張本人 [ちょうほんにん] 장본인 張力 [ちょうりょく] 장력

한자

226 **章**	글 **장**	훈 –	
	부수 立(5획) 총획 11획	음 ショウ	印章 [いんしょう] 인장 紋章 [もんしょう] 문장
227 **再**	두 **재**	훈 ふたたび	再び [ふたたび] 두 번 다시
	부수 冂(2획) 총획 6획	음 サイ・サ	再会 [さいかい] 재회 再建 [さいけん] 재건
228 **在**	있을 **재**	훈 ある	在る [ある] 존재하다 在り処 [ありか] 소재
	부수 土(3획) 총획 6획	음 ザイ	在学 [ざいがく] 재학 存在 [そんざい] 존재
229 **才**	재주 **재**	훈 –	
	부수 扌(3획) 총획 3획	음 サイ	才能 [さいのう] 재능 詩才 [しさい] 시재
230 **材**	재목 **재**	훈 –	
	부수 木(4획) 총획 7획	음 ザイ	材木 [ざいもく] 재목 用材 [ようざい] 용재
231 **財**	재물 **재**	훈 –	
	부수 貝(7획) 총획 10획	음 ザイ・サイ	財政 [ざいせい] 재정 財布 [さいふ] 돈지갑
232 **的**	과녁 **적**	훈 まと	的 [まと] 과녁, 표적 的外れ [まとはずれ] 요점에서 벗어남
	부수 白(5획) 총획 8획	음 テキ	標的 [ひょうてき] 표적 射的 [しゃてき] 사적
233 **伝** (傳)	전할 **전**	훈 つたわる・ つたえる	伝わる [つたわる] 전해지다 伝える [つたえる] 전하다
	부수 亻(2획) 총획 6획	음 デン	伝説 [でんせつ] 전설 伝達 [でんたつ] 전달
234 **畑**	화전 **전**	훈 はた・はたけ	畑 [はた] 밭 畑作 [はたさく] 밭농사
	부수 田(5획) 총획 9획	음 –	

235 絶 (絕)	끊을 절	훈 たえる・たつ	絶える [たえる] 끊어지다 絶つ [たつ] 끊다
	부수 糸(6획) 총획 12획	음 ゼツ	絶縁 [ぜつえん] 절연 断絶 [だんぜつ] 단절
236 折	꺾을 절	훈 おる・おれる	折る [おる] 접다 折れる [おれる] 꺾이다
	부수 扌(3획) 총획 7획	음 セツ	骨折 [こっせつ] 골절 屈折 [くっせつ] 굴절
237 点 (點)	점 점	훈 –	
	부수 灬(4획) 총획 9획	음 テン	黒点 [こくてん] 흑점 点画 [てんかく] 점획
238 占	차지할 점	훈 しめる・ うらなう	占める [しめる] 차지하다 占い [うらない] 점, 점쟁이
	부수 卜(2획) 총획 5획	음 セン	占拠 [せんきょ] 점거 独占 [どくせん] 독점
239 接	사귈 접	훈 つぐ	接ぐ [つぐ] 이어붙이다 接ぎ木 [つぎき] 접목
	부수 扌(3획) 총획 11획	음 セツ	接合 [せつごう] 접합 溶接 [ようせつ] 용접
240 精 (精)	정할 정	훈 –	
	부수 米(6획) 총획 14획	음 セイ・ショウ	精米 [せいまい] 정미 精進 [しょうじん] 정진
241 定	정할 정	훈 さだまる・ さだめる	定まる [さだまる] 정해지다 定める [さだめる] 정하다
	부수 宀(3획) 총획 8획	음 テイ・ジョウ	確定 [かくてい] 확정 定石 [じょうせき] 정석
242 庭	뜰 정	훈 にわ	庭 [にわ] 정원, 마당, 뜰 庭師 [にわし] 정원사
	부수 广(3획) 총획 10획	음 テイ	庭園 [ていえん] 정원 校庭 [こうてい] 교정
243 政	정사 정	훈 まつりごと	政 [まつりごと] 정치
	부수 攵(4획) 총획 9획	음 セイ・ショウ	政治 [せいじ] 정치 政府 [せいふ] 정부

한자

244	억제할 제	훈 –	
制	부수 刀(2획) 총획 8획	음 セイ	制作 [せいさく] 제작 制度 [せいど] 제도
245	사이 제	훈 きわ	際 [きわ] 가장자리, 옆, 곁. 際物 [きわもの] 계절 상품
際	부수 阝(3획) 총획 14획	음 サイ	際限さ [いげん] 한계 水際 [すいさい] 물가
246	조상 조	훈 –	
祖 (祖)	부수 礻(4획) 총획 9획	음 ソ	祖父 [そふ] 조부 祖母 [そぼ] 조모
247	지을 조	훈 つくる	造る [つくる] 만들다 造り [つくり] 구조
造 (造)	부수 辶(4획) 총획 11획	음 ゾウ	造作 [ぞうさ] 조작 造形 [ぞうけい] 조형
248	끈 조	훈 くむ・くみ	組む [くむ] 얽다, 엮다 組 [くみ] 쌍, 벌, 세트
組	부수 糸(6획) 총획 11획	음 ソ	組閣 [そかく] 조각 組織 [そしき] 조직
249	있을 존	훈 –	
存	부수 子(3획) 총획 6획	음 ソン・ゾン	保存 [ほぞん] 보존 存在 [そんざい] 존재
250	자리 좌	훈 すわる	座る [すわる] 앉다 座り [すわり] 앉음
座	부수 广(3획) 총획 10획	음 ザ	座席 [ざせき] 좌석 玉座 [ぎょくざ] 옥좌
251	고을 주	훈 す	州 [す] 주 州浜 [すはま] 사주(砂洲)가 발달한 해변
州	부수 川(3획) 총획 6획	음 シュウ	州政府 [しゅうせいふ] 주정부 州知事 [しゅうちじ] 주지사
252	기둥 주	훈 はしら	柱 [はしら] 기둥 柱時計 [はしらどけい] 괘종시계
柱	부수 木(4획) 총획 9획	음 チュウ	支柱 [しちゅう] 지주 電柱 [でんちゅう] 전주

左側 세로 한자: 舟 酒 駐 竹 指 支 枝 直 次

253	배 **주**	훈 ふね・ふな	舟 [ふね] 배 舟路 [ふなじ] 뱃길, 수로
	부수 舟(6획) 총획 6획	음 シュウ	扁舟 [へんしゅう] 편주 軽舟 [けいしゅう] 경주
254	술 **주**	훈 さけ・さか	酒 [さけ] 술 酒場 [さかば] 술집, 바
	부수 酉(7획) 총획 10획	음 シュ	酒宴 [しゅえん] 주연 洋酒 [ようしゅ] 양주
255	머무를 **주**	훈 –	
	부수 馬(10획) 총획 15획	음 チュウ	駐車 [ちゅうしゃ] 주차 進駐 [しんちゅう] 진주
256	대 **죽**	훈 たけ	竹 [たけ] 대나무, 대 竹の子 [たけのこ] 죽순
	부수 竹(6획) 총획 6획	음 チク	竹林 [ちくりん] 죽림 竹葉 [ちくよう] 죽엽
257	손가락 **지**	훈 ゆび・さす	指 [ゆび] 손가락 指す [さす] 가리키다
	부수 扌(3획) 총획 9획	음 シ	指紋 [しもん] 지문 指圧 [しあつ] 지압
258	지탱할 **지**	훈 ささえる	支える [ささえる] 받치다 支え [ささえ] 받침
	부수 支(4획) 총획 4획	음 シ	支柱 [しちゅう] 지주 支点 [してん] 지점
259	가시 **지**	훈 えだ	枝 [えだ] 가지 枝葉 [えだは] 지엽
	부수 木(4획) 총획 8획	음 シ	枝葉 [しよう] 지엽 枝流 [しりゅう] 지류
260	곧을 **직**	훈 ただちに・ なおす	直ちに [ただちに] 곧, 즉시, 당장 直す [なおす] 바로잡다
	부수 目(5획) 총획 8획	음 チョク・ジキ	直線 [ちょくせん] 직선 垂直 [すいちょく] 수직
261	버금 **차**	훈 つぐ・つぎ	次ぐ [つぐ] 잇따르다 次 [つぎ] 다음, 버금
	부수 欠(4획) 총획 6획	음 ジ・シ	次元 [じげん] 차원 次第 [しだい] 순서

한자

262 差	어긋날 **차**	훈 さす	差す[さす] 비치다 差出人[さしだしにん] 발송인
	부수 工(3획) 총획 10획	음 サ	差異[さい] 차이 差別[さべつ] 차별
263 札	패 **찰**	훈 ふだ	札[ふだ] 표찰, 표 札止め[ふだどめ] 매표를 중지함
	부수 木(4획) 총획 5획	음 サツ	標札[ひょうさつ] 표찰, 푯말 門札[もんさつ] 문패
264 参 (參)	간여할 **참**	훈 まいる	参る[まいる] 行く[いく]의 겸사말 参り[まいり] 찾아 뵘, 참배
	부수 ム(2획) 총획 8획	음 サン	参拝[さんぱい] 참배 参上[さんじょう] 찾아뵘
265 窓	창 **창**	훈 まど	窓[まど] 창, 창문 窓枠[まどわく] 창틀
	부수 穴(5획) 총획 11획	음 ソウ	窓外[そうがい] 창외 同窓[どうそう] 동창
266 冊 (册)	책 **책**	훈 –	
	부수 冂(2획) 총획 5획	음 サツ・サク	書冊[しょさつ] 서책 簡冊[かんさく] 간책
267 妻	아내 **처**	훈 つま	妻[つま] 아내 妻子[つまこ/さいし] 처자
	부수 女(3획) 총획 8획	음 サイ	妻子[さいし] 처자 夫妻[ふさい] 부처
268 泉	샘 **천**	훈 いずみ	泉[いずみ] 샘, 샘물
	부수 水(4획) 총획 9획	음 セン	泉水[せんすい] 천수 源泉[げんせん] 원천
269 鉄 (鐵)	쇠 **철**	훈 –	
	부수 金(8획) 총획 13획	음 テツ	鉄柵[てっさく] 철책 鉄筋[てっきん] 철근
270 庁 (廳)	관청 **청**	훈 –	
	부수 广(3획) 총획 5획	음 チョウ	庁舎[ちょうしゃ] 청사 登庁[とうちょう] 등청

271 初	처음 초	훈 はじめ・ はじめて	初め [はじめ] 처음, 시작 初めて [はじめて] 최초로
	부수 刀(2획) 총획 7획	음 ショ	初夏 [しょか] 초여름 最初 [さいしょ] 최초
272 秒	시간 단위 초	훈 -	
	부수 禾(5획) 총획 9획	음 ビョウ	秒速 [びょうそく] 초속 毎秒 [まいびょう] 매초
273 草	풀 초	훈 くさ	草 [くさ] 풀, 잡초 草花 [くさばな] 화초
	부수 ++(4획) 총획 10획	음 ソウ	草原 [そうげん] 초원 雑草 [ざっそう] 잡초
274 最	가장 최	훈 もっとも	最も [もっとも] 가장
	부수 曰(4획) 총획 12획	음 サイ	最高 [さいこう] 최고 最初 [さいしょ] 최초
275 祝 (祝)	빌 축	훈 いわう	祝う [いわう] 축하하다. 祝い [いわい] 축하
	부수 ネ(4획) 총획 9획	음 シュク・ シュウ	祝賀 [しゅくが] 축하 祝儀金 [しゅうぎきん] 축의금
276 取	취할 취	훈 とる	取る [とる] 집다
	부수 又(2획) 총획 8획	음 シュ	取材 [しゅざい] 취재 摂取 [せっしゅ] 섭취
277 側	곁 측	훈 かわ	側 [かわ] 곁, 옆 側日 [でばめ] 눈, 가까이에서 봄
	부수 イ(2획) 총획 11획	음 ソク	側壁 [そくへき] 측벽 側面 [そくめん] 측면
278 治	다스릴 치	훈 おさめる・ なおす	治める [おさめる] 진정시키다 治す [なおす] 치료하다
	부수 氵(3획) 총획 8획	음 チ・ジ	治安 [ちあん] 치안 退治 [たいじ] 퇴치
279 寝 (寝)	잠잘 침	훈 ねる・ねかす	寝る [ねる] 잠자다 寝かす [ねかす] 재우다
	부수 宀(3획) 총획 13획	음 シン	寝室 [しんしつ] 침실 就寝 [しゅうしん] 취침

280 針	바늘 **침**	훈 はり	針 [はり] 바늘, 침, 가시 針医 [はりいい] 침의, 침술사
	부수 金(8획) 총획 10획	음 シン	避雷針 [ひらいしん] 피뢰침 針灸 [しんきゅう] 침구
281 他	다를 **타**	훈 –	
	부수 イ(2획) 총획 5획	음 タ	他人 [たにん] 타인 自他 [じた] 자타
282 打	칠 **타**	훈 うつ	打つ [うつ] 치다 打ち付け [うちつけ] 거리낌없음
	부수 扌(3획) 총획 5획	음 ダ	打撃 [だげき] 타격 殴打 [おうだ] 구타
283 濯	씻을 **탁**	훈 –	
	부수 氵(3획) 총획 17획	음 タク	濯足 [たくそく] 탁족 洗濯 [せんたく] 세탁
284 湯	끓인물 **탕**	훈 ゆ	湯 [ゆ] 뜨거운 물 湯気 [ゆげ] 김, 수증기
	부수 氵(3획) 총획 12획	음 トウ	熱湯 [ねっとう] 열탕 湯治 [とうじ] 탕치
285 痛	아플 **통**	훈 いたい・ いたむ	痛い [いたい] 아프다 痛む [いたむ] 괴롭다
	부수 疒(5획) 총획 12획	음 ツウ	痛風 [つうふう] 통풍 胃痛 [いつう] 위통
286 波	물결 **파**	훈 なみ	波 [なみ] 파도, 물결 波路 [なみじ] 뱃길, 항로
	부수 氵(3획) 총획 8획	음 ハ	波涛 [はとう] 파도 波紋 [はもん] 파문
287 販	팔 **판**	훈 –	
	부수 貝(7획) 총획 11획	음 ハン	販売 [はんばい] 판매 市販 [しはん] 시판
288 敗	깨뜨릴 **패**	훈 やぶれる	敗れる [やぶれる] 패하다 敗る [やぶる] 지다
	부수 攵(4획) 총획 11획	음 ハイ	腐敗 [ふはい] 부패 失敗 [しっぱい] 실패

289 貝	조개 패	훈 かい	貝 [かい] 조개 貝柱 [かいばしら] 조개관자
	부수 貝(7획) 총획 7획	음 –	

290 閉	닫을 폐	훈 とじる・ しめる	閉じる [とじる] 닫히다 閉める [しめる] (문 등을) 닫다
	부수 門(8획) 총획 11획	음 ヘイ	閉館 [へいかん] 폐관 開閉 [かいへい] 개폐

291 包 包	쌀 포	훈 つつむ	包み [つつみ] 쌈, 꾸러미 包み隠す [つつみかくす] 싸서 숨기다
	부수 勹(2획) 총획 5획	음 ホウ	包括 [ほうかつ] 포괄 包容 [ほうよう] 포용

292 表	겉 표	훈 おもて・ あらわれる	表 [おもて] 앞면, 겉, 표면 表れる [あらわれる] (감정이)드러나다
	부수 衣(6획) 총획 8획	음 ヒョウ	表面 [ひょうめん] 표면 地表 [ちひょう] 지표

293 彼	저 피	훈 かれ・かの	彼 [かれ] 그, 그 사람 彼の [かの] 저, 그
	부수 彳(3획) 총획 8획	음 ヒ	彼我 [ひが] 피아 彼此 [ひし] 피차

294 皮	가죽 피	훈 かわ	皮 [かわ] 가죽, 껍질 皮衣 [かわごろも] 털옷,모피 옷
	부수 皮(5획) 총획 5획	음 ヒ	皮下 [ひか] 피하 牛皮 [ぎゅうひ] 우피

295 匹	필 필	훈 ひき	匹 [ひき] 마리
	부수 匸(2획) 총획 4획	음 ヒツ	馬匹 [ばひつ] 마필 匹偶 [ひつぐう] 필우, 배필

296 必	반드시 필	훈 かならず	必ず [かならず] 반드시, 꼭
	부수 心(4획) 총획 5획	음 ヒツ	必修 [ひっしゅう] 필수) 必読 [ひつどく] 필독

297 荷	연 하	훈 に	荷 [に] 짐, 하물 荷船 [にぶね] 화물선
	부수 ⧺(3획) 총획 10획	음 カ	入荷 [にゅうか] 입하 負荷 [ふか] 부하

한자

298	限	한계 한	훈 かぎる	限る [かぎる] 제한하다 限り無い [かぎりない] 무한하다
		부수 β (3획) 총획 9획	음 ゲン	限定 [げんてい] 한정 際限 [さいげん] 제한, 끝
299	割 (割)	나눌 할	훈 わる・われる	割る [わる] 쪼개다 割れる [われる] 깨지다
		부수 刀 (2획) 총획 12획	음 カツ	割譲 [かつじょう] 할양 分割 [ぶんかつ] 분할
300	港 (港)	항구 항	훈 みなと	港 [みなと] 항구, 포구 港町 [みなとまち] 항구 도시
		부수 氵 (3획) 총획 12획	음 コウ	港湾 [こうわん] 항만 帰港 [きこう] 귀항
301	解	풀 해	훈 とく・とかす ・とける	解く [とく] ① (매듭 등을)풀다 解かす [とかす] (머리 등을)빗다
		부수 角 (7획) 총획 13획	음 カイ・ゲ	理解 [りかい] 이해 解毒 [げどく] 해독
302	幸	다행 행	훈 さいわい・ しあわせ	幸い [さいわい] 행복, 다행히 幸せ [しあわせ] 행복, 행운
		부수 干 (3획) 총획 8획	음 コウ	幸運 [こううん] 행운 不幸 [ふこう] 불행
303	向	향할 향	훈 むく・むける	向く [むく] 향하다 向ける [むける] 향하게 하다
		부수 口 (3획) 총획 6획	음 コウ	転向 [てんこう] 전향 向学 [こうがく] 향학
304	香	향기 향	훈 かおり・ かおる	香り [かおり] 향기 香る [かおる] 향기가 풍기다
		부수 香 (9획) 총획 9획	음 コウ・キョウ	香味 [こうみ] 향미 芳香 [ほうこう] 방향
305	許	허락할 허	훈 ゆるす	許す [ゆるす] 허가하다 許し [ゆるし] 허가, 승낙
		부수 言 (7획) 총획 11획	음 キョ	許容 [きょよう] 허용 特許 [とっきょ] 특허
306	革	가죽 혁	훈 かわ	革 [かわ] (무두질한) 가죽 革靴 [かわぐつ] 가죽 구두
		부수 革 (9획) 총획 9획	음 カク	革帯 [かくたい] 혁대, 가죽띠 皮革 [ひかく] 피혁

307 現	나타날 **현**	훈 あらわれる・あらわす	現れる [あらわれる] 나타나다 現す [あらわす] 나타내다
	부수 王(4획) 총획 11획	음 ゲン	現象 [げんしょう] 현상 具現 [ぐげん] 구현
308 血	피 **혈**	훈 ち	血 [ち] 피, 혈통 血の気 [ちのけ] 핏기, 혈기
	부수 血(6획) 총획 6획	음 ケツ	血液 [けつえき] 혈액 鮮血 [せんけつ] 선혈
309 型	거푸집 **형**	훈 かた	型 [かた] 형, 틀 型通り [かたどおり] 판에 박은 듯함
	부수 土(3획) 총획 9획	음 ケイ	類型 [るいけい] 유형 模型 [もけい] 모형
310 形	모양 **형**	훈 かた・かたち	形 [かた] 형, 모양 形作る [かたちづくる] 만들다
	부수 彡(3획) 총획 7획	음 ケイ・ギョウ	原形 [げんけい] 원형 形相 [ぎょうそう] 모습
311 号 號	부르짖을 **호**	훈 -	
	부수 口(3획) 총획 5획	음 ゴウ	号哭 [ごうこく] 호곡 怒号 [どごう] 노호
312 戸 戶	지게 **호**	훈 と	戸 [と] 문, 집의 출입구 戸惑う [とまどう] 당황하다
	부수 戸(4획) 총획 4획	음 コ	戸外 [こがい] 호외 門戸 [もんこ] 문호
313 互	서로 **호**	훈 たがい	互い [たがい] 서로, 쌍방
	부수 二(2획) 총획 4획	음 ゴ	相互 [そうご] 상호 互恵 [ごけい] 호혜
314 呼	부를 **호**	훈 よぶ	呼ぶ [よぶ] 부르다 呼び声 [よびごえ] 부르는 소리
	부수 口(3획) 총획 8획	음 コ	呼応 [こおう] 호응 歓呼 [かんこ] 환호
315 化	될 **화**	훈 ばける・ばかす	化ける [ばける] 둔갑하다 化かす [ばかす] 호리다
	부수 亻(2획)총 획 4획	음 カ・ケ	化石 [かせき] 화석 化身 [けしん] 화신

한자

316	화할 **和**	훈 やわらぐ・ やわらげる	和らぐ [やわらぐ] 누그러지다 和らげる [やわらげる] 완화하다
和	부수 口(3획) 총획 8획	음 ワ・オ	不和 [ふわ] 불화 和合 [わごう] 화합
317	알 **丸**	훈 まる・まるい	丸 [まる] 동그라미 丸い [まるい] 둥글다, 원만하다
丸	부수 丶(1획) 총획 3획	음 ガン	丸薬 [がんやく] 환약 弾丸 [だんがん] 탄환
318	살 **活**	훈 -	
活	부수 氵(3획) 총획 9획	음 カツ	快活 [かいかつ] 쾌활 活力 [かつりょく] 활력
319	그림 **絵**	훈 -	
絵 (繪)	부수 糸(6획) 총획 12획	음 カイ・エ	絵画 [かいが] 회화 絵像 [えぞう] 초상화
320	숨 들이쉴 **吸**	훈 すう	吸う [すう] (기체나 액체를)들이마시다 吸い付く [すいつく] 달라 붙다
吸 (吸)	부수 口(3획) 총획 6획	음 キュウ	吸入 [きゅうにゅう] 흡입 呼吸 [こきゅう] 호흡

Part II
N2

N2

＊1146단어＊

명사

1
■ **あいて** 相手 상대방

❖ 相談相手 의논 상대
  (そうだん あいて)

2
■ **あおぞら** 青空 푸른 하늘

❖ めに染みるような青空
  (し)　　　　　　　(あおぞら)
  눈에 스며드는 듯한 푸른 하늘

3
■ **あかり** 明かり 빛

❖ うすら明かり 박명, 희미한 빛
  (あ)

4
■ **あき** 空き 공간, 빈자리

❖ 机を置く空きをつくる
  (つくえ)(お)(あ)
  책상 놓을 공간을 만들다

5
■ **あけがた** 明け方 새벽녘, 동틀 녘

❖ 明け方までよみふける
  (あ)(がた)
  새벽녘까지 독서에 열중하다

6
■ **あしもと** 足元 발끝

❖ 足元を探してごらん 발 밑을 찾아보렴
  (あしもと)(さが)

7
■ **あたり** 辺り 근처, 부근, 정도

❖ 辺り一面 부근 일대
  (あた)(いちめん)

8
■ **あやまり** 誤り 실수, 착오, 오류

❖ 文法上の誤り 문법상의 오류
  (ぶんぽうじょう)(あやま)

9
■ **いねむり** 居眠り 앉아서 졺, 말뚝잠

❖ 居眠りから覚める 말뚝잠에서 깨다

10
□ **いりぐち** 入り口 입구

❖ 公園の入り口 공원 입구

11
□ **うけつけ** 受け付け 접수(처), 안내(인)

❖ 受け付け番号 접수 번호

12
■ **うちあわせ** 打ち合わせ 상의, 협의

❖ 打ち合わせを兼ねてかいしょくする
협의를 겸해서 회식하다

13
■ **うらばなし** 裏話 비화, 숨은 이야기

❖ それについての裏話を聞かせてやろう
그것에 관한 비화를 들려 주지

14
■ **うりあげ** 売り上げ 매상

❖ 売り上げはしめて百万円
매상은 도합 백만 엔

15
■ **うわき** 浮気 바람

❖ 浮気のぜんか 바람피운 전과

16
■ **うわさ** 噂 소문

❖ 噂が立つ 소문이 나다

17
□ **えがお** 笑顔 웃는 얼굴

❖ 笑顔で迎える 웃는 얼굴로 맞다

18
□ **おおがた** 大型 | 대형

　❖ 大型バス 대형 버스

19
■ **おおどおり** 大通り | 큰길, 대로

　❖ 駅前の大通リ 역전의 대로

20
□ **おかし** お菓子 | 과자

　❖ おいしいお菓子 맛있는 과자

21
□ **おしいれ** 押し入れ | 벽장

　❖ 押し入れにしまう 벽장[반침]에 넣다

22
■ **おとしだま** お年玉 | 세뱃돈

　❖ お年玉をちょきんする
　세뱃돈을 저금하다

23
■ **おとしもの** 落し物 | 분실물, 유실물

　❖ 落し物がでた 분실물이 나왔다

24
■ **おゆ** お湯 | 뜨거운 물

　❖ お湯でうすめる 더운물을 타서 묽게 하다

25
■ **かかりいん** 係員 | 담당자, 담당 직원

　❖ 場内整理の係員 장내 정리 담당자

26
■ **かしだし** 貸し出し | 대출

　❖ 図書の貸し出し期間 도서의 대출 기간

명
사

27

□ **かたみち** 片道 편도

❖ 片道切符 편도 차표

28

□ **かべ** 壁 벽

❖ 壁を塗る 벽을 바르다

29

□ **かねもち** 金持ち 부자

❖ 大金持ち[ガネモチ] 큰 부자

30

■ **かみがた** 髪型 머리 모양, 헤어스타일

❖ 今年流行の髪型
금년에 유행하는 머리 모양

31

■ **から** 空 속이 빔

❖ 空の箱 빈 상자

32

■ **かんちがい** 勘違い 착각, 오해

❖ とんだ勘違いだ 엉뚱한 착각이다

33

■ **かんづめ** 缶詰 통조림, 깡통

❖ 缶詰食品 통조림 식품

34

■ **きがえ** 着替え (옷을) 갈아입음 또는 그 옷

❖ 着替えをして外出する
옷을 갈아입고 외출하다

35

■ **きっかい** 奇怪 기괴

❖ 奇怪至極 기괴하기 짝이 없음

36
■ きっかけ 계기

❖ 事件のきっかけ 사건의 계기
じけん

37
□ きもの 着物 의복, 일본 옷

❖ 着物まつり 의복 축제 일본옷 축제
き もの

38
□ ぐあい 具合 형편, 사정

❖ ふところ具合をにらみあわせる
ぐ あい
호주머니 사정을 감안하다

39
■ くせ 癖 버릇

❖ 怠け癖[グセ] 게으른 버릇
なま くせ

40
□ くつ 靴 신발, 구두

❖ 靴を履く 신발을 신다
くつ は

41
□ くつした 靴下 양말

❖ 靴下をはく 양말을 신다
くつした

42
□ くも 雲 구름

❖ 雲にかくれる 구름에 가리다
く も

43
■ くらし 暮らし 생활

❖ 一人暮らし[グラシ] 독신 생활
ひとり く

44
■ けち 구두쇠

❖ すごいけちだ 지독한 구두쇠다

명사

45

□ **こえ** 声 목소리

❖ やさしい<ruby>声<rt>こえ</rt></ruby> 상냥한 목소리

46

■ **こおり** 氷 얼음

❖ <ruby>氷<rt>こおり</rt></ruby>が<ruby>溶<rt>と</rt></ruby>ける 얼음이 녹다

47

■ **こいびと** 恋人 연인

❖ <ruby>永遠<rt>えいえん</rt></ruby>の<ruby>恋人<rt>こいびと</rt></ruby> 영원한 연인

48

■ **こころあたり** 心当たり 짐작이 가는 부분, 마음이 짚이는 부분

❖ <ruby>心当<rt>こころあ</rt></ruby>たりがない
마음에 짚이는 데가 없다[짐작이 가지 않다]

49

□ **こし** 腰 허리

❖ <ruby>腰<rt>こし</rt></ruby>が<ruby>痛<rt>いた</rt></ruby>い 허리가 아프다

50

■ **こづつみ** 小包 소포

❖ <ruby>小包<rt>こづつみ</rt></ruby>で<ruby>送<rt>おく</rt></ruby>る 소포로 부치다

51

■ **ことばづかい** 言葉遣い 말투

❖ やひな<ruby>言葉遣<rt>ことばづか</rt></ruby>い 야비한 말투

52

□ **こむぎ** 小麦 밀

❖ <ruby>小麦<rt>こむぎ</rt></ruby>2<ruby>百<rt>ひゃく</rt></ruby>たい 밀 2백 부대

53

□ **しかた** 仕方 방법, 수단

❖ <ruby>挨拶<rt>あいさつ</rt></ruby>の<ruby>仕方<rt>しかた</rt></ruby> 인사하는 방법

54

□ **したぎ**　下着　속옷

❖ ふゆものの<ruby>下着<rt>したぎ</rt></ruby> 겨울 속옷

55

■ **しはらい**　支払い　지불, 지급

❖ <ruby>支払<rt>しはら</rt></ruby>い<ruby>期日<rt>きじつ</rt></ruby> 지급 기일

56

□ **しま**　島　섬

❖ たから<ruby>島<rt>じま</rt></ruby> 보물섬

57

■ **しょくば**　職場　직장

❖ <ruby>職場<rt>しょくば</rt></ruby><ruby>生活<rt>せいかつ</rt></ruby> 직장 생활

58

■ **しるし**　印　표시

❖ <ruby>赤鉛筆<rt>あかえんぴつ</rt></ruby>で<ruby>印<rt>しるし</rt></ruby>を<ruby>付<rt>つ</rt></ruby>ける
붉은 연필로 표를 하다

59

□ **しりあい**　知り合い　아는 사이, 지인

❖ <ruby>知<rt>し</rt></ruby>り<ruby>合<rt>あ</rt></ruby>いの<ruby>人<rt>ひと</rt></ruby> 아는 사람 친지

60

■ **しろうと**　素人　초보자

❖ <ruby>素人<rt>しろうと</rt></ruby><ruby>離<rt>ばな</rt></ruby>れした<ruby>腕<rt>うで</rt></ruby> 초심자답지 않은 솜씨

61

■ **すき**　隙　틈, 틈새

❖ <ruby>隙<rt>すき</rt></ruby>をみてにげだす 틈을 보아 도망치다

62

□ **すな**　砂　모래

❖ <ruby>砂<rt>すな</rt></ruby>をしく 모래를 깔다

명사

63
■ **すまい** 　住(ま)い　**거주함, 거주하는 곳**

❖ 旅住(ま)い
여행지에서 얼마 동안 기거함 또는 그 거처 객거(客居)

64
□ **すみ** 　隅　**구석**

❖ 部屋の隅　방구석

65
□ **せなか** 　背中　**등 (신체 부위)**

❖ 背中を丸めて座る　등을 구부리고 앉다

66
■ **そこ** 　底　**바닥, 밑바닥**

❖ 鍋底[ゾコ]　냄비 바닥

67
■ **たたみ** 　畳　**다타미**

❖ 畳をさす　다다미를 꿰매다

68
■ **たに** 　谷　**계곡**

❖ 千じんの谷
천 길이나 되는 깊은 골짜기(계곡)

69
□ **たまご** 　卵　**달걀**

❖ 卵がた　달걀 모양

70
■ **たより** 　便り　**소식, 편지**

❖ 時々便りを下さい　종종 편지를 주세요

71
■ **たんす** 　箪笥　**장롱**

❖ 螺鈿飾りの箪笥　자개 장롱

72
■ **つかれ** 疲れ 피로

❖ 疲れがひどい 피로가 심하다

73
■ **つくえ** 机 책상

❖ 机に向かう
(공부하기 위해) 책상 앞에 앉다

74
■ **つぶ** 粒 알맹이

❖ こまかい粒 작은 알갱이

75
■ **であい** 出会い 만남

❖ 不思議な出会い 신기한 만남

76
■ **ていれ** 手入れ 손질, 단속

❖ 菊の手入れ 국화의 손질

77
■ **できあがり** 出来上がり 완성됨

❖ 満足のいく出来上がり
만족스러운 됨됨이(완성된결과,만듦새,완성됨)

78
■ **できごと** 出来事 사건, 일어난 일

❖ 予期せぬ出来事に遭う
예기치 않은 사건에 부딪치다

79
□ **でぐち** 出口 출구

❖ 非常用の出口 비상용 출구

80
■ **でこぼこ** 凸凹 울퉁불퉁

❖ 凸凹道 울퉁불퉁한 길

81
■ **てつづき**　手続き　절차, 수속
　　❖ 輸出手続き　수출 절차

82
■ **てま**　手間　수고
　　❖ 二度手間[デマ]　갑절의 수고[시간]

83
□ **てまえ**　手前　바로 앞
　　❖ 手前の箸を取る
　　　자기 (바로)앞의 젓가락을 집다

84
■ **といあわせ**　問い合わせ　문의
　　❖ 新製品についての問い合わせが殺到
　　　する　신제품에 대한 문의가 쇄도하다

85
■ **とおり**　通り　길, 도로, 왕래, 흐름, 이해
　　❖ 広い通り　넓은 길

86
■ **どろ**　泥　진흙
　　❖ 泥壁　진흙벽

87
■ **なかなおり**　仲直り　화해
　　❖ 子供はすぐ仲直りするものだ
　　　아이들은 이내 화해하게 마련이다

88
■ **なかば**　半ば　절반, 중앙, 가운데
　　❖ 費用の半ばは足代だ
　　　비용의 절반은 거마비다

89
■ **ながめ**　眺め　전망
　　❖ 眺めがいい　전망이 좋다

90

□ **なみ** 波 파도

❖ 大波(おおなみ) 큰 파도

91

■ **ねあげ** 値上げ 가격 인상

❖ 値上げ(ねあ)はば 가격 인상폭

92

■ **のりかえ** 乗り換え 갈아탐, 환승

❖ 乗(の)り換(か)え駅(えき) 환승역

93

□ **ばあい** 場合 경우

❖ 万一(まんいち)の場合(ばあい) 만일의 경우

94

■ **はぐるま** 歯車 톱니바퀴

❖ 歯車(はぐるま)のは 톱니바퀴의 톱니

95

□ **はし** 端 가장자리, 끝

❖ さおの端(はし) 장대의 끝

96

■ **はなび** 花火 불꽃

❖ 打(う)ち上(あ)げ花火(はなび) 높이 쏘아 올리는 불꽃

97

■ **はなみ** 花見 꽃구경

❖ 花見(はなみ)にうかれでる
마음이 들떠서 꽃구경을 나서다

98

■ **はば** 幅 폭

❖ 値上(ねあ)げ幅(はば) 가격 인상폭

명사

99
■ **はみがき** 歯磨き **양치질**

❖ 毎食後は歯磨きをする
식후마다 이를 닦다(양치질하다)

100
□ **ばんぐみ** 番組 **방송 프로그램**

❖ 教養番組 교양 프로그램

101
□ **ひあたり** 日当たり **볕이 듬, 양지**

❖ 日当たりのよい部屋 볕이 잘 드는 방

102
■ **ひがえり** 日帰り **당일치기**

❖ 日帰り出張 당일치기 출장

103
□ **ひきだし** 引き出し **인출, 서랍**

❖ 預金の引き出し 예금의 인출

104
■ **ひきわけ** 引き分け **무승부, 비김, 떼어놓음**

❖ 引き分けにする 무승부로 하다

105
■ **ひづけ** 日付 **날짜**

❖ 日付を入れる 날짜를 적어 넣다

106
■ **ひっこし** 引っ越し **이사**

❖ 引っ越し先 이사 가는[간] 곳

107
■ **ひとこと** 一言 **한마디**

❖ 一言言いたい 한마디 하고 싶다

108

■ ひとごみ 人込み (사람들로) 붐빔

❖ 人込みの中をぬって歩く
사람들이 붐비는 틈을 누비고 걷다

109

■ ひとやすみ 一休み 휴식, 한숨 돌림

❖ ここらで一休みしよう
이쯤에서 잠시 쉬자

110

■ ひので 日の出 일출

❖ 日の出が早い 해돋이가 빠르다

111

■ ひろば 広場 광장

❖ 駅前の広場 역전 광장

112

■ ふなびん 船便 배편

❖ 次の船便を待つ 다음 배편을 기다리다

113

■ ふぶき 吹雪 눈보라

❖ 花吹雪 눈보라처럼 흩날리는 꽃잎

114

■ ふみきり 踏み切り 건널목, 결단

❖ 踏み切り番 건널목 간수(看守)

115

□ ほし 星 별

❖ 星かげ 별빛

116

■ ほね 骨 뼈

❖ 腰の骨 허리뼈

名
詞

117
■ **まいど**　　毎度　　매번

❖ 毎度失敗する 매번 실패하다

118
■ **まご**　　　孫　　손자

❖ うい孫 첫 손자 첫 손녀

119
□ **まど**　　　窓　　창

❖ ガラス窓 유리창

120
■ **まどぐち**　窓口　　창구

❖ 民間貿易の窓口 민간 무역의 창구

121
■ **まつり**　　祭り　　축제

❖ 港祭リ 항구제

122
■ **みおくり**　見送り　배웅

❖ 友を駅まで見送る
친구를 역까지 배웅하다

123
■ **みずぎ**　　水着　　수영복

❖ 水着をきる 수영복을 입다

124
■ **みちじゅん**　道順　순서, 절차

❖ 道順にそって歩く

순서에 따라서 걷다

125
■ **みぶん**　　身分　　신분

❖ 身分が高い 신분이 높다

126
■ **みほん**　　見本　　견본, 샘플

❖ 商品見本　상품 견본
しょうひん み ほん

127
■ **みまい**　　見舞い　　병문안

❖ 病気のお見舞いに行く　문병을 가다
びょうき　　み ま　　い

128
■ **みやげ**　　土産　　선물

❖ 外国土産　외국에서 사 온 선물
がい こく み やげ

129
■ **むかい**　　向かい　　맞은편

❖ 向かいの家　맞은편 집
む　　　　いえ

130
■ **むこうがわ**　向こう側　　건너편

❖ 向こう側に郵便局がある
む　　　がわ　　ゆうびんきょく
건너편에 우체국이 있다

131
□ **むすめ**　　娘　　딸

❖ うちの娘　우리집 딸
むすめ

132
■ **まちあいしつ**　待合室　大합실, 휴게실

❖ 病院の待合室　병원의 대합실
びょういん　まちあいしつ

133
□ **むら**　　村　　마을, 동네

❖ 村の人　마을 사람
むら　ひと

134
■ **むれ**　　群れ　　떼, 무리

❖ 牛の群れ　소 떼
うし　む

명
사

135
■ めざまし 目覚まし **잠을 깸, 잠(졸음)을 쫓음**

❖ 目覚ましに冷たい牛乳を飲む
졸음을 쫓기 위해 찬 우유를 마시다

136
■ めじるし 目印 **표시**

❖ 持ち物に目印を付ける
소지품에 표시를 하다

137
□ もうしこみ 申し込み **신청**

❖ 結婚の申し込み 결혼 신청

138
□ ものがたり 物語 **이야기**

❖ 聞くも悲しい物語 듣기에도 슬픈 이야기

139
■ ものごと 物事 **세상사, 매사**

❖ 物事を気に病む 매사를 걱정하다

140
■ やけど 火傷 **화상**

❖ 火傷を負う 화상을 입다

141
■ ゆうだち 夕立 **소나기**

❖ 夕立が上がる 소나기가 그치다

142
■ ゆかた 浴衣 **유카타**

❖ しろじの浴衣 흰 바탕의 유카타

143
■ ゆくえ 行方 **행방**

❖ 行方をくらます 행방을 감추다

144

■ **ゆのみ**　　湯飲み　　찻잔, 찻종

❖ 湯飲みのふちのかけめ
　　찻잔 가장자리의 이가 빠진 부분

145

■ **よあけ**　　夜明け　　새벽녘, 여명

❖ 夜明けの空　새벽녘의 하늘

146

□ **ようす**　　様子　　모양, 상황

❖ どんな様子でしたか
　　어떤 상황이었습니까?

147

■ **よっぱらい**　酔っ払い　취객, 주정뱅이

❖ 酔っ払いが絡む　술주정꾼이 시비를 걸다

148

□ **よなか**　　夜中　　밤중

❖ 夜中おきをする　밤중에 일어나다

149

■ **よのなか**　世の中　세상, 세간

❖ うい世の中　괴로운 세상

150

■ **りょうがえ**　両替　환전

❖ 千円札両替機　천 엔권 환전기

151

■ **わ**　　輪　　원

❖ 輪を描いて飛ぶ　원을 그리며 날다

152

■ **わりびき**　割引　할인

❖ 割引券　할인권

명
사

153

■ **わるぐち**　悪口　욕

❖ 悪口屋 욕쟁이

154

■ **わるもの**　悪者　나쁜 사람

❖ 悪者を懲らしめる 악인을 혼내 주다

---

* 음독 명사 *

155

■ **あんてい**　安定　안정

❖ 安定勢力 안정 세력

156

■ **いじょう**　異常　이상

❖ 異常性格 이상 성격

157

■ **いち**　位置　위치

❖ 北極星の位置 북극성의 위치

158

■ **いっぱい**　一杯　한 잔

❖ コップ一杯の水 컵 한 잔의 물

159

■ **いっぽう**　一方　한편

❖ 一方通行 일방 통행

160

■ **いてん**　移転　이전

❖ 社屋移転 사옥이전

161

□ **いどう**　移動　이동

❖ 移動図書館 이동 도서관

162
□ **いない** 以内 이내

❖ 三日<u>以内</u> 3일 이내

163
■ **いはん** 違反 위반

❖ 交通<u>違反</u> 교통 위반

164
■ **いらい** 依頼 의뢰

❖ 調査を<u>依頼</u>する 조사를 의뢰하다

165
■ **いりょう** 医療 의료

❖ <u>医療</u>設備 의료 설비

166
□ **いんさつ** 印刷 인쇄

❖ <u>印刷</u>物 인쇄물

167
■ **いんしゅ** 飲酒 음주

❖ <u>飲酒</u>運転 음주 운전

168
■ **うちゅう** 宇宙 우주

❖ <u>宇宙</u>旅行 우주 여행

169
■ **うりょう** 雨量 강우량

❖ その地域の<u>雨量</u>をはかる
그 지역의 (강)우량을 재다

170
■ **うんぱん** 運搬 운반

❖ 食糧を<u>運搬</u>する 식량을 운반하다

171
■ えいえん 永遠　**영원**

❖ 永遠の真理 영원한 진리

172
■ えいきゅう 永久　**영구**

❖ 永久不変 영구 불변

173
■ えいようぶん 栄養分　**영양분**

❖ 充分な栄養分を摂取する
충분한 영양분을 섭취하다

174
□ えんき 延期　**연기**(=延す)

❖ 無期延期 무기 연기

175
□ おうえん 応援　**응원**

❖ 応援団 응원단

176
■ おうたい 応対　**응대**

❖ そっけなく応対する
쌀쌀맞게 응대하다

177
■ おうだん 横断　**횡단**

❖ 大陸横断鉄道 대륙 횡단 철도

178
■ おうべい 欧米　**구미(유럽과 미국)**

❖ 欧米文学 구미 문학

179
■ おせん 汚染　**오염**

❖ 大気汚染 대기오염

180
■ **おんせん**　温泉　온천

❖ 温泉りょかん　온천 여관
（おんせん）

181
■ **かいぜん**　改善　개선

❖ 体質改善　체질 개선
（たいしつかいぜん）

182
■ **かいてき**　快適　쾌적

❖ 快適な旅行　쾌적한 여행
（かいてき　りょこう）

183
■ **かいふう**　開封　개봉

❖ 手紙を開封する　편지를 개봉하다
（てがみ　かいふう）

184
■ **かいふく**　回復　회복

❖ 名誉を回復する　명예를 회복하다
（めいよ　かいふく）

185
■ **かいりょう**　改良　개량

❖ 土地改良　토지 개량
（とち　かいりょう）

186
■ **かくだい**　拡大　확대

❖ 写真を拡大する　사진을 확대하다
（しゃしん　かくだい）

187
□ **がっき**　楽器　악기

❖ 弦楽器　현악기
（げんがっき）

188
□ **かっこく**　各国　각국

❖ 各国の代表者　각국의 대표자
（かっこく　だいひょうしゃ）

음독 명사

189
■ **がっぺい** 合併 　합병

❖ <ruby>町村<rt>ちょうそん</rt></ruby><ruby>合併<rt>がっぺい</rt></ruby> 읍면 합병

190
■ **かもつ** 貨物 　화물

❖ <ruby>貨物<rt>か もつ</rt></ruby>の<ruby>輸送<rt>ゆ そう</rt></ruby> 화물 수송

191
■ **かんきゃく** 観客 　관객

❖ <ruby>観客<rt>かんきゃく</rt></ruby><ruby>席<rt>せき</rt></ruby> 관객석

192
□ **かんしん** 関心 　관심

❖ <ruby>無<rt>む</rt></ruby><ruby>関心<rt>かんしん</rt></ruby>な<ruby>態度<rt>たい ど</rt></ruby> 무관심한 태도

193
■ **かんそう** 乾燥 　건조

❖ <ruby>乾燥<rt>かんそう</rt></ruby><ruby>室<rt>しつ</rt></ruby> 건조실

194
■ **かんそく** 観測 　관측

❖ <ruby>天体<rt>てんたい</rt></ruby><ruby>観測<rt>かんそく</rt></ruby> 천체 관측

195
■ **かんぱい** 乾杯 　건배

❖ <ruby>乾杯<rt>かんぱい</rt></ruby>の<ruby>音頭<rt>おん ど</rt></ruby>をとる 건배를 선창하다

196
□ **かんり** 管理 　관리

❖ <ruby>生産<rt>せいさん</rt></ruby><ruby>管理<rt>かん り</rt></ruby> 생산 관리

197
■ **かんりょう** 完了 　완료

❖ <ruby>準備<rt>じゅんび</rt></ruby><ruby>完了<rt>かんりょう</rt></ruby> 준비 완료

198
□ **きおく** 記憶 기억

❖ **記憶力** 기억력
き おくりょく

199
□ **きかい** 機会 기회

❖ **機会均等** 기회 균등
き かいきんとう

200
■ **きげん** 機嫌 기분, 심기

❖ **機嫌**がよい 기분이 좋다
き げん

201
■ **きじ** 記事 기사

❖ **解説記事** 해설 기사
かいせつ き じ

202
□ **ぎじゅつ** 技術 기술

❖ **技術援助** 기술 원조
ぎ じゅつえんじょ

203
■ **きたく** 帰宅 귀택, 귀가

❖ よあけに**帰宅**した 새벽녘에 귀가했다
き たく

204
□ **きっさてん** 喫茶店 다방

❖ なじみの**喫茶店** 단골 다방
きっ さ てん

205
□ **きっぷ** 切符 표 (차표, 입장권 등)

❖ **切符**を買う 표를 사다
きっ ぷ か

206
■ **きのう** 機能 기능

❖ **機能**を失う 기능을 잃다
き のう うしな

207

□ **きぼう**   希望   **희망**

❖ 留学を希望する 유학을 희망하다

208

□ **ぎもん**   疑問   **의문**

❖ 疑問を抱く 의문을 품다

209

■ **きゅうじょ**   救助   **구조**

❖ 人命救助 인명 구조

210

■ **きょうどう**   共同   **공동**

❖ 共同の敵 공동의 적

211

■ **ぎょぎょう**   漁業   **어업**

❖ 近海漁業 근해 어업

212

■ **きょだい**   巨大   **거대**

❖ 巨大なタンカー 거대한 탱커

213

□ **ぎゅうにゅう**   牛乳   **우유**

❖ 均質化した牛乳 균질 우유

214

□ **きょういく**   教育   **교육**

❖ 学校教育 학교 교육

215

□ **きょうきゅう**   供給   **공급**

❖ 供給過多 공급 과다

216

■ **ぎろん** 議論 토론

❖ 議論倒れに終る
실행이 따르지 못하고 논의(토론)로만 끝나다

217

■ **きんがく** 金額 금액

❖ 前記の金額 전기한 금액

218

□ **ぐうぜん** 偶然 우연히

❖ 偶然の一致 우연의 일치

219

□ **けいざい** 経済 경제

❖ 経済危機 경제 위기

220

■ **げいのう** 芸能 예능

❖ 芸能プロダクション 예능 프로덕션

221

■ **けいび** 警備 경비

❖ 警備員 경비원

222

■ **けっか** 結果 결과

❖ 手術の結果が悪い 수술의 결과가 나쁘다

223

□ **けっこん** 結婚 결혼

❖ 自由結婚 자유 결혼

224

■ **けってん** 欠点 결점

❖ 欠点を直す 결점을 고치다

음독 명사

225
□ **げんいん**　原因　　원인

げんいん ふ めい
❖ 原因**不明**　원인 불명

226
■ **げんじゅう**　厳重　　엄중

げんじゅう けいかい
❖ 厳重**な警戒**　엄중한 경계

227
■ **げんてい**　限定　　한정

げんてい じ かん
❖ 限定**された時間**　한정된 시간

228
■ **けんぽう**　憲法　　헌법

へ いわけんぽう
❖ 平和憲法　평화 헌법

229
■ **こうざん**　鉱山　　광산

こう ざん
❖ **どうの**鉱山　구리 광산

230
□ **こうじょう**　工場　　공장

こうじょうけんがく
❖ 工場見学　공장견학

231
■ **こうぞう**　構造　　구조

しんそうこうぞう
❖ 深層構造　심층 구조

232
□ **こうどう**　行動　　행동

こうどう は
❖ 行動派　행동파

233
□ **こうばん**　交番　　파출소

えき まえ こう ばん
❖ 駅前**の**交番　역전 파출소

234

■ **こうぶつ**　鉱物　　광물

❖ 鉱物学 광물학
　<small>こうぶつがく</small>

235

■ **こっせつ**　骨折　　골절

❖ 屋根から落ちて骨折する
　<small>や ね</small>　　<small>お</small>　　<small>こっせつ</small>
　지붕에서 떨어져 골절하다

236

□ **さいだい**　最大　　최대

❖ 日本最大の企業 일본의 최대의 기업
　<small>に ほんさいだい</small>　<small>き ぎょう</small>

237

■ **さいばん**　裁判　　재판

❖ 裁判に訴える 재판에 호소하다
　<small>さいばん</small>　<small>うった</small>

238

□ **さぎょう**　作業　　작업

❖ 作業着 작업복
　<small>さ ぎょうぎ</small>

239

■ **さくじつ**　昨日　　어제

❖ 昨日から出張中 어제부터 출장중
　<small>さくじつ</small>　<small>しゅっちょうちゅう</small>

240

□ **ざっし**　雑誌　　잡지

❖ 雑誌：マガジン記者 잡지 기자
　<small>ざっし</small>　　<small>き しゃ</small>

241

■ **ざんねん**　残念　　유감스럽다, 안타깝다

❖ 残念なことには 유감스럽게도
　<small>ざんねん</small>

242

□ **さんぽ**　散歩　　산책

❖ 宇宙散歩 우주 산책
　<small>う ちゅうさん ぽ</small>

음독 명사

243
■ **じいん** 寺院 **사원**

❖ そうれいな<ruby>寺院<rt>じ いん</rt></ruby> 장려한 사원

244
■ **じけん** 事件 **사건**

❖ <ruby>突発<rt>とっぱつ</rt></ruby><ruby>事件<rt>じ けん</rt></ruby> 돌발 사건

245
■ **しじ** 指示 **지시**

❖ <ruby>指示<rt>し じ</rt></ruby>にそむく 지시를 어기다

246
□ **じっけん** 実験 **실험**

❖ <ruby>核実験<rt>かく じっけん</rt></ruby> 핵실험

247
□ **じつげん** 実現 **실현**

❖ <ruby>実現<rt>じつげん</rt></ruby><ruby>不可能<rt>ふ か のう</rt></ruby>の<ruby>夢<rt>ゆめ</rt></ruby> 실현 불가능한 꿈

248
■ **しつど** 湿度 **습도**

❖ <ruby>絶対<rt>ぜったい</rt></ruby><ruby>湿度<rt>しつ ど</rt></ruby> 절대 습도

249
□ **しっぱい** 失敗 **실패**

❖ <ruby>試験<rt>し けん</rt></ruby>に<ruby>失敗<rt>しっぱい</rt></ruby>する 시험에 실패하다

250
■ **しどう** 指導 **지도**

❖ <ruby>指導者<rt>し どうしゃ</rt></ruby> 지도자

251
■ **しゃっきん** 借金 **빚, 빌린 돈**

❖ <ruby>借金<rt>しゃっきん</rt></ruby>だらけ 빚투성이

252

■ じゅうたく　住宅　　주택

❖ じゅうたく
　住宅がい　주택가

253

■ じゅうみん　住民　　주민

❖ じゅうみんひょう
　住民票　주민표

254

□ しゅっせき　出席　　출석

❖ しゅっせきりつ
　出席率　출석률

255

■ しゅっぱん　出版　　출판

❖ しゅっぱんしゃ
　出版社　출판사

256

■ じゅみょう　寿命　　수명

❖ へいきんじゅみょう
　平均寿命　평균 수명

257

■ じゅんちょう　順調　　순조

❖ じゅんちょう　てんこう
　順調な天候　순조로운 날씨

258

■ じゅんばん　順番　　순번

❖ じゅんばん　くる
　順番が狂う　순번이 바뀌다

259

□ じゅんび　準備　　준비

❖ じゅけんじゅんび
　受験準備　수험 준비

260

■ じょうきょう　状況　　상황

❖ しゅうい　じょうきょう
　周囲の状況　주위의 상황

261
■ **じょうはつ** 蒸発　증발

❖ アルコールが蒸発する
알코올이 증발하다

262
■ **じょうほう** 情報　정보

❖ 情報処理　정보 처리

263
■ **しょうりゃく** 省略　생략

❖ いか省略　이하 생략

264
□ **しょくぶつ** 植物　식물

❖ 植物界　식물계

265
■ **しょくよく** 食欲　식욕

❖ 食欲旺盛　식욕 왕성

266
■ **しょこく** 諸国　제국 (여러 나라)

❖ 中近東諸国　중근동 제국

267
■ **しょり** 処理　처리

❖ 熱処理　열처리

268
□ **しりょう** 資料　자료

❖ 資料室　자료실

269
■ **しんこく** 深刻　심각

❖ 深刻な顔　심각한 얼굴

270
■ しんしゅつ　進出　　진출

かいがいしんしゅつ
❖ 海外進出　해외 진출

271
■ しんせん　新鮮　　신선

しんせん
❖ 新鮮なやさい　신선한 채소

272
■ しんや　深夜　　심야

しんや えいぎょう
❖ 深夜営業　심야 영업

273
■ しんよう　信用　　신용

しんよう
❖ ぜつだいな信用　지대한 신용

274
■ しんらい　信頼　　신뢰

い しゃ しんらい
❖ 医者を信頼する　의사를 신뢰하다

275
■ しんがくりつ　進学率　　진학률

よ ねんせい だいがく　　しんがくりつ
❖ 四年制大学への進学率
4년제 대학에의 진학률

276
■ しんぱん　審判　　심판

かいなんしんぱん
❖ 海難審判　해난 심판

277
■ しんりん　森林　　삼림, 숲

しんりん ち たい
❖ 森林地帯　삼림 지대

278
■ じんるいがく　人類学　　인류학

かれ　　　　　　　　　じんるいがく
❖ 彼のせんもんは人類学だ
그의 전문은 인류학이다

음독 명사

279
すいてき 水滴 **물방울**

❖ <ruby>軒先<rt>のきさき</rt></ruby>などから<ruby>一<rt>ひと</rt></ruby>つ<ruby>二<rt>ふた</rt></ruby>つ<ruby>落<rt>お</rt></ruby>ちる<ruby>水滴<rt>すいてき</rt></ruby>
처마끝에서 한방울 두방울 떨어지는 물방울

280
すうねん 数年 **수년, 여러 해**

❖ <ruby>数年<rt>すうねん</rt></ruby><ruby>前<rt>まえ</rt></ruby>に<ruby>起<rt>おこ</rt></ruby>った<ruby>事件<rt>じけん</rt></ruby>
수년 전에 일어난 사건

281
せいかく 性格 **성격**

❖ <ruby>性格<rt>せいかく</rt></ruby><ruby>異常<rt>いじょう</rt></ruby> 성격 이상

282
せいかつ 生活 **생활**

❖ <ruby>家庭<rt>かてい</rt></ruby><ruby>生活<rt>せいかつ</rt></ruby> 가정 생활

283
せいきゅう 請求 **청구**

❖ <ruby>請求<rt>せいきゅう</rt></ruby><ruby>額<rt>がく</rt></ruby> 청구액

284
せいこう 成功 **성공**

❖ <ruby>成功<rt>せいこう</rt></ruby>の<ruby>秘訣<rt>ひけつ</rt></ruby> 성공의 비결

285
せいさん 生産 **생산**

❖ <ruby>大量<rt>たいりょう</rt></ruby><ruby>生産<rt>せいさん</rt></ruby> 대량 생산

286
せいせき 成績 **성적**

❖ <ruby>好<rt>こう</rt></ruby><ruby>成績<rt>せいせき</rt></ruby> 좋은 성적

287
せいちょう 成長 **성장**

❖ <ruby>成長<rt>せいちょう</rt></ruby>が<ruby>早<rt>はや</rt></ruby>い 성장이 빠르다

せいてん 晴天　맑은 하늘

❖ <ruby>晴天<rt>せいてん</rt></ruby><ruby>乱流<rt>らんりゅう</rt></ruby>
구름 한 점 없는 맑은 하늘에 일어나는 예측 곤란한 난기류

□ **せいと** 生徒　학생

❖ じゅくの<ruby>生徒<rt>せいと</rt></ruby> 기숙사의 학생

せいとう 政党　정당

❖ <ruby>革新<rt>かくしん</rt></ruby><ruby>政党<rt>せいとう</rt></ruby> 혁신 정당

せいのう 性能　성능

❖ <ruby>性能<rt>せいのう</rt></ruby><ruby>試験<rt>しけん</rt></ruby> 성능 시험

せいひん 製品　제품

❖ <ruby>繊維<rt>せんい</rt></ruby><ruby>製品<rt>せいひん</rt></ruby> 섬유 제품

せいふ 政府　정부

❖ <ruby>現<rt>げん</rt></ruby><ruby>政府<rt>せいふ</rt></ruby> 현정부

□ **せきにん** 責任　책임

❖ <ruby>責任<rt>せきにん</rt></ruby><ruby>転嫁<rt>てんか</rt></ruby> 책임 전가

せっけい 設計　설계

❖ <ruby>設計<rt>せっけい</rt></ruby>ミス 설계 미스

せっしょく 接触　접촉

❖ <ruby>車<rt>くるま</rt></ruby>の<ruby>接触<rt>せっしょく</rt></ruby><ruby>事故<rt>じこ</rt></ruby> 자동차의 접촉 사고

297
■ **ぜったい** 絶対 절대

❖ 食料の絶対量 식량의 절대량

298
■ **せつやく** 節約 절약

❖ 節約家 절약가

299
■ **ぜんこくてき** 全国的 전국적

❖ 全国的な行事 전국적인 행사

300
□ **せんしゅ** 選手 선수

❖ 選手団 선수단

301
□ **せんそう** 戦争 전쟁

❖ 戦争孤児 전쟁 고아

302
□ **せんぱい** 先輩 선배

❖ 高校の先輩 고교의 선배

303
■ **そうさ** 操作 조작

❖ 遠隔操作 원격 조작

304
□ **そうじ** 掃除 청소

❖ 大掃除 대청소

305
□ **そうだん** 相談 상담

❖ 身の上相談 신상 상담

306

■ そうち　　装置　　장치

❖ 自動制御装置　자동 제어 장치
　　じ どうせいぎょそう ち

307

□ そふ　　祖父　　조부, 할아버지

❖ ぼう祖父　돌아가신 조부
　　　　そ ふ

308

■ そんけい　　尊敬　　존경

❖ 尊敬される　존경받다
　　そんけい

309

■ そんとく　　損得　　손득, 손실과 이익

❖ 損得ずくで物事をする
　　そんとく　　　 ものごと
　　무슨 일이든 손득을 따져서 일을 하다

310

□ たいいん　　退院　　퇴원

❖ 病気が全快して退院する
　　びょうき　ぜんかい　　 たいいん
　　병이 완쾌되어 퇴원하다

311

■ だいじん　　大臣　　대신 (한국의 장관에 해당)

❖ 外務大臣　외무 대신
　　がい む だいじん

312

■ たいよう　　太陽　　태양

❖ 心の太陽　마음의 태양
　　こころ　たいよう

313

■ たいりく　　大陸　　대륙

❖ ユーラシア大陸　유라시아 대륙
　　　　　　　　たいりく

314

■ たにん　　他人　　타인

❖ 他人資本　타인 자본
　　た にん し ほん

315
■ **たんじゅん** 単純　**단순**

❖ <ruby>単純<rt>たんじゅん</rt></ruby>な<ruby>考<rt>かんが</rt></ruby>え　단순한 생각

316
□ **たんとう** 担当　**담당**

❖ <ruby>担当<rt>たんとう</rt></ruby>者　담당자

317
■ **ちいき** 地域　**지역**

❖ <ruby>地域<rt>ち いき</rt></ruby>開発<rt>かいはつ</rt>　지역 개발

318
■ **ちえ** 知恵　**지혜**

❖ <ruby>知恵<rt>ち え</rt></ruby>まけ　지혜가 딸림

319
□ **ちきゅう** 地球　**지구**

❖ まるい<ruby>地球<rt>ち きゅう</rt></ruby>　둥근 지구

320
■ **ちこく** 遅刻　**지각**

❖ <ruby>遅刻<rt>ち こく</rt></ruby>者<rt>しゃ</rt>　지각자

321
■ **ちたい** 地帯　**지대**

❖ <ruby>工業<rt>こうぎょう</rt></ruby>地帯<rt>ち たい</rt>　공업 지대

322
■ **ちゅうしゃ** 駐車　**주차**

❖ <ruby>駐車<rt>ちゅうしゃ</rt></ruby>違反<rt>い はん</rt>　주차 위반

323
■ **ちゅうもく** 注目　**주목**

❖ <ruby>注目<rt>ちゅうもく</rt></ruby>を引<rt>ひ</rt>く　주목을 끌다

324

■ **ちょうか** 超過 초과

❖ 輸入超過 수입 초과
<small>ゆにゅうちょうか</small>

325

□ **ちょうさ** 調査 조사

❖ 調査を行う 조사하다
<small>ちょうさ おこな</small>

326

■ **ちょうじょう** 頂上 정상

❖ 頂上会談 정상 회담
<small>ちょうじょうかいだん</small>

327

■ **ちょうてん** 頂点 정점

❖ 古典主義の頂点をなす作品
<small>こてんしゅぎ ちょうてん さくひん</small>
고전주의의 정점을 이루는 작품

328

■ **ちょきん** 貯金 저금

❖ すえおき貯金 거치 저금
<small>ちょきん</small>

329

□ **ちょくせつ** 直接 직접

❖ 直接差し上げる 직접 드리다
<small>ちょくせつ あ</small>

330

■ **ちょしゃ** 著者 저(작)자

❖ 著者不明の本 저자 불명의 책
<small>ちょしゃ ふ めい ほん</small>

331

■ **ついか** 追加 추가

❖ 追加注文 추가 주문
<small>つい かちゅうもん</small>

332

■ **つうこう** 通行 통행

❖ 通行人 통행인
<small>つうこうにん</small>

333
■ **ていしゃ** 停車 　정차

❖ 停車信号 　정차 신호

334
■ **てっきょう** 鉄橋 　철교

❖ 鉄橋を渡る 　철교를 건너다

335
■ **てきせつ** 適切 　적절

❖ 適切な批判 　적절한 비판

336
■ **てんかい** 展開 　전개

❖ 展開図 　전개도

337
■ **でんごん** 伝言 　전언

❖ 伝言板 　전언판

338
□ **とうちゃく** 到着 　도착

❖ 荷物が到着した 　짐이 도착했다

339
■ **とうなん** 盗難 　도난

❖ 盗難車 　도난차

340
■ **どくりつ** 独立 　독립

❖ 独立プロ 　독립 프로(덕션)

341
□ **とちゅう** 途中 　도중

❖ 途中下車 　도중 하차

342
□ **とつぜん**　突然　**돌연**

とつぜん じ こ
❖ **突然**の**事故**　돌연의 사고

343
■ **ないよう**　内容　**내용**

ゆた　 ないよう
❖ **豊**かな**内容**　풍부한 내용

344
■ **にちじょう**　日常　**일상**

にちじょう せいかつ
❖ **日常**の**生活**　일상 생활

345
■ **にっか**　日課　**일과**

にっ か ひょう
❖ **日課表**　일과표

346
■ **ねつえん**　熱演　**열연**

しばい ねつえん
❖ **芝居**で**熱演**する　연극에서 열연하다

347
■ **ねったい**　熱帯　**열대**

ねったい き こう
❖ **熱帯気候**　열대 기후

348
■ **ねんれい**　年齢　**연령**

けっこんねんれい
❖ **結婚年齢**　결혼 연령

349
■ **のうぎょう**　農業　**농업**

のうぎょうけいざい
❖ **農業経済**　농업 경제

350
■ **のうさんぶつ**　農産物　**농산물**

のうさんぶつけん さ しょ
❖ **農産物検査所**　농산물 검사소

351
■ **はいふ**　　配布　　배포

❖ ビラを配布する 전단을 배포하다

352
■ **はくしゅ**　　拍手　　박수

❖ 拍手を送る 박수를 보내다

353
■ **ばくはつ**　　爆発　　폭팔

❖ 爆発的な人気 폭발적인 인기

354
■ **はっかん**　　発刊　　발간

❖ 雑誌を発刊する 잡지를 발간하다

355
□ **はっけん**　　発見　　발견

❖ 伝統美の再発見 전통미의 재발견

356
■ **はってん**　　発展　　발전

❖ 海外へ発展する 해외로 발전하다

357
□ **はっぴょう**　　発表　　발표

❖ ピアノの発表会 피아노 발표회

358
■ **はへん**　　破片　　파편

❖ 砲弾の破片 포탄의 파편

359
□ **はんたい**　　反対　　반대

❖ 反対側のプラットホーム
반대쪽의 플랫폼

360

■ **はんばい** 　販売 　판매

     ❖ <ruby>販売<rt>はんばいもと</rt></ruby>元 　판매원

361

■ **ひがい** 　被害 　피해

     ❖ <ruby>被害<rt>ひ がい</rt></ruby>を<ruby>受<rt>う</rt></ruby>ける 　피해를 입다

362

■ **ひげき** 　悲劇 　비극

     ❖ <ruby>悲劇役者<rt>ひ げきやくしゃ</rt></ruby> 　비극 배우

363

■ **ひっせき** 　筆跡 　필적

     ❖ <ruby>筆跡鑑定<rt>ひっせきかんてい</rt></ruby> 　필적 감정

364

■ **ひつよう** 　必要 　필요

     ❖ <ruby>必要<rt>ひつよう</rt></ruby>な<ruby>手段<rt>しゅだん</rt></ruby>を<ruby>取<rt>と</rt></ruby>る 　필요한 수단을 쓰다

365

■ **ひふ** 　皮膚 　피부

     ❖ <ruby>皮膚<rt>ひ ふ</rt></ruby>を<ruby>移植<rt>いしょく</rt></ruby>する 　피부를 이식하다

366

□ **ひょうか** 　評価 　평가

     ❖ てきせいな<ruby>評価<rt>ひょうか</rt></ruby> 　적정한 평가

367

■ **ひょうしき** 　標識 　표식

     ❖ <ruby>鮭<rt>さけ</rt></ruby>に<ruby>標識<rt>ひょうしき</rt></ruby>をつけて<ruby>放流<rt>ほうりゅう</rt></ruby>している
     연어에 표지(표식)를 붙여서 방류하고 있다

368

■ **びょうどう** 　平等 　평등

     ❖ <ruby>男女平等<rt>だんじょびょうどう</rt></ruby> 　남녀 평등

음독 명사

369

□ **ふうとう** 封筒　봉투

❖ 封筒に切手をはる　봉투에 우표를 붙이다

370

□ **ふうふ** 夫婦　부부

❖ 夫婦愛　부부애

371

■ **ふきゅう** 普及　보급

❖ 教育の普及率　교육의 보급률

372

■ **ふきょう** 不況　불황

❖ 不況の兆　불황의 조짐

373

■ **ふきん** 付近　근처, 부근

❖ 付近一帯　부근 일대

374

□ **ふくそう** 服装　복장

❖ 改まった服装　격식 차린 복장

375

□ **ぶっしつ** 物質　물질

❖ 物質欲　물질욕

376

■ **ぶひん** 部品　부품

❖ 自動車部品　자동차의 부품

377

■ **ぶぶんてき** 部分的　부분적

❖ 部分的なつくりなおしはできない
부분적인 개조(改造)는 할 수 없다

378
■ **ぶんるい** 分類 분류

❖ 十進<ruby>分類<rt>じっしんぶんるいほう</rt></ruby>法 10진 분류법

379
■ **へいきん** 平均 평균

❖ <ruby>平均<rt>へいきんすいじゅん</rt></ruby>水準 평균 수준

380
□ **へんか** 変化 변화

❖ <ruby>化学変化<rt>かがくへんか</rt></ruby> 화학 변화

381
■ **へんこう** 変更 변경

❖ めいぎ<ruby>変更<rt>へんこう</rt></ruby> 명의 변경

382
■ **へんしゅう** 編集 편집

❖ <ruby>編集<rt>へんしゅうかいぎ</rt></ruby>会議 편집 회의

383
□ **ぼうえき** 貿易 무역

❖ <ruby>自由貿易<rt>じゆうぼうえき</rt></ruby> 자유 무역

384
■ **ほうしん** 方針 방침

❖ <ruby>方針<rt>ほうしん</rt></ruby>に<ruby>従<rt>したが</rt></ruby>う 방침에 따르다

385
■ **ほうせき** 宝石 보석

❖ <ruby>宝石商<rt>ほうせきしょう</rt></ruby> 보석상

386
■ **ほうふ** 豊富 풍부

❖ <ruby>豊富<rt>ほうふ</rt></ruby>な<ruby>経験<rt>けいけん</rt></ruby>を<ruby>生<rt>い</rt></ruby>かす
풍부한 경험을 살리다

음독 명사

387
□ **ほうほう** 方法 **방법**

❖ 好きな方法 좋아하는 방법

388
□ **ほうもん** 訪問 **방문**

❖ 家庭訪問 가정 방문

389
□ **ほうりつ** 法律 **법률**

❖ 法律案 법률안

390
□ **ぼしゅう** 募集 **모집**

❖ 募集広告 모집 광고

391
■ **まんいち** 万一 **만일**

❖ 万一を考える 만일을 생각하다

392
■ **まんぞく** 満足 **만족**

❖ 満足な姿 만족스런 모습

393
□ **みらい** 未来 **미래**

❖ 未来都市 미래 도시

394
■ **むちゅう** 夢中 **몰두함, 푹 빠짐**

❖ 無我夢中 자기를 잊고 열중함

395
■ **めいかく** 明確 **명확**

❖ 明確な返答をする 명확한 대답을 하다

396

■ **めんきょ** 免許 면허

　❖ <ruby>運転<rt>うんてん</rt></ruby><ruby>免許<rt>めんきょ</rt></ruby>　운전 면허

397

□ **もくてき** 目的 목적

　❖ <ruby>目的<rt>もくてき</rt></ruby><ruby>地<rt>ち</rt></ruby>　목적지

398

■ **やくそく** 約束 약속

　❖ <ruby>約束<rt>やくそく</rt></ruby>の<ruby>地<rt>ち</rt></ruby>　약속의 땅

399

■ **ゆうこう** 有効 유효

　❖ <ruby>有効<rt>ゆうこう</rt></ruby><ruby>期間<rt>きかん</rt></ruby>　유효 기간

400

■ **ゆうしょう** 優勝 우승

　❖ <ruby>優勝<rt>ゆうしょう</rt></ruby><ruby>旗<rt>き</rt></ruby>　우승기

401

■ **よさん** 予算 예산

　❖ <ruby>予算<rt>よさん</rt></ruby><ruby>編成<rt>へんせい</rt></ruby>　예산 편성

402

■ **よそく** 予測 예측

　❖ <ruby>未来<rt>みらい</rt></ruby>を<ruby>予測<rt>よそく</rt></ruby>する　미래를 예측하다

403

■ **よほう** 予報 예보

　❖ <ruby>天気<rt>てんき</rt></ruby><ruby>予報<rt>よほう</rt></ruby>　일기 예보

404

□ **りかい** 理解 이해

　❖ <ruby>理解<rt>りかい</rt></ruby><ruby>力<rt>りょく</rt></ruby>　이해력

405
■ **りゅうがくせい** 留学生　유학생

　　　　　　　　　　し　ひりゅうがくせい
❖ 私費留学生　사비 유학생

406
■ **りゅうこう** 流行　유행

　　　　りゅうこうさっか
❖ 流行作家　유행 작가

407
■ **りょうこく** 両国　양국

　　　　りょうこくげんしゅ
❖ 両国元首　양국 원수의 회견

408
■ **れいがい** 例外　예외

　　　れいがい
❖ 例外なしに　예외없이

409
■ **れいとう** 冷凍　냉동

　　　れいとう
❖ 冷凍グリーンーピース　냉동한 완두콩

410
□ **れきし** 歴史　역사

　　てつどう　れきし
❖ 鉄道の歴史　철도의 역사

411
■ **れっとう** 列島　열도

　　に ほんれっとう
❖ 日本列島　일본 열도

412
■ **れんあい** 恋愛　연애

　　れんあいしょうせつ
❖ 恋愛小説　연애 소설

413
■ **れんぞく** 連続　연속

　　れんぞく
❖ 連続ドラマ　연속극

414

□ **れんらく**　連絡　연락

❖ 連絡兵（れんらくへい）　연락병

415

■ **ろうじん**　老人　노인

❖ ぼけ老人（ろうじん）　망령든 노인

416

■ **ろうどう**　労働　노동

❖ 労働（ろうどうじかん）時間　노동 시간

417

■ **ろんぶん**　論文　논문

❖ 博士論文（はくしろんぶん）　박사 논문

TIP

• 단어 앞에 붙는 파생어	こう(高)~ 고~
	こう(好)~ 호~
	きゅう(急)~ 급~
	さい(再)~ 재~
	さい(最)~ 최~
	しょ(初)~ 초~
	そう(総)~ 총~
	ひ(非)~ 비~
	ふ(不)~ 불~/부~
	ふう(風)~ 풍~
	み(未)~ 미~
	む/ぶ(無)~ 무~
	めい(名)~ 명~
	わ(和)~ 화~/일(日)~
• 단어 뒤에 붙는 파생어	~さき(先) ~앞
	~しき(式) ~식
	~じゅう/ちゅう(中) ~중/~내내
	~つう(通) ~통
	~てき(的) ~적
	~けん(圏) ~권

동
사

418
□ **あずける** 預ける 맡기다

❖ 荷物を預ける 짐을 맡기다

419
□ **あたえる** 与える 주다, (손해 등을) 가하다

❖ 賞を与える 상을 주다

420
□ **あたる** 当たる 맞다, 들어맞다, 적중하다

❖ 弾に当たる 총알에 맞다

421
□ **あつめる** 集める 모으다

❖ 衆知を集める 중지를 모으다

422
□ **あてる** 当てる 맞히다, 명중시키다

❖ ぴたりと当てる 정확히 맞히다

423
□ **あらそう** 争う 다투다, 경쟁하다

❖ 首席を争う 수석을 다투다

424
□ **あらわれる** 現れる 나타나다

❖ 天才が現れる 천재가 나타나다

425
□ **いそぐ** 急ぐ 서두르다, 조급해지다

❖ 完成を急ぐ 완성을 서두르다

426

■ **いたむ**　　痛む　　아프다

❖ 歯が痛む 이가 아프다

427

□ **いのる**　　祈る　　기도하다, 기원하다

❖ 神に祈る 신에게 기도하다

428

■ **いやがる**　嫌がる　싫어하다

❖ 勉強を嫌がる 공부를 싫어하다

429

□ **いる**　　　要る　　필요하다

❖ 資金が要る 자금이 필요하다

430

□ **いわう**　　祝う　　축하하다

❖ 合格を祝う 합격을 축하하다

431

■ **うく**　　　浮く　　뜨다, (표면에) 나타나다

❖ 体が水に浮く 몸이 물에 뜨다

432

□ **うける**　　受ける　받다

❖ お金を受ける 돈을 받다

433

□ **うごかす**　動かす　움직이다

❖ てあしを動かす 손발을 움직이다

434

□ **うしなう**　失う　　잃다

❖ 金[財産]をすっかり失う
돈[재산]을 모두 잃다

435

■ **うたがう** 疑う 의심하다

❖ 耳を疑う 귀를 의심하다

436

□ **うつ** 打つ 치다, 때리다

❖ ヒットを打つ 히트를 치다

동
사

437

□ **うまれる** 生まれる 태어나다

❖ にせいが生まれる 2세가 태어나다

438

■ **うめる** 埋める 묻다, 메우다, 채우다

❖ ごみを土に埋める 쓰레기를 땅에 묻다

439

■ **うれる** 売れる 팔리다

❖ 飛ぶように売れる 날개 돋친 듯이 팔리다

440

□ **えらぶ** 選ぶ 고르다, 선택하다

❖ 品を選ぶ 물건을 고르다

441

□ **おう** 負う (등에) 지다, 짊어지다, (책임, 비난, 상처 등을) 지다, 받다, 입다

❖ たき木を背に負う 장작을 등에 지다

442

□ **おくる** 贈る 보내다, 주다, 선물하다

❖ はなむけの言葉を贈る
전별의 인사말을 보내다

443

□ **おくれる** 遅れる 늦다

❖ 汽車に遅れる 기차(시간)에 늦다

444
□ **おこる**　怒る　화내다

   ❖ 烈火のごとく怒る　열화 같이 노하다

445
■ **おさめる**　収める　넣다, 챙기다, 받다

   ❖ 刀を鞘に収める　칼을 칼집에 넣다

446
■ **おさめる**　納める　넣다, 챙기다, 받다, 납부하다

   ❖ ほしょうきんを納める
   보증금을 납부하다

447
■ **おさめる**　治める　(소란 등을) 진정시키다, 다스리다

   ❖ 心を治める　마음을 진정시키다

448
□ **おす**　押す　밀다

   ❖ 乳母車を押す　유모차를 밀다

449
■ **おそれる**　恐れる　두려워하다

   ❖ 暴力を恐れる　폭력을 두려워하다

450
□ **おちる**　落ちる　떨어지다

   ❖ 栗が落ちる　알밤이 떨어지다

451
■ **おどかす**　脅かす　협박하다, 위협하다

   ❖ ピストルで脅かす　권총으로 위협하다

452
□ **おとす**　落とす　떨어뜨리다

   ❖ 地面に落とす　땅에 떨어뜨리다

동사

453

□ **おどる** 　　踊る　　춤추다

❖ ワルツを踊る　왈츠를 추다

454

□ **おりる** 　　下りる　　내리다, 내려가다

❖ ふねを下りる　배에서 내리다

455

□ **おる** 　　折る　　접다, 구부리다

❖ 色紙で鶴を折る　색종이로 두루미를 접다

456

□ **かえす** 　　返す　　돌려주다, 되돌려 놓다

❖ お金を返す　빌린 돈을 돌려주다

457

■ **かえす** 　　帰す　　돌려보내다

❖ 使いのものを帰す
심부름꾼을 돌려보내다

458

□ **かえる** 　　返る　　(원상태로) 돌아가다

❖ もとに返る　원상태로 돌아가다

459

□ **かえる** 　　代える　　대신하다

❖ にこっとほほえみながらあいさつに代える　상그레 웃으면서 인사를 대신하다

460

□ **かえる** 　　変える　　바꾸다, 변화시키다

❖ 顔色を変える　안색을 바꾸다

461

■ **かえる** 　　替える　　바꾸다, 교환하다

❖ 担当者を替える　담당자를 바꾸다

462

■ **かえる**　　換える　　바꾸다, 교환하다

❖ 手形を現金に換える
어음을 현금으로 바꾸다[교환하다]

463

□ **かさなる**　　重なる　　포개어지다, 거듭되다

❖ ぴったり重なる　빈틈없이 포개어지다

464

□ **かさねる**　　重ねる　　포개다, 거듭하다

❖ 左右の手を重ねる　좌우의 손을 포개다

465

□ **かす**　　　　貸す　　빌려주다

❖ こうりで金を貸す　고리로 돈을 빌려주다

466

□ **かぞえる**　　数える　　(수를) 세다, 셈하다

❖ 人数を数える　인원수를 세다

467

□ **かつ**　　　　勝つ　　이기다

❖ 戦いに勝つ　싸움에 이기다

468

■ **かなしむ**　　悲しむ　　슬퍼하다

❖ 友の死を悲しむ　벗의 죽음을 슬퍼하다

469

■ **かわいがる**　　可愛がる　　귀여워하다

❖ 孫を可愛がる　손자를 귀여워하다

470

□ **きえる**　　消える　　사라지다

❖ 姿が消える　모습이 사라지다

471

□ **きめる**　決める　결정하다, 정하다

❖ 予算を決める 예산을 결정하다

472

□ **くもる**　曇る　(날이) 흐리다

❖ てる日も曇る日も 갠 날이나 흐린 날이나

473

■ **くらす**　暮らす　살다, 지내다

❖ 気ままに暮らす 속 편하게 살다

474

□ **くらべる**　比べる　비교하다

❖ 身長を比べる 신장을 비교하다

475

■ **くるしむ**　苦しむ　괴로워하다

❖ 持病に苦しむ 숙환으로 고통받다

476

□ **けす**　消す　지우다, 없애다

❖ こつえんと姿を消す
홀연히 모습을 감추다

477

■ **こえる**　越える　넘다, 건너다

❖ 峠を越える 고개를 넘다

478

■ **こえる**　超える　넘다, 초과하다

❖ ていいんを超える 정원을 초과하다

479

□ **こまる**　困る　곤란하다, 난처하다

❖ 寒くて困る 추워서 곤란하다

480
■ **ころす** 殺す 살해하다, 죽이다

❖ やりでつき殺す 창으로 찔러 죽이다

481
□ **ころぶ** 転ぶ 구르다, 넘어지다

❖ すべって転ぶ 미끄러져 넘어지다

482
□ **さがす** 捜す 찾다

❖ 職を捜す 직장을 찾다

483
□ **さく** 咲く (꽃 등이) 피다

❖ 桜の花が咲く 벚꽃이 피다

484
■ **さけぶ** 叫ぶ 외치다, 소리 지르다

❖ 声のかぎりに叫ぶ 목청껏 외치다

485
□ **さす** 指す 가리키다

❖ 東の空を指す 동쪽 하늘을 가리키다

486
■ **さめる** 冷める 식다

❖ 興が冷める 흥이 깨지다[식다]

487
□ **さわる** 触る 만지다, 관계하다

❖ 彼女の手に触る 그녀의 손을 만지다

488
□ **しめす** 示す (나타내) 보이다, 가리키다

❖ 模範を示す 모범을 보이다

489

■ **しめる** 湿る 눅눅해지다, 우울해지다

　❖ 湿った服 눅눅해진 옷

490

□ **しめる** 占める 차지하다

　❖ 勝利を占める 승리를 차지하다

동
사

491

□ **しめる** 閉める 닫다

　❖ 戸を閉める 문을 닫다

492

□ **しらべる** 調べる 조사하다, 알아보다

　❖ 事故の原因を調べる
　　사고의 원인을 조사하다

493

□ **すう** 吸う 들이마시다, 빨다

　❖ 空気を吸う 공기를 들이마시다

494

□ **すぎる** 過ぎる 지나가다, 통과하다

　❖ 森を過ぎる 숲을 지나가다

495

□ **すすむ** 進む 나아가다

　❖ 堂々と進む 당당하게 나아가다

496

□ **すてる** 捨てる 버리다

　❖ ごみを捨てる 쓰레기를 버리다

497

□ **すむ** 住む 살다

　❖ とかいに住む 도시에 살다

498

□ **すむ**　　済む　　끝나다, 결말이 나다

❖ 試験が済む　시험이 끝나다

499

□ **すわる**　　座る　　앉다

❖ 上座に座る　상석에 앉다

500

■ **せめる**　　責める　　꾸짖다, 나무라다

❖ 非行を責める　비행을 꾸짖다

501

■ **そだつ**　　育つ　　자라다, 성장하다

❖ 苗が育つ　모가 자라다

502

□ **そだてる**　　育てる　　키우다, 양성하다

❖ 才能を育てる　재능을 키우다

503

□ **たおれる**　　倒れる　　쓰러지다

❖ 台風でへいが倒れる
태풍으로 담이 쓰러지다

504

□ **たおす**　　倒す　　쓰러뜨리다

❖ 斧で木を倒す　도끼로 나무를 쓰러뜨리다

505

■ **たかめる**　　高める　　높이다

❖ 士気を高める　사기를 높이다

506

■ **たしかめる**　　確かめる　　확인하다

❖ 意向を確かめる　의향을 확인하다

507

□ **たずねる** 訪ねる 방문하다

人のうちを訪ねる 남의 집을 방문하다

508

□ **たのしむ** 楽しむ 즐기다

余生を楽しむ 여생을 즐기다

509

□ **たのむ** 頼む 부탁하다, 의지하다

ことづてを頼む 전언을 부탁하다

510

■ **ためす** 試す 시험하다, 시도하다

才能のほどを試す
재능의 정도를 시험하다

511

□ **ちがう** 違う 다르다

好みが違う 기호가 다르다

512

□ **ちかづける** 近づける 가까이가다, 접근하다

近づけると危険な人物だ
가까이하면 위험한 인물이다

513

□ **つかれる** 疲れる 지치다

あたまが疲れる 머리가 지치다

514

□ **つける** 付ける 붙이다

体を壁に付ける 몸을 벽에 붙이다

515

□ **つたえる** 伝える 전하다, 전달하다

命令を伝える 명령을 전하다

동사

JLPT N2 필수단어 | **283**

516
□ **つたわる**　伝わる　전해지다, 전해 내려오다

❖ 家に伝わる宝刀 집에 전해 내려오는 보도

517
□ **つづく**　続く　이어지다, 계속되다

❖ 果てしなく続く道 끝없이 이어지는 길

518
□ **つづける**　続ける　계속하다, 잇다

❖ 話を続ける 이야기를 계속하다

519
□ **つつむ**　包む　감싸다, 두르다

❖ コートに身を包む 코트를 몸에 두르다

520
□ **つとめる**　勤める　근무하다, 종사하다

❖ しっかり勤める 착실히 근무하다

521
■ **つとめる**　努める　노력하다, 힘쓰다

❖ ぼうかに努める 방화에 힘쓰다

522
■ **つとめる**　務める　임무를 맡다

❖ 案内役を務める 안내역을 맡다

523
■ **つむ**　積む　쌓다, 거듭하다

❖ にを積む 짐을 쌓다

524
■ **つもる**　積もる　쌓이다

❖ 雪が積もる 눈이 쌓이다

□ **とおす**　通す　통과시키다

❖ 法案をおし通す
法案[ほうあん]を 通[とお]す
법안을 억지로 통과시키다

526

□ **とく**　解く　풀다, 해결하다

❖ 包[つつ]みを解[と]く　보따리를 풀다

527

□ **とく**　溶く　녹이다

❖ メリケン粉[こ]を水[みず]に溶[と]く
밀가루를 물에 풀다

528

■ **とじる**　閉じる　닫히다, 끝나다, 파하다, 마치다

❖ 水門[すいもん]が閉[と]じる　수문이 닫히다

529

□ **とどく**　届く　닿다, 이르다

❖ つうちが届[とど]く　통지가 닿다

530

□ **とぶ**　飛ぶ　날다

❖ 鳥[とり]が飛[と]ぶ　새가 날다

531

□ **とまる**　泊まる　묵다, 숙박하다

❖ 宿屋[やどや]に泊[と]まる　여관에 숙박하다

532

■ **とまる**　止まる　멈추다

❖ みゃくが止[と]まる　맥박이 멈추다

533

□ **とめる**　泊める　묵게 하다, 재우다

❖ 客[きゃく]を泊[と]める　손을 숙박시키다

534

□ **とめる**　　止める　　멈추다, 세우다

❖ 足を止める　걸음을 멈추다

535

■ **とる**　　　撮る　　(사진을) 찍다

❖ 写真を撮る　사진을 찍다

536

■ **なおす**　　直す　　고치다, 수리하다

❖ 欠点を直す　결점을 고치다

537

■ **なおす**　　治す　　치료하다

❖ びょうきを治す　병을 고치다[치료하다]

538

□ **なおる**　　直る　　고쳐지다, 수리되다

❖ 悪い癖が直る　나쁜 버릇이 고쳐지다

539

□ **なおる**　　治る　　(병이) 낫다

❖ びょうきが治る　병이 낫다

540

□ **ながす**　　流す　　흘리다

❖ ちを流す　피를 흘리다

541

□ **ながれる**　　流れる　　흐르다

❖ 川が流れる　강이 흐르다

542

■ **なく**　　　鳴く　　(동물, 새 등이) 울다

❖ 鳥が鳴く　새가 울다

543
□ **なく** 泣く (사람이) 울다

❖ 悲しくて泣く 슬퍼서 울다

544
□ **なくす** 亡くす 사별하다, 여의다

❖ 父を亡くす 아버지를 여의다

545
□ **なくす** 無くす 없애다, 잃다

❖ 火事で家を無くす 화재로 집을 잃다

546
■ **なくなる** 亡くなる 돌아가시다

❖ じえきで亡くなる 유행병으로 죽다

547
■ **なくなる** 無くなる 없어지다

❖ 見込みが無くなる 가망이 없어지다

548
■ **なぐる** 殴る 때리다

❖ げんこつで殴る 주먹으로 때리다

549
□ **なやむ** 悩む 고민하다

❖ ひとり悩む 혼자서 고민하다

550
□ **ならぶ** 並ぶ 늘어서다, 필적하다

❖ 3れつに並ぶ 석 줄로 늘어 서다

551
□ **ならべる** 並べる 늘어놓다

❖ 店頭に並べる 가게 앞에 죽 늘어놓다

552
■ **なる** 鳴る (소리가) 나다, 울리다, 널리 알려지다, 떨치다

❖ 鐘が鳴る 종이 울리다

553
□ **なれる** 慣れる 익숙해지다, 적응되다

❖ そのうちに慣れるだろう
불원간 익숙해질 것이다

554
■ **におう** 匂う 냄새가 나다

❖ 梅の花が匂う 매화의 향기가 풍기다

555
■ **にくむ** 憎む 원망하다

❖ 家族を捨てて去った父を憎む
가족을 버리고 가버린 아버지를 미워하다

556
□ **にげる** 逃げる 도망치다, 도망가다

❖ ほうほうの体で逃げる
허둥지둥 도망치다

557
■ **にる** 似る 닮다

❖ 母に似ている 엄마를 닮았다

558
■ **ぬく** 抜く 빼다, 뽑다

❖ 刀を抜く 칼을 뽑다

559
■ **ぬける** 抜ける 빠지다

❖ 毛が抜ける 털이 빠지다

560
□ **ぬすむ** 盗む 훔치다, 도둑질하다

❖ さいふを盗む 지갑을 훔치다

561

■ **ぬる**　　塗る　　칠하다, 바르다, 전가시키다

❖ 絵の具を塗る 그림 물감을 칠하다

562

□ **ねがう**　願う　　원하다, 바라다

동사

❖ 大臣の椅子を願う 대신의 자리를 바라다

563

□ **ねむる**　眠る　　잠들다

❖ ちかに眠る 지하[저승]에서 잠들다

564

■ **ねる**　　寝る　　자다

❖ ぐっすり寝る 푹 자다

565

□ **のこす**　残す　　남기다

❖ 作家として名を残す
작가로서 이름을 남기다

566

□ **のこる**　残る　　남다

❖ あたまに残る 머리[기억]에 남다

567

■ **のせる**　乗せる　(탈것 등에) 태우다

❖ 人を車に乗せる 사람을 차에 태우다

568

■ **のぞむ**　望む　　바라다

❖ 出世を望む 출세를 바라다

569

□ **のぼる**　上る　　오르다, 올라가다

❖ 山に上る(登る) 산에 오르다

570

□ **のぼる** 登る オルダ, 올라가다

❖ たかみに登る 높은 곳에 오르다

571

□ **のる** 乗る 타다

❖ かごに乗る 가마를 타다

572

■ **はこぶ** 運ぶ 옮기다

❖ あゆみを運ぶ 걸음을 옮기다 걷다

573

□ **はずす** 外す 떼다, 벗기다, 풀다

❖ 看板を外す 간판을 떼다

574

□ **はずれる** 外れる 벗겨지다, 풀어지다, 빗나가다

❖ よそうが外れる 예상이 빗나가다

575

□ **はたらく** 働く 일하다

❖ 山で働く 산에서 일하다

576

■ **はてる** 果てる 끝나다, 죽다

❖ いつ果てるとも知れない会議
언제 끝날지도 모를 회의

577

■ **はなれる** 離れる 멀어지다, 멀리 떨어지다

❖ じんしんが離れる 인심이 멀어지다

578

□ **はらう** 払う 지불하다, 돈을 내다

❖ ひわりで払う 일당으로 지불하다

579
■ **はれる**　晴れる　(날이) 개다

　　　そら は
　　　◈ 空が晴れる　하늘이 개다

580
□ **ひかる**　光る　빛나다

　　　ほし ひか
　　　◈ 星が光る　별이 빛나다

581
□ **ひろう**　拾う　줍다

　　　お ぼ ひろ
　　　◈ 落ち穂を拾う　이삭을 줍다

582
□ **ひろがる**　広がる　넓어지다, 널리 퍼지다

　　　つ あ ひろ
　　　◈ 付き合いが広がる　교제가 넓어지다

583
■ **ひろめる**　広める　넓히다

　　　せいりょく ひろ
　　　◈ 勢力を広める　세력을 넓히다

584
□ **ふえる**　増える　늘다, 늘어나다

　　　じんこう ふ
　　　◈ 人口が増える　인구가 늘다

585
□ **ふく**　吹く　불다

　　　はるかぜ ふ
　　　◈ 春風が吹く　봄바람이 불다

586
■ **ぶつかる**　부딪치다, 충돌하다

　　　でんしんばしら
　　　◈ 電信柱にぶつかる　전봇대에 부딪치다

587
■ **ぶつける**　부딪치다

　　　と あたま
　　　◈ 戸に頭をぶつける　문에 머리를 부딪다

588

□ **ふやす** 　増やす 　늘리다, 불리다

❖ 人員を増やす 　인원을 늘리다

589

■ **ふる** 　降る 　(비, 눈 등이) 내리다

❖ 春雨が降る 　봄비가 내리다

590

■ **ふれる** 　触れる 　닿다, 접촉하다

❖ かすかに触れる 　살짝 닿다[스치다]

591

□ **へる** 　減る 　줄다, 줄어들다

❖ 目方が減る 　무게가 줄다

592

■ **まかせる** 　任せる 　맡기다

❖ 経営を任せる 　경영을 맡기다

593

□ **まがる** 　曲がる 　구부러지다, (방향을) 바꾸다, 돌다

❖ 腰が曲がる 　허리가 구부러지다

594

□ **まく** 　巻く 　말다, 감다

❖ つなを巻く 　밧줄을 감다

595

□ **まける** 　負ける 　지다, 패하다

❖ 敵に負ける 　적에게 지다

596

□ **まげる** 　曲げる 　구부리다, 비뚤어지다

腰を曲げる 　허리를 구부리다

동
사

597

■ **まぜる** 混ぜる 섞다, 혼합하다

❖ セメントと砂利を混ぜる
시멘트와 자갈을 섞다

598

■ **まぜる** 交ぜる 섞다, 혼합하다

❖ 織り交ぜる
1. 여러 가지 실・무늬를 섞어서 짜다
2. 한 사물에 다른 것을 끼워 넣다

599

□ **まちがえる** 間違える 틀리다, 잘못하다

❖ くらいを間違える 자릿수를 틀리다

600

□ **まなぶ** 学ぶ 배우다, 익히다

❖ 運転を学ぶ 운전을 배우다

601

■ **まねく** 招く 초대하다

❖ ばんさんに招く 만찬에 초대하다

602

□ **まもる** 守る 지키다

❖ 国を守る 나라를 지키다

603

□ **まよう** 迷う 헤매다, 잃다

❖ 道に迷う 길을 잃다

604

□ **まわす** 回す 돌리다, 부리다

❖ ハンドルを回す 핸들을 돌리다

605

□ **みがく** 磨く 닦다, (학문, 기술 등을) 연마하다

❖ 歯を磨く 이를 닦다

606
■ **みとめる**　認める　인정하다

❖ しんかを認める 진가를 인정하다

607
□ **むかう**　向かう　향하다, 마주하다

❖ 北へ向かう 북쪽으로 향하다

608
□ **むかえる**　迎える　맞이하다, 마중가다

❖ 新年を迎える 새해를 맞다

609
■ **むすぶ**　結ぶ　매다, 묶다, 잇다

❖ 帯を結ぶ 띠를 매다

610
■ **もえる**　燃える　(불)타다

❖ 家が燃える 집이 불타다

611
■ **もどす**　戻す　되돌리다, 게우다, 토하다

❖ 白紙に戻す 백지로 돌리다

612
■ **もとめる**　求める　구하다, 찾다, 바라다, 요청하다, 요구하다

❖ 職を求める 직업을 구하다

613
■ **もどる**　戻る　되돌아오다

❖ なくした財布が戻った
잃어버린 지갑이 되돌아왔다

614
■ **もやす**　燃やす　(불)태우다

❖ 落ち葉を燃やす 낙엽을 태우다

615
□ **やく** 焼く **(불에) 굽다, 태우다**

❖ 枯れ葉を焼く 가랑잎을 태우다

616
□ **やける** 焼ける **(불에) 구워지다, 타다**

❖ よく焼けた魚 잘 구워진 생선

617
□ **やむ** 止む **멎다, 그치다**

❖ 雨が止む 비가 멎다

618
□ **やめる** 辞める **그만두다, 사직하다**

❖ 会社を辞める 회사를 그만두다

619
□ **やめる** 止める **그만두다, 중지하다**

❖ 止めることにする 그만두기로 하다

620
■ **ゆるす** 許す **용서하다, 허가하다**

❖ 入学を許す 입학을 허가하다

621
□ **よごす** 汚す **더럽히다**

❖ インクをこぼして服を汚す
잉크를 엎질러서 옷을 더럽히다

622
□ **よごれる** 汚れる **더러워지다**

❖ 靴が汚れている 구두가 더러워져 있다

623
□ **よぶ** 呼ぶ **부르다**

❖ 名前を呼ぶ 이름을 부르다

624
□ **よる** 寄る 다가가다, 접근하다, 들르다

❖ そばに寄る 곁에 다가서다

625
□ **よろこぶ** 喜ぶ 기뻐하다

❖ いたく喜ぶ 몹시 기뻐하다

626
□ **わかれる** 別れる 헤어지다

❖ 妻と別れる 아내와 헤어지다

627
□ **わける** 分ける 나누다

❖ 幾つに分けるか 몇 개로 나누느냐?

628
□ **わすれる** 忘れる 잊다

❖ 恩を忘れる 은혜를 잊다

629
□ **わたす** 渡す 건네다, 건네주다

❖ 船で人を渡す 배로 사람을 건네다

630
■ **わたる** 渡る 건너다, 건너가다

❖ 道を渡る 길을 건너다

631
□ **わらう** 笑う 웃다

❖ にこにこ(と)笑う 싱글싱글 웃다

632
■ **わる** 割る 깨다, 쪼개다, 나누다

❖ すいかを割る 수박을 쪼개다

* 복합 동사 *

633

■ **あけくれる** 明け暮れる 세월을 보내다

❖ <ruby>涙<rt>なみだ</rt></ruby>に<ruby>明<rt>あ</rt></ruby>け<ruby>暮<rt>く</rt></ruby>れる 눈물로 세월을 보내다

634

■ **あてはまる** 当てはまる 맞아떨어지다, 들어맞다

❖ <ruby>現代<rt>げんだい</rt></ruby>にも<ruby>当<rt>あ</rt></ruby>てはまる 현대에도 들어맞다

635

□ **あてはめる** 当てはめる 맞추다, 들어맞히다

❖ <ruby>時代<rt>じだい</rt></ruby>の<ruby>要求<rt>ようきゅう</rt></ruby>に<ruby>当<rt>あ</rt></ruby>てはめる
시대의 요구에 맞추다

636

■ **いいかえる** 言い換える 바꾸어 말하다

❖ <ruby>易<rt>やさ</rt></ruby>しく<ruby>言<rt>い</rt></ruby>い<ruby>換<rt>か</rt></ruby>える 쉽게 바꿔 말하다

637

■ **いいだす** 言い出す 말을 꺼내다

❖ だれともなく<ruby>言<rt>い</rt></ruby>い<ruby>出<rt>だ</rt></ruby>す
누구랄 것도 없이 말을 꺼내다

638

■ **いいつける** 言い付ける 지시하다, 명령하다, 일러바치다

❖ <ruby>先生<rt>せんせい</rt></ruby>に<ruby>言<rt>い</rt></ruby>い<ruby>付<rt>つ</rt></ruby>ける
선생님에게 일러바치다

639

■ **うけもつ** 受け持つ 담당하다

❖ <ruby>総務部<rt>そうむぶ</rt></ruby>を<ruby>受<rt>う</rt></ruby>け<ruby>持<rt>も</rt></ruby>つ 총무부를 담당하다

640

■ **うちおとす** 打ち落とす (치거나, 쏘아서) 떨어뜨리다

❖ くりを<ruby>竹<rt>たけ</rt></ruby>ざおで<ruby>打<rt>う</rt></ruby>ち<ruby>落<rt>お</rt></ruby>とす
밤을 장대로 떨다

641

■ **うちけす** 打ち消す 지우다, 없애다, 부정하다

❖ それは<ruby>誤解<rt>ごかい</rt></ruby>だと<ruby>打<rt>う</rt></ruby>ち<ruby>消<rt>け</rt></ruby>した
그것은 오해라고 부정했다

복합 동사

642

■ **うちころす** 打ち殺す 쳐서 죽이다, 때려죽이다

✦ 棒で打ち殺す 몽둥이로 때려죽이다

643

■ **うちたおす** 打ち倒す 쳐서 쓰러뜨리다, 쳐부수다

✦ 敵を打ち倒す 적을 무찌르다

644

■ **うりきれる** 売り切れる 매진되다, 다 팔리다

✦ 一日で売り切れた 하루에 다 팔렸다

645

■ **おいかける** 追い掛ける 뒤쫓다

✦ 犯人を追い掛ける 범인을 뒤쫓다

646

■ **おいこす** 追い越す 앞지르다

✦ 前の車を追い越す 앞차를 앞지르다

647

■ **おいつく** 追い付く 따라붙다

✦ 先進国の水準に追い付く
선진국 수준에 따라붙다

648

□ **おちつく** 落ち着く 안정되다

✦ 国内が落ち着く 국내가 안정되다

649

■ **おもいこむ** 思い込む 마음먹다, 결심하다, 굳게 믿다

✦ ほんとうだと思い込む
정말이라고 믿어 버리다

650

■ **おもいつく** 思い付く (생각이) 떠오르다

✦ 思い付くままにペンを走らせる
생각이 떠오르는 대로 펜을 움직이다

651
■ かきとる　書き取る　받아쓰다
❖ 病人の言葉を書き取る
환자의 말을 받아쓰다

652
□ かしだす　貸し出す　대출하다
❖ 図書を貸し出す　도서를 대출하다

653
■ きがえる　着替える　(옷을) 갈아입다
❖ 洋服に着替えて外出する
양복으로 갈아입고 외출하다

654
■ くみたてる　組み立てる　조립하다, 구성하다
❖ 部品を組み立てる　부품을 조립하다

655
■ くりかえす　繰り返す　되풀이하다, 반복하다
❖ お礼を繰り返す　인사[사례]를 되풀이하다

656
■ こしかける　腰掛ける　앉다, 걸터앉다
❖ いすに腰掛ける　의자에 걸터앉다

657
■ ことづける　言付ける　전언[전달]을 부탁하다
❖ 本を言付ける　책의 전달을 부탁하다

658
□ さしあげる　差し上げる　드리다
❖ ちょくせつ差し上げる　직접 드리다

659
■ さしひく　差し引く　빼다, 차감하다
❖ 手数料を差し引く　수수료를 빼다

JLPT N2 필수단어 | **299**

660
■ **しあがる** 仕上がる 완성되다

❖ 作品が仕上がる 작품이 완성되다

661
■ **すきとおる** 透き通る 투명하다, 속이 비치다

❖ 透き通ったガラス戸 투명한 유리문

662
■ **すれちがう** すれ違う 스쳐지나가다, 엇갈리다

❖ 意見がすれ違う 의견이 엇갈리다

663
■ **たちあがる** 立ち上がる 일어서다

❖ つと立ち上がる 불쑥 일어서다

664
■ **たちさる** 立ち去る 떠나다

❖ だまって立ち去る 잠자코 떠나다

665
■ **たちどまる** 立ち止まる 멈춰서다

❖ 店先に立ち止まる 가게 앞에 멈추어 서다

666
□ **ちかづく** 近付く 접근하다, 가까이 가다, (때가) 다가오다,
가까워지다

❖ 現場に近付く 현장에 접근하다

667
□ **つきあう** 付き合う 사귀다

❖ 長年付き合う 오랫동안 사귀다

668
■ **つきあたる** 突き当たる 부딪치다

❖ よろけて柱に突き当たる
비틀거려 기둥에 부딪치다

669
□ **つっこむ** 突っ込む 파고들다, 찌르다

❖ 事件に首を突っ込む
사건에 깊이 관여하다

670
■ **つりあう** 釣り合う 균형이 잡히다

❖ 重さが釣り合う 무게가 고르다

671
■ **つる** 吊る 치켜 올라가다

❖ 目尻が吊っている人
눈초리가 치켜 올라간 사람

복합동사

672
■ **できあがる** 出来上がる 완성되다

❖ 洋服がやっと出来上がった
양복이 겨우 다 되었다

673
□ **であう** 出会う 만나다

❖ 山道で熊に出会う
산길에서 우연히 곰을 만나다

674
■ **でむかえる** 出迎える 마중하다

❖ おじを駅に出迎える
아저씨를 역에 나가 마중하다

675
□ **といあわせる** 問い合わせる 문의하다

❖ 疑問の点を著者に問い合わせる
의문점을 저자에게 문의하다

676
■ **とおりかかる** 通りかかる 마침 그곳을 지나가다

❖ この時母上が通りかかる
이 때 어머님이 지나가다

677
■ **とおりすぎる** 通り過ぎる 지나가다, 지나치다

❖ 夕立が通り過ぎる 소나기가 지나가다

678

■ **とけこむ** 溶け込む 녹다, 녹아들다

❖ この洗剤はなかなか水に溶け込まない
이 세제는 좀처럼 물에 녹지 않는다

679

■ **とびこむ** 飛び込む 뛰어들다

❖ 川に飛び込む 강에 뛰어들다

680

□ **とびだす** 飛び出す 뛰쳐나오다

❖ うさぎが穴から飛び出す
토끼가 굴에서 뛰어나오다

681

■ **とりあげる** 取り上げる 집어들다, 채택하다

❖ 受話器を取り上げる 수화기를 집어들다

682

■ **とりいれる** 取り入れる 거두어들이다, 받아들이다, 도입하다

❖ 稲を取り入れる 벼를 거두어들이다

683

□ **とりかえる** 取り替える 교체하다, 교환하다

❖ 電球を取り替える 전구를 바꾸다

684

■ **とりくむ** 取り組む 맞붙다, 몰두하다

❖ 横綱と取り組む
横綱(최고위의 일본 씨름꾼)와 대전하다

685

■ **とりけす** 取り消す 취소하다

❖ 契約を取り消す 계약을 취소하다

686

■ **とりだす** 取り出す 꺼내다

❖ かばんから書類を取り出す
가방에서 서류를 꺼내다

687
□ **にあう**　似合う　어울리다, 잘 맞다

❖ よく似合うカップル　잘 어울리는 커플

688
■ **のりかえる**　乗り換える　갈아타다, 환승하다

❖ バスで行って電車に乗り換える
버스로 가서 전차로 갈아타다

689
□ **のりこえる**　乗り越える　극복하다

❖ 危機を乗り越える
위기를 헤쳐 가다[극복하다]

690
■ **のりこす**　乗り越す　(목적지를) 지나치다

❖ 居眠りして乗り越してしまった
졸다가 하차역을 지나쳐 버렸다

691
■ **はこびさる**　運び去る　운반하다, 옮기다

❖ 血液は要らなくなったものを運び去る
혈액은 필요없게된 것을 운반해옮긴다

692
□ **はなしあう**　話し合う　서로 이야기하다

❖ オープンに話し合う
격의 없이 서로 이야기하다

693
□ **はなしかける**　話しかける　말을 걸다

❖ さかんに話しかける　자꾸 말을 걸다

694
■ **はらいこむ**　払い込む　납부하다

❖ 税金を払い込む　세금을 납부하다

695
■ **はらいもどす**　払い戻す　환불하다

❖ 不参加者の運賃を払い戻す
불참한 이의 운임을 환불하다

복합동사

696

■ **はりきる**　張り切る　의욕이 충만하다

❖ 張<ruby>は</ruby>り切<ruby>き</ruby>って球場<ruby>きゅうじょう</ruby>へのりこむ
힘차게 구장으로 몰려가다

697

□ **ひきうける**　引き受ける　받아들이다

❖ 役員<ruby>やくいん</ruby>を引<ruby>ひ</ruby>き受<ruby>う</ruby>ける 임원을 맡다

698

■ **ひきかえす**　引き返す　되돌아가다

❖ 出発点<ruby>しゅっぱつてん</ruby>へ引<ruby>ひ</ruby>き返<ruby>かえ</ruby>す
출발점으로 되돌아가다

699

■ **ひきだす**　引き出す　꺼내다, 끌어내다

❖ 話<ruby>はなし</ruby>を引<ruby>ひ</ruby>き出<ruby>だ</ruby>す 이야기를 꺼내다

700

■ **ひっかかる**　引っ掛かる　걸리다

❖ くもの巣<ruby>す</ruby>に引<ruby>ひ</ruby>っ掛<ruby>か</ruby>かる 거미줄에 걸리다

701

■ **ひっかける**　引っ掛ける　걸다, 걸치다

❖ 帽子<ruby>ぼうし</ruby>をくぎに引<ruby>ひ</ruby>っ掛<ruby>か</ruby>ける
모자를 못에 걸다

702

■ **ひっくりかえす**　引っ繰り返す　뒤집다, 뒤엎다, 쓰러뜨리다, 넘어뜨리다

❖ 定説<ruby>ていせつ</ruby>を引<ruby>ひ</ruby>っ繰<ruby>く</ruby>り返<ruby>かえ</ruby>す 정설을 뒤엎다

703

■ **ひっくりかえる**　引っ繰り返る　뒤집히다, 뒤바뀌다, 쓰러지다, 넘어지다

❖ 船<ruby>ふね</ruby>が引<ruby>ひ</ruby>っ繰<ruby>く</ruby>り返<ruby>かえ</ruby>る 배가 뒤집히다

704

□ **ひっこす**　引っ越す　이사하다, 이전하다

❖ 田舎<ruby>いなか</ruby>へ引<ruby>ひ</ruby>っ越<ruby>こ</ruby>す 시골로 이사하다

705
- **ひっこむ**　引っ込む　**틀어박히다**

  ❖ 部屋に引っ込んだまま出て来ない
  방에 틀어박힌 채 나오지 않다

706
- **ひっぱる**　引っ張る　**(팽팽하게) 잡아당기다, 미루다**

  ❖ ゴムひもを引っ張る
  고무줄을 잡아당기다

707
- **ひきとめる**　引き止める　**말리다, 붙들다**

  ❖ けんかを引き止める　싸움을 말리다

708
- **ぶらさげる**　ぶら下げる　**늘어뜨리다**

  ❖ 軒に提灯をぶら下げる
  처마에 초롱을 매달다

709
- **ふりむく**　振り向く　**뒤돌아보다, 관심을 보이다**

  ❖ ちゅうごしのまま振り向く
  엉거주춤한 채로 뒤돌아보다

710
- **ふるまう**　振る舞う　**행동하다**

  ❖ わがままに振る舞う　제멋대로 행동하다

711
- **まちあわせる**　待ち合わせる　**기다리다**

  ❖ 5時に駅で待ち合わせる
  5시에 역에서 만나기로 하고 기다리다

712
- **まちがう**　間違う　**틀리다, 실수하다**

  ❖ 間違った計算　틀린 계산

713
- **まちかねる**　待ち兼ねる　**애타게 기다리다**

  ❖ 待ち兼て先に兼ねる
  기다리다 못해 먼저 돌아가다

복합동사

714
■ **みあげる**　見上げる　올려다보다

❖ 空を見上げる　하늘을 올려다보다

715
■ **みおくる**　見送る　배웅하다, 보류하다

❖ 駅で父を見送る
역에서 아버지를 배웅하다

716
■ **みおろす**　見下ろす　내려다보다, 깔보다

❖ 飛行機から下界を見下ろす
비행기에서 지상을 내려다보다

717
□ **みつかる**　見付かる　들키다, 발견되다

❖ いたずらを先生に見付かる
장난질을 선생님에게 들키다

718
□ **みつける**　見付ける　찾다, 발견하다

❖ 誤りを見付ける　잘못을 발견하다

719
■ **みつめる**　見詰める　바라보다, 응시하다

❖ 母の顔をじっと見詰める
어머니의 얼굴을 가만히 바라보다

720
■ **みなおす**　見直す　달리 보다, 재검토하다

❖ 答案を見直す　답안을 다시 보다

721
■ **みなれる**　見慣れる　눈에 익다

❖ 見慣れた姿だ　낯익은 모습이다

722
■ **みまう**　見舞う　문안하다, 문병하다

❖ 病人を見舞う　문병하다

723

■ **めだつ**　目立つ　눈에 띄다

❖ ワイシャツの汚れが目立つ
와이셔츠의 더러움이 눈에 띄다

724

■ **めしあがる**　召し上がる　드시다

❖ 何を召し上がりますか
무엇을 드시겠습니까?

725

■ **もうしあげる**　申し上げる　아뢰다, 여쭙다

❖ おくやみを申し上げる
문상의 말을 여쭙다

726

□ **もうしこむ**　申し込む　신청하다

❖ 面会を申し込む 면회를 신청하다

727

■ **もちあげる**　持ち上げる　들어 올리다

❖ 重い石を持ち上げる
무거운 돌을 들어올리다

728

■ **ものがたる**　物語る　이야기하다

❖ 夜更けまでしみじみと物語る
밤이 깊도록 진지하게 이야기하다

729

■ **やっつける**　해치우다

❖ 一ころでやっつける 간단히 해치우다

730

■ **よびあげる**　呼び上げる　(큰소리로) 부르다

❖ 先生は学生たちの名を呼び上げた
선생님은 학생들의 이름을 큰소리로 불렀다

731

■ **よびいれる**　呼び入れる　불러들이다

❖ 部屋に呼び入れる 방으로 불러들이다

732

■ **よびおこす**　呼び起こす　(불러) 깨우다, 불러 일으키다, 되살리다

❖ 昔の思い出を呼び起こした
옛날의 추억을 불러일으켰다

733

■ **よびかける**　呼び掛ける　말 걸다, 부르다, 호소하다

❖ 大声で呼び掛ける　큰 소리로 부르다

734

■ **よびだす**　呼び出す　불러내다, 호출하다

❖ 電話で呼び出す　전화로 불러내다

735

■ **よびたてる**　呼びたてる　큰 소리로 부르다, (일부러) 불러내다

❖ 緊急事態が発生したので出先から呼び立てられた
긴급 사태가 발생했기 때문에 출장지에서 소환되었다

736

■ **よびつける**　呼び付ける　호출하다, (늘 불러서) 입에 익다

❖ 呼び付けた名で呼ぶ
입에 익은 이름으로 부르다

737

■ **よびとめる**　呼びとめる　불러 세우다

❖ 友人を見掛けて呼び止めた
친구를 발견하고 불러 세웠다

738

■ **あいまいだ** 曖昧だ 애매하다

❖ 話の要旨が曖昧だ
이야기의 요지가 애매하다

739

□ **あきらかだ** 明らかだ 명백하다

❖ 炳乎として明らかだ
아주 명백하다 명명백백하다

740

■ **あんいだ** 安易だ 손쉽다, 안이하다

❖ 安易な道 손쉬운 길

741

□ **いじょうだ** 異常だ 이상하다

❖ 異状な行動 이상한 행동

742

■ **いじわるだ** 意地悪だ 심술궂다

❖ 意地悪ないたずら 심술궂은 장난

743

■ **おおざっぱだ** 대략적이다

❖ おおざっぱな見積もりを取る
대충 견적을 내어보다

744

□ **おしゃれだ** お洒落だ 멋스럽다

❖ お洒落な傘 멋진 우산

745

■ **おもだ** 主だ 주가 되다

❖ 本日の主な議題 오늘의 주된 의제

746

■ **かいてきだ** 快適だ   쾌적하다

❖ 快適な旅行   쾌적한 여행

747

■ **かくべつだ** 格別だ   각별하다, 특별하다

❖ 格別なニュースはない
특별한 뉴스는 없다

748

■ **かってだ** 勝手だ   제멋대로이다

❖ 勝手なふるまい   제멋대로의 행동

749

□ **かわいそうだ**   불쌍하다, 딱하다

❖ かわいそうな人   불쌍한 사람

750

□ **きちょうだ** 貴重だ   귀중하다

❖ 貴重な品   귀중한 물건

751

■ **きょだいだ** 巨大だ   거대하다

❖ 巨大な都会   거대한 도시

752

□ **きらくだ** 気楽だ   마음 편하다

❖ 気楽な仕事   속 편한 일

753

■ **きようだ** 器用だ   손재주가 있다

❖ 手先の器用な人   손재주가 있는 사람

754

□ **けちだ**   인색하다

❖ けちな老人   인색한 노인

755
■ げんじゅうだ 厳重だ 엄중하다
❖ 厳重な警戒 엄중한 경계

756
□ ごういんだ 強引だ 강제로 하다, 억지를 부리
❖ 強引なやりくち 강압적인 수법

757
■ こうへいだ 公平だ 공평하다
❖ 公平な分配 공평한 분배

758
■ こんなんだ 困難だ 곤란하다, 난처하다
❖ 困難な状態 곤란한 상태

759
■ さいわいだ 幸いだ 다행이다
❖ 被害がこの程度で幸いです
피해가 이만하기 다행입니다

760
■ さわやかだ 爽やかだ 산뜻하다, 상쾌하다
❖ 爽やかな気候 상쾌한 기후

761
□ ざんねんだ 残念だ 아쉽다, 유감스럽다, 안타깝다
❖ 残念なことには 유감스럽게도

762
□ じみだ 地味だ 수수하다
❖ 地味な色 수수한 색

763
■ じゅんちょうだ 順調だ 순조롭다
❖ 順調な天候 순조로운 날씨

な形容詞

764

□ しょうじきだ　正直だ　정직하다

❖ 正直な人　정직한 사람

765

□ じょうずだ　上手だ　능숙하다

❖ 上手な字　잘 쓴 글씨

766

□ しんけんだ　真剣だ　진지하다

❖ 真剣な態度　진지한 태도

767

□ しんこくだ　深刻だ　심각하다

❖ 事態は深刻だ　사태는 심각하다

768

□ しんせんだ　新鮮だ　신선하다

❖ 新鮮なそさい　신선한 채소

769

□ しんぱいだ　心配だ　걱정되다

❖ 心配でならない　걱정이 되어 못 견디겠다

770

□ すなおだ　素直だ　솔직하다

❖ 素直なせいしつ　온순 정직한 성질

771

□ ぜいたくだ　贅沢だ　사치스럽다

❖ 贅沢な食事　사치스러운 식사

772

□ たいくつだ　退屈だ　지루하다, 따분하다

❖ 退屈な話　지루한 이야기

□ **だいじだ** 大事だ 중요하다, 소중하다

❖ とっつきが大事だいじだ 시작이 중요하다

774
□ **たしかだ** 確かだ 확실하다

❖ 確たしかな証拠しょうこ 확실한 증거

775
■ **だとうだ** 妥当だ 타당하다

❖ 妥当だとうな意見いけん 타당한 의견

776
□ **だめだ** 駄目だ 소용없다, 안 된다

❖ おだてたって駄目だめだ
치켜세워도 소용없다

777
□ **ていねいだ** 丁寧だ 공손하다, 정중하다

❖ 丁寧ていねいなあいさつ 공손한 인사

778
□ **てごろだ** 手頃だ 알맞다, 적당하다

❖ 手頃てごろな値段ねだん 적당한 가격

779
■ **でたらめだ** 무책임하다, 엉터리다

❖ でたらめな値段ねだん 엉터리 값

780
■ **とうめいだ** 透明だ 투명하다

❖ 透明とうめいなガラス 투명한 유리

781
□ **とくいだ** 得意だ 잘한다, 뛰어나다

❖ 得意とくいながっか 잘하는 학과

な形容詞

JLPT N2 필수단어 | **313**

782
■ **とくしゅだ** 特殊だ 特수하다

❖ 特殊な才能 특수한 재능
<small>とくしゅ さいのう</small>

783
■ **なだらかだ** 완만하다, 원활하다

❖ なだらかな坂道 완만한 언덕길
<small>さかみち</small>

784
■ **ななめだ** 斜めだ 경사가 지다, 비스듬하다

❖ 斜めにひっぱった線 비스듬히 당긴 줄
<small>なな せん</small>

785
■ **なまいきだ** 生意気だ 건방지다

❖ 生意気な男 건방진 사나이
<small>なま い き おとこ</small>

786
□ **にがてだ** 苦手だ 서툴다, 잘 못하다

❖ 苦手な学科は数学だ
<small>にが て がっ か すうがく</small>
서투른 학과는 수학이다

787
□ **ねっしんだ** 熱心だ 열심이다

❖ 熱心な仕事振り 열심히 일하는 태도[모습]
<small>ねっしん し ごと ぶ</small>

788
■ **のんきだ** 느긋하다, 무사태평하다

❖ のんきに暮らす 무사 태평하게 살아가다
<small>く</small>

789
■ **ばくだいだ** 莫大だ 막대하다

❖ 莫大な遺産 막대한 유산
<small>ばくだい い さん</small>

790
□ **はでだ** 派手だ 화려하다

❖ 派手ながら 화려한[야한] 무늬
<small>は で</small>

791
■ ひきょうだ　卑怯だ　비겁하다

❖ 卑怯なふるまい　비겁한 행동

792
■ ひにくだ　皮肉だ　빈정거리다, 얄궂다

❖ 皮肉な調子で言う　비꼬는 투로 말하다

793
■ びみょうだ　微妙だ　미묘하다

❖ 微妙な立場　미묘한 입장[처지]

794
□ ふあんだ　不安だ　불안하다

❖ 不安な一夜　불안한 하룻밤

795
□ ふくざつだ　複雑だ　복잡하다

❖ 複雑な仕事　복잡한 일

796
■ ふけつだ　不潔だ　불결하다

❖ 不潔な環境　불결한 환경

797
□ ぶじだ　無事だ　무사하다

❖ 3人とも無事だ　세 사람이 다 무사하다

798
■ ぶっそうだ　物騒だ　뒤숭숭하다

❖ 物騒な世の中　뒤숭숭한 세상

799
□ ふりだ　不利だ　불리하다

❖ 不利な条件　불리한 조건

な形容詞

800
□ **へいぼんだ** 平凡だ 평범하다

❖ 平凡な人物 평범한 인물

801
□ **へいわだ** 平和だ 평화롭다

❖ 平和な家庭 평화스런 가정

802
■ **ぼうだいだ** 膨大だ 방대하다

❖ 膨大な予算 방대한 예산

803
■ **ほがらかだ** 朗らかだ 명랑하다

❖ 朗らかな性質 명랑한 성격

804
■ **まれだ** 稀だ 드물다

❖ 田舎には稀な美人 시골에는 드문 미인

805
□ **みごとだ** 見事だ 훌륭하다

❖ 見事なできばえ 훌륭한 만듦새

806
■ **みじめだ** 惨めだ 비참하다, 처참하다

❖ 惨めな生活 비참한 생활

807
□ **むだだ** 無駄だ 쓸데없다, 소용없다

❖ 話したって無駄だ
이야기해봤자 소용없다

808
□ **むちゅうだ** 夢中だ 몰두하다, 열중하다

❖ 研究に夢中だ 연구에 골똘하다

809

■ めいわくだ　迷惑だ　귀찮다, 성가시다

❖ いい迷惑だ　달갑지 않다

810

■ めちゃくちゃだ　엉망진창이다

❖ めちゃくちゃな論法　형편없는 논법

811

□ めんどうだ　面倒だ　귀찮다

❖ 面倒な手続き　귀찮은 절차

812

■ もっともだ　당연하다, 지당하다

❖ もっともな理由　지당한 이유

813

■ やっかいだ　厄介だ　성가시다, 번거롭다

❖ さてさて、厄介なやつだ
　거참, 성가신 놈이다

814

□ ゆうこうだ　有効だ　유효하다

❖ 有効の手段　유효한 수단

815

□ ゆうのうだ　有能だ　유능하다

❖ 有能な弁護士　유능한 변호사

816

□ ゆうりだ　有利だ　유리하다

❖ 有利な投資　유리한 투자

817

■ ゆかいだ　愉快だ　유쾌하다

❖ 愉快な仲間たち　유쾌한 친구들

な 형용사

818
■ らんぼうだ　乱暴だ　난폭하다

> らんぼう　ことば　づか
> ❖ 乱暴な言葉遣い 거친 말씨

819
■ れいせいだ　冷静だ　냉정하다

> れいせい　はんだん
> ❖ 冷情な判断 냉정한 판단

820
■ わがままだ　　　제멋대로이다

> ❖ わがままにふるまう 제멋대로 행동하다

TIP

・고득점용 な형용사	あらただ(新ただ) 새롭다
	おだやかだ(穏やかだ) 평온하다
	ぎゃくだ(逆だ) 반대이다, 거꾸로다
	げひんだ(下品だ) 천하다, 품위가 없다
	ごうかだ(豪華だ) 호화롭다
	こうていてきだ(肯定的だ) 긍정적이다
	ごうりてきだ(合理的だ) 합리적이다
	さかんだ(盛んだ) 번창하다, 번성하다
	ぜったいてきだ(絶?的だ) 절대적이다
	そっちょくだ(率直だ) 솔직하다
	てきかくだ(的確だ) 정확하다
	てきとうだ(適?だ) 적당하다
	たいらだ(平らだ) 편평하다
	ふきそくだ(不規則だ) 불규칙하다
	ふこうだ(不孝だ) 불효하다
	むりだ(無理だ) 무리이다, 불가능하다
	めいかくだ(明確だ) 명확하다
	ようきだ(陽?だ) 밝다, 쾌활하다
	よぶんだ(余分だ) 남다
	わずかだ(僅かだ) 근소함하다

821
□ **あさい** 浅い **얕다**

❖ 川が浅い 강이 얕다

822
□ **あたたかい** 暖かい **따뜻하다**

❖ 暖かいごはん 따뜻한 밥

823
■ **あたたかい** 温かい **따뜻하다**

❖ 温かいかんげい 따뜻한 환영

824
□ **あつい** 厚い **두껍다, 후하다**

❖ 厚い本 두꺼운 책

825
□ **あつい** 暑い **덥다**

❖ 暑い天気 더운 날씨

826
□ **あつい** 熱い **뜨겁다**

❖ 湯が熱い 물[목욕물]이 뜨겁다

827
■ **あつかましい** 厚かましい **뻔뻔하다**

❖ 厚かましい奴だ 뻔뻔한 놈이다

828
□ **あぶない** 危ない **위험하다, 위태롭다**

❖ 危ない遊び 위험한 놀이

829

□ **あまい** 甘い (맛이) 달다

❖ 甘い菓子 단 과자

830

■ **あやうい** 危うい 위험하다, 위태롭다

❖ 危うい目にあう 위태로운 일을 당하다

831

■ **あらい** 荒い 거칠다, 난폭하다

❖ 語調が荒い 말투가 거칠다

832

■ **あわただしい** 慌ただしい 분주하다

❖ 慌ただしい一日 분주한 하루

833

■ **いいがたい** 言い難い 말하기 어렵다

❖ 僕としては言い難い
나로서는 말하기 어렵다

834

■ **いさましい** 勇ましい 용감하다, 용맹하다

❖ 勇ましい武士 용감한 무사

835

□ **いそがしい** 忙しい 바쁘다

❖ 忙しい毎日 바쁜 나날

836

□ **いたい** 痛い 아프다

❖ のどが腫れて痛い
목구멍이 부어서 아프다

837

□ **うすい** 薄い 얇다, 열다

❖ 薄い紙 얇은 종이

838
□ **うつくしい** 美しい **아름답다**

❖ <ruby>美<rt>うつく</rt></ruby>しい<ruby>女<rt>おんな</rt></ruby> 아름다운 여자

839
■ **うまい** 上手い **능숙하다**

❖ <ruby>演技<rt>えんぎ</rt></ruby>が<ruby>上手<rt>うま</rt></ruby>い 연기가 능하다

840
□ **うまい** 美味い **맛있다**

❖ こいつは<ruby>美味<rt>うま</rt></ruby>い 이건 맛있군

841
□ **うらやましい** 羨ましい **부럽다**

❖ <ruby>羨<rt>うらや</rt></ruby>ましいと<ruby>思<rt>おも</rt></ruby>わない
부럽다고 생각지 않다

842
□ **えらい** 偉い **훌륭하다**

❖ <ruby>偉<rt>えら</rt></ruby>い<ruby>学者<rt>がくしゃ</rt></ruby> 훌륭한 학자

843
□ **おかしい** 可笑しい **이상하다, 웃기다**

❖ <ruby>可笑<rt>おか</rt></ruby>しくてたまらない 우스워 죽겠다

844
□ **おさない** 幼い **어리다**

❖ <ruby>幼<rt>おさな</rt></ruby>いころのおもいで 어릴 적의 추억

845
■ **おそろしい** 恐ろしい **두렵다**

❖ <ruby>恐<rt>おそ</rt></ruby>ろしい<ruby>話<rt>はなし</rt></ruby>をする 무서운 이야기를 하다

846
□ **おとなしい** 大人しい **얌전하다, 온순하다**

❖ <ruby>学校<rt>がっこう</rt></ruby>ではおとなしい
학교에서는 얌전하다

い 형용사

847
■ **おもいがけない**　뜻밖이다, 의외다

❖ 思い掛けない出来事　뜻밖에 일어난 일

848
■ **おもたい**　重たい　무겁다, 답답하다

❖ 重たいかばん　묵직한 가방

849
■ **かしこい**　賢い　현명하다, 똑똑하다

❖ 賢い少年　영리한 소년

850
□ **かたい**　固い　단단하다

❖ 石は堅い　돌은 단단하다

851
□ **かなしい**　悲しい　슬프다

❖ 悲しい物語　슬픈 이야기

852
■ **かゆい**　痒い　가렵다

❖ 背中が痒い　등이 가렵다

853
□ **からい**　辛い　맵다

❖ 辛いカレー　매운 카레

854
□ **かるい**　軽い　가볍다

❖ 軽い靴　가벼운 신발

855
□ **かわいい**　可愛い　귀엽다, 사랑스럽다

❖ 可愛い顔　귀여운 얼굴

856
□ **かわいらしい** 可愛らしい　귀엽다, 사랑스럽다

❖ 可愛らしい少女　귀여운 소녀

857
□ **きたない**　汚い　더럽다

❖ 汚い手　더러운 손

858
□ **きつい**　힘들다, 꽉끼다, 드세다

❖ そのくつはきつい　그 구두는 꼭 끼인다

859
□ **きびしい**　厳しい　엄하다, 엄격하다

❖ 厳しい表情　엄한 표정

■ **きよい**　清い　깨끗하다, 맑다

❖ 清い流れ　맑은 흐름

861
□ **くだらない**　변변찮다

❖ くだらない本　시시한 책

862
■ **くどい**　집요하다, 끈질기다

❖ くどいようだがそれは重要なことだ
　지겹게 되풀이하는 것 같지만 그것은 중요
　한 일일세

863
□ **くやしい**　悔しい　분하다

❖ 1点の差で負けて悔しい
　한 점 차로 져서 분하다

864
■ **くるしい**　苦しい　괴롭다

❖ 苦しい気持ち　괴로운 심정

い形容詞

□ **くわしい**　詳しい　상세하다, 잘 알다

❖ 詳しい地図<ruby>く</ruby><ruby>わ</ruby><ruby>ち</ruby><ruby>ず</ruby>　상세한 지도

■ **けわしい**　険しい　험난하다

❖ 前途が険しい<ruby>ぜん</ruby><ruby>と</ruby><ruby>けわ</ruby>　전도가 험난하다

□ **こい**　濃い　진하다

❖ 味が濃い<ruby>あじ</ruby><ruby>こ</ruby>　맛이 진하다

□ **こまかい**　細かい　자세하다, 잘다

❖ 細かい粒<ruby>こま</ruby><ruby>つぶ</ruby>　작은 알갱이

□ **こわい**　怖い・恐い　무섭다

❖ 怖い目付き<ruby>こわ</ruby><ruby>め</ruby><ruby>つ</ruby>　무서운 눈매

□ **さむい**　寒い　춥다

❖ 寒い冬<ruby>さむ</ruby><ruby>ふゆ</ruby>　추운 겨울

□ **したしい**　親しい　친하다

❖ 親しい仲<ruby>した</ruby><ruby>なか</ruby>　친한 사이

□ **しつこい**　집요하다, 끈질기다

❖ しつこい質問<ruby>しつもん</ruby>　끈질긴 질문

■ **しろい**　白い　희다, 결백하다

❖ 白ろい花<ruby>し</ruby><ruby>はな</ruby>　흰 꽃

874
■ **ずうずうしい** 図々しい **뻔뻔하다**

❖ いまだやめずにいるとは図々しい
아직도 물러나지 않고 있다니 뻔뻔하다

875
□ **すくない** 少ない **적다**

❖ 誤植の少ない本 오식이 적은 책

876
□ **すずしい** 涼しい **시원하다**

❖ ほんまに涼しい 정말로 시원하다

877
□ **すっぱい** 酸っぱい **시다, 시큼하다**

❖ 酸っぱいみかん 시큼한 귤

878
■ **ずるい** **교활하다, 치사하다**

❖ ずるい奴 교활한 놈

879
□ **するどい** 鋭い **예리하다, 예민하다**

❖ 頭が鋭い 머리가 예리하다

880
□ **せまい** 狭い **좁다**

❖ 庭が狭い 마당이 좁다

881
■ **そうぞうしい** 騒々しい **소란스럽다, 시끄럽다**

❖ 騒々しい奴だ 소란스러운 녀석이군

882
■ **そそっかしい** **칠칠치 못하다, 덜렁대다**

❖ そそっかしい性格 덜렁대는 성격

883
□ **たかい**　高い　높다, 비싸다

❖ 高い山　높은 산

884
□ **ただしい**　正しい　올바르다

❖ 君の姿勢は正しい　너의 자세는 바르다

885
□ **たのしい**　楽しい　즐겁다

❖ 楽しい音楽　즐거운 음악

886
■ **たのもしい**　頼もしい　믿음직하다

❖ 頼もしい働きぶり　믿음직스러운 활약

887
■ **たまらない**　견딜 수 없다, 참을 수 없다

❖ こう寒くてはたまらない
이렇게 추워서는 견딜 수 없다

888
■ **だらしない**　단정하지 않다, 칠칠치 못하다

❖ いすにだらし無く掛けていた
의자에 단정하지 못한 자세로 앉아 있었다

889
□ **ちいさい**　小さい　작다

❖ 小さい村　작은 마을

890
□ **つらい**　辛い　힘들다, 괴롭다

❖ 生きてゆくのが辛い
살아가는 것이 괴롭다

891
□ **とんでもない**　뜻밖이다, 당치도 않다

❖ とんでもないデマだ
당치않은 유언비어다

892
□ **なつかしい** 懐かしい   그립다

     ❖ 昔が懐かしい   옛날이 그립다

893
■ **にくらしい** 憎らしい   밉다, 얄밉다

     ❖ 憎らしい腕白こぞう   얄미운 개구쟁이

894
□ **にがい** 苦い   (맛이) 쓰다

     ❖ 苦い薬   쓴 약

895
■ **にくい** 憎い   밉다, 얄밉다

     ❖ 憎い奴   미운 녀석

896
□ **にぶい** 鈍い   둔하다, 무디다

     ❖ 頭が鈍い   머리가 둔하다

897
□ **ぬるい** 温い   미적지근하다

     ❖ ふろが温い   목욕물이 미지근하다

898
□ **ねむい** 眠い   졸리다

     ❖ いやに眠い   몹시 졸리다

899
■ **のろい** 鈍い   둔하다, 느리다

     ❖ 動作が鈍い   동작이 느리다

900
□ **ばからしい**   시시하다, 당치도 않다

     ❖ 馬鹿らしい話はやめなさい
       시시한[터무니없는] 이야기는 그만두시오

い형용사

901

■ **はなはだしい**　甚だしい　심하다, 대단하다

❖ 甚<ruby>はなは</ruby>だしい誤解<ruby>ごかい</ruby>　대단한 오해

902

□ **はやい**　早い　빠르다

❖ 早<ruby>はや</ruby>い汽車<ruby>きしゃ</ruby>　빠른 기차

903

■ **ひくい**　低い　낮다

❖ 低<ruby>ひく</ruby>い山<ruby>やま</ruby>　낮은 산

904

■ **ひとしい**　等しい　똑같다

❖ 二辺<ruby>にへん</ruby>が等<ruby>ひと</ruby>しい　두 변이 같다

905

□ **ふかい**　深い　깊다

❖ 深<ruby>ふか</ruby>い海<ruby>うみ</ruby>　깊은 바다

906

■ **ふとい**　太い　굵다

❖ 太<ruby>ふと</ruby>い糸<ruby>いと</ruby>　굵은 실

907

□ **ほしい**　欲しい　원하다, 바라다

❖ あなたの欲<ruby>ほ</ruby>しいものなに
네가 원하는 게 뭐지

908

□ **ほそい**　細い　얇다

❖ 電信柱<ruby>でんしんばしら</ruby>の細<ruby>ほそ</ruby>いかげ
전신주의 가느다란 그림자

909

□ **まずしい**　貧しい　가난하다

❖ 暮<ruby>く</ruby>しが貧<ruby>まず</ruby>しい　살림이 가난하다

910
□ **まっしろい** 真っ白い **새하얗다**

❖ 真っ白い雲 새하얀 구름

911
□ **まぶしい** 眩しい **눈부시다**

❖ 太陽が眩しかった 태양이 눈부셨다

912
□ **まるい** 丸い **둥글다**

❖ 丸い月 둥근 달

913
■ **みっともない** **꼴사납다, 보기 싫다**

❖ 人前であくびをするのはみっともない
남 앞에서 하품을 하는 것은 꼴사납다

い形容詞

914
■ **みにくい** 醜い **추하다**

❖ 人間の醜い一面を描く
인간의 추한 일면을 그리다

915
□ **むずかしい** 難しい **어렵다**

❖ 難しい問題 어려운 문제

916
□ **めずらしい** 珍しい **희귀히디**

❖ 珍しい鳥 희귀한 새

917
□ **めでたい** 目出度い **경사스럽다**

❖ 合格して目出度い 합격해서 경사스럽다

918
□ **もうしわけない** **면목 없다**

❖ せけん様に対して申し訳がない
세상 사람들[남]에게 면목이 없다

919

□ **もったいない**　　아깝다, 과분하다

❖ 勿体無いお言葉　과분한 말씀

920

■ **ものすごい**　　대단하다, 굉장하다

❖ ものすごい人気　대단한 인기

921

□ **やさしい**　易しい　쉽다, 용이하다

❖ 問題が易しい　문제가 쉽다

922

■ **やさしい**　優しい　다정하다, 부드럽다

❖ 母の優しいおもざし
어머니의 다정한 얼굴 모습

923

□ **やすい**　安い　싸다

❖ 物価が安い　물가가 싸다

924

■ **やむをえない**　　어쩔 수 없다

❖ 已むを得ない事情　어쩔 수 없는 사정

925

□ **やわらかい**　柔らかい　부드럽다, 푹신하다, 상냥하다, 융통성이 있다

❖ 柔らかい肌　보드라운 살결

926

□ **よい**　良い　좋다

❖ 品質が良い　품질이 좋다

927

□ **わかい**　若い　젊다

❖ 若い人　젊은 사람

928
■ **わかわかしい** 若々しい 젊다, 젊어 보이다

　　❖ 君はつねに若々しい
　　자네는 항상 젊음에 넘쳐 있다

929
□ **わるい** 悪い 나쁘다

　　❖ いが悪い 위가 나쁘다

い형용사

TIP

・고득점용 い형용사
　　あおじろい(青白い) 창백하다
　　うすぐろい(薄黒い) 거무스름하다
　　うれしい(嬉しい) 기쁘다
　　おしい(惜しい) 아깝다, 아쉽다
　　くさい(臭い) 냄새가 나다, 미심쩍다
　　さびしい(寂しい) 쓸쓸하다, 외롭다
　　すばらしい(素晴らしい) 훌륭하다
　　ちからづよい(力強い) 든든하다
　　はげしい(激しい) 격렬하다
　　はずかしい(恥ずかしい) 부끄럽다
　　むしあつい(蒸し暑い) 무덥다
　　めんどうくさい(面倒くさい) 귀찮다
　　ゆるい(緩い) 느슨하다, 헐겁다
　　よろしい(宜しい) 좋다, 괜찮다

930
■ **あいかわらず** 相変わらず 변함없이, 여전히

❖ 相変わらずだね 여전하군

931
□ **あいにく** 공교롭게도

❖ あいにく留守だった
공교롭게도 집에 없었다

932
■ **あんがい** 案外 의외로, 예상 외로

❖ 案外手強い敵 의외로 만만치 않은 적

933
□ **いきなり** 갑자기, 느닷없이

❖ いきなり胸ぐらをとる
갑자기 멱살을 잡다

934
■ **いちいち** 일일이, 빠짐없이

❖ 質問にいちいちに答える
질문에 일일이 대답하다

935
□ **いちおう** 一応 일단, 우선

❖ 一応承諾した 일단 승낙했다

936
■ **いっせいに** 一斉に 일제히

❖ 一斉に立ち上がる 일제히 일어서다

937
■ **いっそう** 一層 더욱더, 오히려, 차라리

❖ 病気が一層ひどくなる
병이 더욱 악화되다

938

□ **いつのまにか**   모르는 사이에, 어느덧

❖ 雨は何時の間にか止んでいた
비는 어느 사이엔지 그쳐 있었다

939

□ **いっぱんに**   一般に   일반적으로

❖ 彼のコートは一般にほぼ上着なみの
丈だ   그의 코트는 일반적으로 거의 상의
정도의 기장이다

940

■ **いっぽう**   一方   한편

❖ 一方、こうも考えられる

한편, 이렇게도 생각된다

941

□ **いまにも**   당장에라도, 이내

❖ いまにも降り出しそうな空
당장에라도 비개눈이] 내릴 것 같은 하늘

942

□ **いよいよ**   마침내, 드디어

❖ いよいよ僕の番だ   마침내 내 차례다

943

■ **いわば**   言わば   말하자면, 이를테면

❖ 自然は言わば人類の母だ
자연은 이를테면 인류의 어머니이다

944

■ **いわゆる**   소위, 이른바

❖ これがいわゆるハイビジョンだ
이것이 이른바 하이비전이다

945

□ **うっかり**   깜빡, 무심코

❖ うっかり約束を忘れた
깜빡 약속을 잊었다

946

■ **うんと**   매우, 훨씬

❖ わたしよりうんと賢い
나보다 훨씬 똑똑하다

부
사

947

■ **おそらく** 　　　아마, 틀림없이

❖ 恐らく来ないだろう
아마 오지 않을 것이다

948

■ **いずれ** 　　　어차피, 결국은, 머지않아

❖ いずれ人は死ぬ 어차피 사람은 죽는다

949

■ **おのおの** 各々 　각자, 제각기

❖ 人には各々長所と短所がある
사람에게는 각자 장점과 단점이 있다

950

□ **がっかり** 　　　낙담하다

❖ 給料が上がらずがっかりする
급료가 오르지 않아 낙담하다

951

■ **けっこう** 結構 　꽤, 상당히

❖ 結構上手だ 제법(꽤) 잘한다

952

■ **ぎっしり(と)** 　　가득, 꽉

❖ 箱にぎっしりと詰まっている
상자에 가득 차 있다

953

□ **けっきょく** 結局 　결국, 마침내

❖ 結局は御覧の通りです
결국은 보시는 바와 같습니다

954

□ **さすが** 　　　과연, (뭐니 뭐니 해도) 역시

❖ さすがに寒い 과연 춥다

955

■ **さっそく** 早速 　즉시, 재빨리

❖ 早速お送りします
즉시 보내드리겠습니다

956
■ さらに　　更に　　더욱더, 다시금

❖ 更によくなる　더 나아지다

957
■ じか(に)　　直(に)　　직접, 바로

❖ 賄賂を直に手渡す　뇌물을 직접 건네다

958
■ しだいに　　次第に　　점차, 차츰

❖ 次第に落ちつかなくなる
점점 안절부절못하게 되다

959
□ しみじみ　　절실히, 곰곰이

❖ 故郷の良さをしみじみと感じた
고향이 좋다는 것을 절실히 느꼈다

960
□ すくなくとも　　少なくとも　　적어도, 최소한

❖ 少なくとも1万円にはなる
최소한 만 엔은 된다

961
□ すべて　　全て　　전부, 모조리

❖ 仕事は全てかたづけた
작업은 모두 끝냈다

962
■ せっかく　　모처럼 임, 벼르고 함

❖ せっかくの機会だったのに
모처럼의 기회였는데

963
■ そうとう　　相当　　상당히

❖ かれのゴルフ熱も相当じゅうしょう
だね　그의 골프열도 상당히 중증인걸

964
■ ぞくぞく(と)　　続々(と)　　잇달아, 끊임없이

❖ 見物人が続々とつめかける
구경꾼이 속속 몰려들다

부
사

965
■ **だいいち** 　第一　　우선, 무엇보다도

けんこう だいいち
❖ 健康が第一だ　건강이 제일이다

966
■ **たえず**　　絶えず　　끊임없이, 항상

た しんぱい
❖ 絶えず心配している　늘 걱정하고 있다

967
■ **ただちに**　直ちに　　곧, 즉시

ただ はじ
❖ 直ちに始める　즉시 시작하다

968
■ **たった**　　　　　　단지, 겨우, 오직

❖ たったこれだけか　겨우 이것뿐이냐?

969
□ **たとえ**　　　　　　가령, 설령

わら
❖ たとえおかしくても笑ってはいけない
설령 우습더라도 웃어서는 안 된다

970
■ **たびたび**　度々　　번번이, 자주

たびたび あ ひと
❖ 度々合った人　자주 만난 사람

971
□ **ちゃんと**　　　　　틀림없이, 분명하게

しごと
❖ 仕事だけはちゃんとする
일만큼은 틀림없이 하다

972
■ **つい**　　　　　　　무심코, 그만

きゃく なまえ わす
❖ 客の名前をつい忘れた
손님의 이름을 그만 잊어버렸다

973
■ **つねに**　　常に　　항상

きみ つね わかわか
❖ 君は常に若々しい
자네는 항상 젊음에 넘쳐 있다

974
■ どうか
부디, 제발

❖ どうか貸して下さい 제발 빌려 주십시오

975
■ どうせ
어차피, 이왕에, 결국

❖ どうせしがないサラリーマン
어차피 보잘것없는 월급쟁이

976
□ とうとう
드디어, 마침내, 끝내

❖ とうとう成功した 마침내 성공했다

977
□ どうも
어쩐지, 아무리 생각해도, 아무리 해도

❖ どうも助けようがない
아무리 해도 도울 방도가 없다

978
■ とっくに
훨씬 전에

❖ 彼はとっくに60を過ぎている
그는 훨씬 전에 60이 넘었다

979
■ とつぜん　突然
돌연, 갑자기

❖ 突然の引退声明 돌연한 은퇴 성명

980
■ とにかく
어쨌든

❖ とにかく急ぐことが先決だ
어쨌든 서두르는 것이 선결문제다

981
■ ともかく
어찌 되었든 간에

❖ ともかく試合には勝った
어쨌든 간에 시합에는 이겼다

982
■ なお
아직, 덧붙여

❖ なお三日の余裕がある
아직 3일의 여유가 있다

983
■ **なにしろ** 何しろ 아무튼

❖ 何^{なに}しろおもしろい 아무튼 재미있다

984
■ **なんでも** 何でも 무엇이든

❖ 何でも売^うっている 무엇이든 팔고 있다

985
■ **なんとなく** 何と無く 왠지, 무심코

❖ 何^{なに}と無^なく悲^{かな}しくなる 왠지 슬퍼지다

986
■ **ばったり(と)** 딱

❖ 駅^{えき}で彼^{かれ}とばったり出会^{であ}った
역에서 그와 딱 마주쳤다

987
■ **ぴったり(と)** 딱, 착, 바짝

❖ ぴったりと推^おし当^あてる
짐작으로 딱 들어맞히다

988
■ **ぶらぶら** 어슬렁어슬렁, 빈둥빈둥

❖ しばらくぶらぶら町^{まち}を歩^{ある}く
잠시 동안 어슬렁어슬렁 거리를 거닐다

989
□ **ほとんど** 殆んど 대부분, 거의, 하마터면

❖ 殆^{ほと}んど手^てがつけられない
거의 손댈 수가 없다

990
■ **まあまあ** 자자, 하여간에

❖ まあまあそう怒^{おこ}らずに
자자 그렇게 화내지 말고

991
■ **まごまご** 우물쭈물

❖ まごまごしないでさっさと歩^{ある}け
우물쭈물하지 말고 빨랑빨랑 걸어라

992

■ まもなく 間も無く 머지않아

❖ 入院して間も無く死んだ
入院(にゅういん)して間(ま)も無(な)く死(し)んだ
입원해서 얼마 안 되어 죽었다

993

□ まるで 마치, 전혀

❖ まるで覚(おぼ)えがない 전혀 기억에 없다

994

□ むしろ 寧ろ 오히려, 차라리

❖ 議論(ぎろん)と言(い)うよりは寧(むし)ろけんかだ
논의라기 보다는 오히려 싸움이다

995

■ めったに 滅多に 좀처럼

❖ 滅多(めった)に笑(わら)わない 좀처럼 웃지 않다

996

■ もちろん 물론

❖ もちろん行(い)くよ 물론 가지

997

■ やたらに 무턱대고, 마구, 함부로

❖ やたらに食(た)べたがる
무턱대고[마구] 먹고 싶어하다

998

■ よろこんで 喜んで 기꺼이

❖ 喜(よろこ)んでお手伝(てつだ)い致(いた)します
기꺼이 도와 드리겠습니다

999
□ **アイデア**　　아이디어

❖ 奇抜な アイディア　기발한 아이디어

1000
□ **アナウンサ**　　아나운서

❖ スポーツアナウンサー　스포츠아나운서

1001
□ **アルバイト**　　아르바이트

❖ アルバイトをしてがくひをかせぐ
아르바이트를 하여 학비를 벌다

1002
■ **アルバム**　　앨범

❖ 卒業記念アルバム　졸업 기념 앨범

1003
■ **イメージ**　　이미지

❖ イメージが浮かぶ　이미지가 떠오르다

1004
□ **インタビュー**　　인터뷰

❖ 首相にインタビューする
수상과 인터뷰하다

1005
■ **ウイスキー**　　위스키

❖ ごくじょうのウイスキー
최상의 위스키

1006
■ **ウール**　　울, 양모, 모직물

❖ ウールのコート　울코트

1007

□ **エスカレーター**　에스컬레이터

❖ 出世のエスカレーター
　출세의 에스컬레이터

1008

□ **エネルギー**　에너지

❖ エネルギー不滅の法則
　에너지 불멸의 법칙

1009

■ **エンジン**　엔진

❖ くうれいエンジン　공랭 엔진

1010

■ **オイル**　오일, (식용, 연료용) 기름

❖ サラダオイル　샐러드 오일

1011

■ **オートバイ**　오토바이

❖ オートバイのきょくげい
　오토바이 곡예

1012

□ **カメラ**　카메라

❖ ミニカメラ　미니 카메라

1013

□ **カレンダー**　캘린더, 달력

❖ スポーツカレンダー　스포츠 캘린더

1014

■ **カロリー**　칼로리

❖ カロリーの低い石炭　칼로리가 낮은 석탄

1015

■ **キャンパス**　캠퍼스 , 대학교의 교정

❖ 人並みにキャンパスーラブもした
　남들과 같이 대학 생활 속에서의 사랑도 하
　였다

외래어

1016

■ **クリーニング** 클리닝, 세탁, 드라이클리닝

❖ クリーニングに出す 세탁하러 보내다

1017

□ **グループ** 그룹

❖ グループ活動 그룹 활동

1018

■ **コーチ** 코치

❖ 水泳コーチ 수영 코치

1019

□ **コピー** 카피, 사본

❖ コピーを取る 사본을 뜨다, 복사하다

1020

□ **コミュニケーション** 커뮤니케이션, 의사소통

❖ コミュニケーションのメディア
커뮤니케이션의 매체

1021

□ **コンサート** 콘서트

❖ コンサートホール 콘서트 홀

1022

■ **サービス** 서비스

❖ サービス精神 서비스 정신

1023

■ **サイン** 사인, 신호, 암호

❖ 監督のサイン 감독의 사인

1024

■ **サンプル** 샘플

❖ 新薬のサンプル 신약의 샘플

1025
■ シャッター

셔터

❖ シャッターを下ろす 셔터를 내리다

1026
■ ジャム

잼

❖ パンにジャムをつける
빵에 잼을 바르다

1027
■ シャワー

샤워

❖ シャワーを浴びる 샤워를 하다

1028
■ スカート

스커트, 치마

❖ ロングスカート 롱스커트

1029
□ スケジュール

스케줄

❖ スケジュールを組む 스케줄을 짜다

1030
■ スタート

스타트, 시작

❖ スタートをきる 스타트를 끊다

1031
■ スタイル

스타일

❖ チャイナスタイル 중국 스타일

1032
■ スピード

스피드

❖ ハイスピード 하이스피드, 고속

1033
■ ゼミ

세미나

❖ ゼミは大学の教育方法の一つである
세미나는 대학교육 방법중의 하나이다

외래어

1034

■ **センター** 센터

❦ サービスセンター 서비스 센터

1035

■ **ソファ** 소파

❦ ソファに身をしずめる
소파에 편하게 앉다

1036

□ **タイプ** 타입, 형식, 유형

❦ 重役タイプ 중역 타입

1037

■ **チーム** 팀

❦ ホームチーム 홈팀

1038

□ **チャンス** 찬스

❦ 絶好のチャンス 절호의 찬스

1039

■ **テープレコーダー** 녹음기

❦ テープレコーダーで音楽を再生する
녹음기로 음악을 재생하다

1040

■ **テーマ** 테마

❦ テーマソング 테마 송. 주제가

1041

■ **デザイン** 디자인

❦ 商業デザイン 상업 디자인

1042

■ **テンポ** 템포

❦ テンポを上げる 템포를 올리다

1043
■ トップ   톱, 선두, 수위

❖ トップグループ 선두 그룹

1044
■ トランプ   트럼프, 카드 (놀이)

❖ トランプあそびのおや 트럼프놀이의 딜러

1045
■ トレーニング   트레이닝, 훈련

❖ ハードトレーニング
하드 트레이닝. 강훈련

1046
■ トンネル   터널

❖ 海底トンネル 해저 터널

1047
■ パーセント   퍼센트

❖ ひゃくパーセント大丈夫
백 퍼센트 걱정없다

1048
■ パス   패스, 통과, 합격

❖ 試験にパスする 시험에 합격하다

1049
■ パスポート   패스포트, 여권

❖ パスポートを携帯する 여권을 휴대하다

1050
■ パターン   패턴

❖ パターンブック 패턴 북

1051
■ バック   백, 뒤, 배후

❖ バックミラー 백미러

외래어

1052
■ バランス 밸런스, 균형

❖ バランスをとる 균형을 잡다

1053
■ ハンドル 핸들, 손잡이

❖ ハンドルをにぎる 핸들을 잡다

1054
■ ビール 맥주

❖ ビールの泡(あわ) 맥주 거품

1055
■ ピストル 피스톨, 권총

❖ ピストルをうつ 권총을 쏘다

1056
■ ビル 빌딩

❖ ビル街(がい) 빌딩가

1057
■ ピンク 핑크

❖ ピンクのセーター 핑크색 스웨터

1058
■ フィルム 필름

❖ フィルムを巻(ま)く 필름을 감다

1059
■ プール 풀, 수영장

❖ プール開(びら)き 풀 개장

1060
■ フォーク 포크

❖ フォーク歌手(かしゅ) 포크 송 가수

1061

■ **プラス**

플러스

❖ ちめいど プラス 信頼度
지명도 플러스 신뢰도

1062

■ **プラスチック**

플라스틱

❖ プラスチック モデル 플라스틱 모형

1063

■ **プラットホーム**

플랫폼

❖ ふきさらしの プラットホーム
바람받이에 있는 플랫폼

1064

■ **プラン**

플랜

❖ デスク プラン 데스크 플랜. 탁상 계획

1065

□ **フリー**

프리,무료, 자유로움

❖ フリーな 立場 자유로운 처지

1066

■ **プリント**

프린트, 인쇄(물)

❖ プリント 屋 인쇄소

1067

■ **プレゼント**

선물

❖ クリスマス プレゼント 크리스마스 선물

1068

■ **プロ**

프로, 전문가

❖ プロのきし 전문[직업] 기사

1069

■ **プログラム**

프로그램

❖ 多彩な プログラム 다채로운 프로(그램)

외
래
어

1070

□ ページ   페이지

❖ ページをめくる 페이지를 넘기다

1071

■ ベンチ   벤치

❖ 公園のベンチ 공원의 벤치

1072

■ ボーナス   보너스

❖ くれのボーナス 연말 상여금

1073

□ ポスター   포스터

❖ ポスターのずあん 포스터의 도안

1074

□ ポスト   포스트, 우편함

❖ 手紙をポストに入れる
편지를 우편함에 넣다

1075

□ ボタン   버튼, 단추

❖ 金ボタン 금 단추

1076

■ マーケット   마켓

❖ マーケットアナリシス
[market analysis] 마켓 어낼리시스. 시장
분석

1077

■ マイク   마이크

❖ かくしマイク 비밀 마이크

1078

■ マイナス   마이너스

❖ 家計はいつもマイナスだ
가계는 언제나 마이너스다

1079
□ **マッチ**　　매치, 성냥, 경기, 시합

❖ タイトルマッチ　타이틀 매치

1080
■ **マンション**　　맨션

❖ マンションをぶんじょうする
　맨션을 분양하다

1081
■ **ミス**　　미스, 실수

❖ ミスを犯す　실수를 범하다[저지르다]

1082
■ **メートル**　　미터

❖ へいほうメートル　평방 미터

1083
■ **モダン**　　모던, 현대풍

❖ モダンライフ　모던 라이프

1084
■ **ランニング**　　달리기

❖ ランニングで鍛える
　러닝(달리기)으로 단련하다

1085
■ **リズム**　　리듬

❖ リズムを取る　리듬을 맞추다

1086
■ **リットル**　　리터

❖ ミリリットル　밀리리터

1087
■ **ルール**　　룰

❖ 会議のルール　회의의 규칙(룰)

외래어

1088

□ **レクリエーション**   레크리에이션

❖ レクリエーション**の**施設
레크리에이션 시설

1089

■ **レジャー**   레저

❖ レジャー産業 레저 산업

1090

□ **レポート**   리포트, 보고서

❖ レポート**をさくせいする**
리포트를 작성하다

1091

■ **レベル**   레벨, 수준

❖ レベル**をあげる** 수준을 높이다

1092

■ **ロビー**   로비

❖ ホテル**の**ロビー 호텔 로비

TIP

・생활용품 외래어　　バケツ 양동이
　　　　　　　　　　ビニール 비닐
　　　　　　　　　　ピン 핀, 바늘
　　　　　　　　　　ファスナー 지퍼
　　　　　　　　　　ブラシ 솔
　　　　　　　　　　歯(は)ブラシ 칫솔
　　　　　　　　　　フィルム 필름
　　　　　　　　　　マスク 마스크
　　　　　　　　　　ライター 라이터
　　　　　　　　　　ラケット 라켓
　　　　　　　　　　レンズ 렌즈
　　　　　　　　　　コンセント 콘센트
　　　　　　　　　　スーツケース 여행용 가방
　　　　　　　　　　シーツ 시트

1093
□ だから   접 그러니까, 그래서

❖ だからどうだと言うのだ
그러니까 어쨌다는 거야?

1094
□ それで   접 그래서

❖ それで彼は来られなかった
그래서 그는 오지 못했다

1095
■ そこで   접 그래서

❖ ノックをしたが返事がない.そこで裏へ
回ってみた   노크를 했지만 대답이 없다.
그래서 뒤편으로 돌아가 보았다

1096
□ そして   접 그리고

❖ 春が来た.そして花も咲いた
봄은 왔다, 그리고 꽃도 피었다

1097
□ それから   접 그리고 나서

❖ テレビを見た.それから勉強をした
텔레비전을 보았다. 그리고 나서 공부를 했다

1098
□ すると   접 그랬더니, 그러자

❖ 門をたたいた.すると娘が出てきた
문을 두드렸다. 그랬더니 처녀가 나왔다

1099
■ したがって   접 따라서

❖ 品が上等だ.従って値段も高い
물건이 고급이다, 따라서 값도 비싸다

1100
□ しかし   접 그러나

❖ 愛している.しかし別れよう
사랑하고 있다. 그러나 헤어지자

1101

■ だが

㉑ 그러나

❖ だが彼は勇気がある
그러나 그는 용기가 있다

1102

□ ところが

㉑ 그러나, 그렇지만

❖ 彼はもう帰ったと思った。ところが待っていてくれた　그는 벌써 돌아갔다고 생각했다. 그러나 기다리고 있어 주었다

1103

□ でも

㉑ 하지만

❖ でもきらいなんだもの
하지만 싫은 걸요

1104

□ けれど(も)

㉑ 하지만, 그렇지만

❖ 良く言い聞かせた。けれどもまだ直らない
잘 타일렀지만, 아직 고쳐지지 않는다

1105

□ それでも

㉑ 그래도, 하지만

❖ そこはあぶない。それでも行くかね
그 곳은 위험하다, 그래도 가겠는가?

1106

□ それなのに

㉑ 그럼에도 불구하고

❖ 収入は十分ある。それなのにいつも赤字だ
수입은 충분히 있다. 그럼에도 불구하고 언제나 적자다

1107

■ それにしては

㉑ 그렇다 하더라도

❖ 日本に３年いたそうだがそれにしては日本語が下手だ
일본에 3년있었다고 하는데, 그렇다 하더라도(그런것치고는) 일본말이 서투르다

1108

■ および

㉑ 및

❖ アメリカ及びイギリス　미국 및 영국

1109
■ ならびに

㉕ 및, 또다시

❖ 賞状、賞杯ならびに賞金を授与する
상장, 상배 및 상금을 수여하다

1110
■ かつ

㉕ 또한, 게다가

❖ なおかつ 그래도 또, 게다가 또

❖ 迅速かつ正確 신속하고도 (또한) 정확함

1111
■ すなわち

㉕ 즉, 바꿔 말하면

❖ 彼の祖父すなわち故山本大将は
그의 조부, 즉 고 山本 대장은

1112
■ それとも

㉕ 그렇지 않으면, 아니면

❖ 勉強をするか, それとも遊ぶか
공부를 하겠는가, 아니면 놀겠는가?

1113
■ ないしは

㉕ 내지는, 혹은

❖ 地下鉄の工事は三年ないし五年はかかります
지하철 공사는 3년 내지 5년은 걸립니다

1114
■ あるいは

㉕ 혹은

❖ あるいは歌いあるいは踊る
혹은 노래하고 혹은 춤추다

1115
■ または

㉕ 또는, 혹은

❖ 父または母が来る
아버지 또는[아니면] 어머니가 오신다

1116
■ もしくは

㉕ 혹은

❖ わたしかもしくは代理人
나나 혹은 대리인

1117
□ さて

㉕ 그건 그렇고, 한편 (화제 전환)

❖ さて例の件ですが
그건 그렇고, 그 건에 대해선데요

기
타

□ **ところで**　　圈 그런데 (화제 전환)

❖ ところであの件はどうなりましたか
　그런데, 그 건은 어떻게 되었습니까?

■ **それはさておき**　　圈 그건 그렇다 치고 (전혀 다른 화제로 바꿈)

❖ それはさておきこの問題についてまず
話そう　그건 그렇다치고, 이 문제에 대해
먼저 이야기하자

□ **しかも**　　圈 게다가

❖ 安くてしかも栄養のある食べ物
　값싸고 게다가 영양분이 많은 음식

□ **そのうえ**　　圈 게다가

❖ 雨降りだ.そのうえ風も強い
　비가 온다. 게다가 바람도 세다

□ **それに**　　圈 게다가, 더욱이

❖ 頭が痛いそれにかぜ気味だ
　머리가 아프다. 게다가 감기 기운도 있다

□ **さらに**　　圈 게다가

❖ 表彰状を受けた上にさらに奨励金まで
受ける　표창장을 받고 (게다가)그 위에 장
려금까지 받다

■ **なお**　　圈 덧붙여 말하면, 또한

❖ なお申し添えますと　덧붙여 말씀드리면

❖ なおまたこういう説もある
　또한 이런 설도 있다

■ **つまり**　　圈 즉, 다시 말하면

❖ それは神つまり絶対者だ
　그것은 신, 즉 절대자다

1126

■ ただし

쥅 단, 다만

❖ それは少し私の家に似ている。ただし
もっとすてきだ 그것은 우리집이랑 좀
비슷해, 다만 좀 더 좋을 뿐이지

1127

□ なぜなら

쥅 왜냐하면

❖ なぜなら(ば)彼が嫌いだからだ
왜냐하면 그가 싫기 때문이다

1128

□ もっとも

쥅 그렇다고는 해도, 단

❖ 運動は健康のために必要だもっともや
り過ぎるのも問題があるようだ
운동은 건강을 위해 필요하다 그렇다고는 해
도 지나치게 하는 것도 문제가 있는것 같다

1129

■ ~には

죄 ~하려면, ~하기 위해서는

❖ 要約するには下記のメール住所に予約
内容を送ってください 예약을 하시려면
아래의 메일주소로 예약내용을 보내주세요

1130

■ ~ては- ~ていては

죄 ~해서는, ~하고 있어서는

❖ 心配かけてはいけない
걱정을 끼쳐서는 안 된다

1131

■ ~ても (でも)

죄 ~해도

❖ いくら頼んでも無駄だろう
아무리 부탁해도 허사일 것이다

1132

■ ~とも

죄 ~하더라도

❖ 死すともやまじ
죽는 한이 있더라도 그만두지 않으리라

기타

1133

■ ~てでも

㉈ ~해서라도

❖ 実にいい作品だ.借金をしてでも買い
たい　실로 좋은 작품이다. 빚을 내서라도
사고 싶다

1134

■ ~というのは・~とは

㉈ ~라는 것은, ~란

❖ ガット弦というのは羊の腸
거트현이라는 것은 양의 창자

❖ 忘却とは忘れ去ることなり
망각이란 잊어버리는 것이다

1135

■ ~も

㉈ ~도, ~씩(이나)

❖ 君がいくなら僕もいく
자네가 간다면 나도 가겠다

1136

■ ~こそ~が

㉈ ~는 ~지만

❖ 今でこそおちぶれているが, 昔は
지금은 영락했지만, 옛날에는

1137

□ お(ご) ~になる

존경 ~하시다

• お + 동사 ます형 + になる

• ご + 한자어 + になる

❖ 本をお読みになる　책을 읽으시다

1138

□ ~(ら)れる

존경 ~하시다

• 동사 ない형 + (ら)れる형은
'수동, 가능, 자발' 이외에도
'존경의 용법' 으로도 사용된다

❖ 殿下の仰せられた事
전하께서 말씀하신 것

1139

□ お(ご) ~くださる

존경 ~해 주시다, ~해 주십시오

• お + 동사 ます형 + くださる

• ご + 한자어 + くださる

❖ あれこれいういうとお世話してくださる
이것저것 여러 가지로 돌봐 주시다

1140

■ お(ご) ~だ

존경 ~하시다, ~이시다

- お + 동사 ます형 + だ
- ご + 한자어 + だ

❖ ごりっぱだ 훌륭하시다

❖ お父上はご健在ですか
아버님께서는 안녕하십니까?

1141

■ ~でいらっしゃる

존경 ~이시다

- な형용사 어간 / 명사 + でいらっしゃる
- 동사 て형 + ていらっしゃる

❖ 担任の先生でいらっしゃる
담임 선생님이시다

1142

■ お(ご)~なさる

존경 ~하시다

- お(ご) + な형용사 어간 / 명사 + なさる

❖ ご一緒になさいますか
함께 하시겠습니까?

1143

□ お(ご)~いたす

존경 ~하다, ~해 드리다

- お + 동사 ます형 + する(致す)
- ご + 한자어 + する(致す)

❖ ごようめいの品をお届けいたします
주문하신 물품을 보내 드립니다

1144

□ ~ていただく

겸양 ~해 받다

- お + 동사 ます형 + いただく
- ご + 한자어 + いただく

❖ もう少し安い部屋をお見せていただ
けますか 좀 더 싼 방을 보여주시겠어
요?(싼 방을 보여주게 해 받다)

1145

■ ~(さ)せていただく

겸양 ~하다

❖ 待たせていただきます 기다리겠습니다

1146

■ お(ご)~願う

겸양 ~을 부탁드리다

- お + 동사 ます형 + 願う
- ご + 한자어 + 願う

❖ ご協力お願いします
협력을 부탁드립니다

기
타

JLPT N2 필수단어 | **357**

1

■ **~おかげで**
- 동사 · い형용사 · な형용사 · 명사의 명사 수식형 +

~덕택에, ~덕분에 (감사와 원망의 이유)
❖ 皆様のおかげで完成いたしました
여러분의 덕택으로 완성하였습니다

2

■ **~せいで**
- 동사 · い형용사 · な형용사 · 명사의 명사 수식형 +

~(탓)으로 (감사와 원망의 이유)
❖ お前のせいでひどい目にあった
너 때문에 혼줄이 났다

3

■ **~ばかりに**
- 동사 · い형용사 · な형용사 명사 수식형 +

~탓에, ~바람에 (감사와 원망의 이유)
❖ この仕事を選択したばかりに今苦労ばかりする
이 일을 선탁한 탓에 지금 고생만 한다

4

■ **~以上(いじょう)(は)**
- 동사 · い형용사의 명사 수식형 +

~한 이상(은) (의무, 의지, 판단)
❖ およそ人間である以上は
무릇 인간인 이상에는

5

■ **~から(に)は**
- 동사 · い형용사의 보통형 +

~한 이상은 (의무, 의지, 판단)
❖ 決心したからにはやり通すぞ
결심한 이상은 해내고야 말겠다

6

■ **~上は**
- 접속 동사 기본형 · た형 +

~한 이상은 (의무, 의지, 판단의 이유)
❖ こうなった上は諦らめられない
이렇게 된 이상은 단념할 수 없다

7

■ **~ことだから**
- 명사 + の +

~이니까 (의무, 의지, 판단, 행동의 이유)
❖ 大事なことだから人頼みには出来ない
중요한 일이라 남에게 맡길 수는 없다

8

■ **~ものだから · ~もので**
- 동사 · い형용사 · な형용사의 명사 수식형 +

~하기 때문에 (이유, 변명)
❖ 高価できれいなものだから盗まれやすい
값지고 예쁜 물건이라서 손타기 쉽다

9

■ ~ことから

~ 때문에, ~ 데에서 (원인, 변화)

• 동사 · い형용사 · な형용사의
　명사 수식형 +

❖ この**ことから**子が親に従うのはとうぜんの事だ 그 때문에 자식이 부모에게 복종하는 것은 당연한 일이다

10

■ ~からこそ

~이기 때문에, ~이기에 (이유)

• 동사 · い형용사 · な형용사 ·
　명사의 보통형 +

❖ 私にとって大事なあなただ**からこそ**私の話を聞け 나에게 있어 소중한 당신이기 때문에 내 이야기를 들어요

11

■ ~あまり (に)

너무 ~한 나머지 (좋지 않은 결과 강조)

• 명사 + の +

❖ なつかしさの**あまり**目が覚める 너무 그리운 나머지, 잠이 깨다

12

■ ~だけあって

~한 만큼, ~인 만큼, ~답게 (신분이나, 능력)

• 동사 · い형용사 · な형용사의
　명사수식형 +

❖ 貴族の出**だけあって**大様だ 귀족 출신답게 점잖다

13

■ ~だけに

~한 만큼, ~인 만큼 (평가, 판단 강조)

• 동사 · い형용사 · な형용사의
　명사 수식형 / 명사 +

❖ 気に入った人物**だけに**関心も大きい 마음에 든 사람인 만큼 관심도 크다

14

■ ~ところをみると

~것을 보면 (상황 추측)

• 동사 · い형용사 · な형용시의 명
　사 수식형 +

❖ あんなにたくさんの人が見ている**ところをみると**確かに事故が起った 저렇게 많은 사람들이 보고 있는 것을 보면 확실히 사고가 났다

15

■ ~さえ~ば

~만 ~하면, ~만 ~이면 (조건 가정)

• 동사 ます형 + ~
• 동사 + て형 +
• い형용사 어간 +
• な형용사 어간 +
• 명사 +

❖ 交通が便利で**さえ**あれ**ば**家賃は高くてもけっこうです 교통이 편리하기만 하면 집세는 비싸도 좋습니다

문법

16

■ ~としたら・~とすれば・~とすると ~라고 하면 (가정·조건)

- 동사·い형용사·な형용사·
  명사의 보통형 +

❖ もしわたしが<ruby>大金持<rt>おおがねもち</rt></ruby>であったとしたら
가령 내가 큰 부자였다면

17

■ ~として(も) ~라고 해(도) / ~로서(도) (가정·의미)

- 동사·い형용사의 보통형 +
- な형용사·명사 + ~である +

❖ そうだとしても<ruby>変<rt>へん</rt></ruby>な<ruby>話<rt>はなし</rt></ruby>だ
그렇다 해도 이상한 이야기다

18

■ ~ないことには ~하지 않고서는 (가정·의미)

- 동사 ない형 +

❖ <ruby>早<rt>はや</rt></ruby>く<ruby>行<rt>い</rt></ruby>かないことには
빨리 가지 않는다면

19

■ たとえ~ても 설령 ~라고 해도 (가정·조건)

- たとえ + 각 품사의 て형 +
  ~ても

❖ たとえおかしくても<ruby>笑<rt>わら</rt></ruby>ってはいけない
설사 우습더라도 웃어서는 안 된다

20

■ ~ものなら ~하다면 (가정·조건)

- 동사 가능형 +

❖ やれるものならやってみろ
할 수만 있으면 해 보아라

21

■ ~をぬきにして(は) ~를 빼고서(는) (가정·조건)

- 명사 +

❖ <ruby>今日<rt>きょう</rt></ruby>は<ruby>難<rt>むずか</rt></ruby>しい<ruby>話<rt>はなし</rt></ruby>はぬきにして
오늘은 어려운 이야기는 빼고

22

■ ~にしろ・~にせよ ~라고 해도 (가정·조건)

- 동사·い형용사의 보통형 /
  な형용사 어간 / 명사 +

❖ どんな<ruby>理由<rt>りゆう</rt></ruby>があるにせよ<ruby>男<rt>おとこ</rt></ruby>は<ruby>女<rt>おんな</rt></ruby>に<ruby>手<rt>て</rt></ruby>を
つけてはいけないと<ruby>思<rt>おも</rt></ruby>う
어떤이유가있다고해도남자는여자에게손을
대서는안된다고생각한다

23

■ ~たところで ~해봤자 (가정·조건)

- 동사 た형 +

❖ <ruby>行<rt>い</rt></ruby>ってみたところでしようがないだ
ろう 가봤댔자 별수없을 것이다

24

~わりに(は)

~에 비해서(는) (평가의 시점)

• 동사 · い형용사 · な형용사 ·
명사의 명사 수식형 +

❖ 年のわりにひらけた人
나이에 비해서 개화된 사람

25

~にしては

~치고는 (평가의 시점)

• 명사 / 동사 보통형 +

❖ 七月にしては涼しい
7월치고는 선선하다

26

~向き

~에게 적합한, ~용 (평가의 시점)

• 명사 +

❖ じどう向きの読物 아동용 읽을 거리

27

~わけがない

~할 리가 없다, ~일 리가 없다 (부정)

• 명사 수식형 +
• 동사 · い형용사 · な형용사 ·
명사의 수식형

❖ そんな過激な提案が議会を通過する
わけがない 그런 과격한 제안이 의회에서
통과될 리는 없다

28

~っこない

~할 리가 없다 (부정)

• 동사 ます형 +

❖ 子供にわかりっこない
어린애가 알 리가 없다

29

~どころではない

~할 상황이 아니다 (부정)

• 명사 / 동사 보통형 +

❖ 給料が減ったから車を買うどころで
はない
월급이 줄어서 차를 살 상황이 아니다

30

~わけではない

반드시 ~ 것은 아니다 (부정)

• 동사 · い형용사 · な형용사의
명사 수식형 +

❖ みながみな分かったわけでは無い
(반드시) 모두가 다 이해한 것은 아니다

31

~ものか

~할까 보냐 (부정)

• 동사 · い형용사 · な형용사의
명사 수식형 +
• 명사 + な +

❖ 君なぞに負けるものか
너 따위에게 질까보냐

문법

32

■ **~ないことはない** ~하지 않는 것은 아니다 (부정)

• 동사・い형용사・な형용사의 ない형 +

❖ いくら厳しいとてがまん出来ないことはない 아무리 힘들더라도 참지 못할 리가 없다 (참지 않는 것은 아니다)

33

■ **~というものではない** ~라는 것은 아니다 (부정)

• 명사 / 동사・い형용사・な형용사의 보통형 +

❖ 何でも多ければよいというものではない
뭐든지 많으면 좋다고 하는 것은 아니다

34

■ **~ことは~が ~ない** ~기는 ~지만, ~지 않다 (부정)

• 동사・い형용사・な형용사・명사의 명사 수식형 +

❖ 言うことはもっともらしいが中身がない 희번드르르하게 말은 그럴 듯하긴 하지만 실속이 없다

35

■ **~ざるをえない** ~하지 않을 수 없다 (강제)

• 동사 ない형 +

❖ 言わざるを得ない 말하지 않을 수 없다

36

■ **~ないわけにはいかない** ~하지 않을 수가 없다 (강제)

• 동사 ない형 +

❖ 見ない訳にはいかない 안 볼 수는 없다

37

■ **~ずにはいられない** ~하지 않고는 있을 수 없다 (강제)

• 동사 ない형 +

❖ この本を読むと誰でも感動せずにはいられない 이 책을 읽으면 누구라도 감동하지 않을 수 없다

38

■ **~ないではいられない** ~하지 않고서는 있을 수 없다 (강제)

• 동사 ない형 +

❖ 其のコメディは本当におかしくて見ていると笑わないではいられない
그 코메디는 너무 재밌어서 웃지 않고는 못 배긴다(웃지 않고서는 있을 수 없다)

39

■ **~たび(に)** ~ 때마다 (관련, 대응)

• 명사 + の + / 동사 기본형 +

❖ 見るたびに美しくなる
볼때마다 예뻐지다

40
■ ~によって・~による
~에 따라 / ~에 따른 (관련, 대응)

• 명사 +

❖ 地方によって称呼がちがう
지방에 따라 칭호가 다르다

❖ 挙手によるひょうけつ 거수에 따른 표결

41
■ ~をきっかけに
~을 계기로 (관련, 대응)

• 명사 +

❖ 病気をきっかけにタバコをやめる
병을 계기로 담배를 끊다

42
■ ~につけ(ても)
~와 관련하여 항상, ~때마다 (관련, 대응)

• 명사 / 동사·い형용사의 기본형 +

❖ 何かにつけサボる (뭔가와 관련하여 항상)걸핏하면 농땡이를 치다

43
■ ~に応じて
~에 따라서, ~에 맞게 (관련, 대응)

• 명사 +

❖ 収入に応じて税金が課される
수입에 따라 세금이 부과되다

44
■ ~はもちろん
~은 물론(이고) (부가)

• 명사 +

❖ 英語はもちろんのことドイツ語も出来る 영어는 물론이고 독일어도 할 수 있다

45
■ ~うえ(に)
~한 데다가, ~인 데다가 (부가)

• 동사·い형용사·な형용사·명사의 명사 수식형 +

❖ 叱られたうえに罰金までとられる
야단을 맞은 데다가 벌금까지 물다

46
■ ~も~ば~~も
~도 ~하고, ~도 (부가)

• 명사 + ~も~ば, + 명사 + ~も

❖ いい時もあれば悪い時もある
좋을 때가 있으면(있기도 하고) 나쁠때도 있다

47
■ ~に加えて
~에 덧붙여, ~에 더하여 (부가)

• 명사 +

❖ この会社は筆記試験に加え面接試験もある 이 회사는 필기시험에 더해(더하여) 면접시험도 있다

문법

■ ~を問わず

• 명사 +

~을 불문하고, ~에 관계없이 (무관계, 무시, 예외)

❖ 洋のとうざいを問わず
동서양을 불문하고

■ ~にかかわらず

• 명사 +

~에 관계없이, ~에 상관없이 (무관계, 무시, 예외)

❖ せいうにかかわらず出発する
날씨에 관계없이 출발한다

■ ~はともかく (として)

• 명사 +

~은 차치하고, ~은 어찌됐든 (무관계, 무시, 예외)

❖ 理由はともかくとして責任だけはまぬかれない
이유는 어떻든 간에 책임만은 피할 수 없다

■ ~もかまわず

• 동사 기본형 + の +
• 명사 +

~도 신경 쓰지 않고 (무관계, 무시, 예외)

❖ 人前もかまわずふざける
남의 눈도 아랑곳하지 않고 시시덕거리다

■ ~てたまらない

• 동사·い형용사·な형용사의 て형 +

~해서 참을 수 없다 (심정의 강조)

❖ 痛くてたまらない
아파서 못 견디겠다(참을 수 없다)

■ ~てならない

• 동사·い형용사·な형용사의 て형 +

~해서 참을 수 없다, 너무 ~하다 (심정의 강조)

❖ 悲しくてならない 슬퍼서 참을 수 없다

■ ~てしかたがない・~てしょうがない

• 동사·い형용사·な형용사의 て형 +

~해서 어쩔 도리가 없다, 너무 ~하다 (심정의 강조)

❖ 見ているとじれったくてしかたがない
보고 있으려니 답답해서 견딜 수가 없다

55

■ **~しかない**
  ~より (ほか) ない
  ~ほか(しかたが)ない

~할 수밖에 없다 (주장, 단정)

• 동사 기본형 / 명사 +

❖ 連絡<ruby>れんらく</ruby>はせんびんによるしかない
  연락은 선편에 의할 수밖에 없다

56

■ **~にすぎない**

~에 불과하다 (주장, 단정)

• 동사 보통형 / 명사 +

❖ それは一例<ruby>いちれい</ruby>にすぎない
  그것은 일례에 지나지 않는다

57

■ **~にきまっている**

당연히 ~이다, ~가 당연하다 (주장, 단정)

• 동사 · い형용사의 보통형 /
  な형용사 어간 / 명사 +

❖ 秘密<ruby>ひみつ</ruby>というものは漏<ruby>も</ruby>れるに決<ruby>き</ruby>まって
  いる 비밀이란 새어 나가게 마련이다(당연
  히 새어 나간다)

58

■ **~にほかならない**

바로 ~이다, ~임에 틀림없다 (주장, 단정)

• 명사 / 동사 · い형용사의 보
  통형 / な형용사 어간 +

❖ 今回<ruby>こんかい</ruby>の優勝<ruby>ゆうしょう</ruby>は彼<ruby>かれ</ruby>の努力<ruby>どりょく</ruby>のたまものに
  ほかならない 이번 우승은 그의 노력의
  보람(덕택)이다

59

■ **~というものだ**

~라는 것이다 (주장, 단정)

• 동사 · い형용사의 보통형 /
  な형용사 어간 / 명사 +

❖ これが世<ruby>よ</ruby>に言<ruby>い</ruby>う革命<ruby>かくめい</ruby>というものだ
  이것이 소위 혁명이라는 것이다

60

■ **~に違いない**

~임에 틀림없다 (전문, 추측)

• 동사 · い형용사의 보통형 /
  な형용사 어간 / 명사 +

❖ 本物<ruby>ほんもの</ruby>に違<ruby>ちが</ruby>いない 진짜임에 틀림없다

61

■ **~おそれがある**

~할 우려가 있다 (전문, 추측)

• 동사 · 명사의 명사 수식형 +

❖ 水害<ruby>すいがい</ruby>の虞<ruby>おそれ</ruby>がある
  수해의(수해가 일어날) 우려가 있다

62

■ **~かねない**

~할지도 모른다 (전문, 추측)

• 동사 ます형 +

❖ うそを言<ruby>い</ruby>い兼<ruby>か</ruby>ねない
  거짓말을 할지도 모른다

문
법

JLPT N2 필수단어 | **365**

■ ~ということだ
- 동사 · い형용사 · な형용사 · 명사의 보통형 +

~라고 한다 (전문, 추측)

❖ きのうの火事はつけびだという事だ
어제의 화재는 방화라고 한다

■ ~まい
- 동사 기본형 +

~하지 않을 것이다 (전문, 추측)

❖ 二度と言うまいと誓う
두 번 다시 말하지 않을 것을 맹세하다

■ ~とか
- 동사 · い형용사 · な형용사 · 명사의 보통형 +

~라고 한다, ~라든가 (전문, 추측)

❖ 地位とか名誉とかを重んずる
지위라든가 명예를 중히 여기다

■ ~から~にかけて
- 명사 + ~から + 명사 +

~부터 ~에 걸쳐서 (기점, 종점, 한계, 범위)

❖ 春から夏にかけて 봄부터 여름에 걸쳐서

■ ~にわたって
- 명사 +

~에 걸쳐서 / ~에 걸친 (기점, 종점, 한계, 범위)

❖ 三月四月の両月にわたって
3월 4월, 두 달에 걸쳐서

■ ~かぎり
- 동사 · い형용사의 보통형 / 명사 + の / 명사 · な형용사 + である +

~한 (기점, 종점, 한계, 범위)

❖ あたうかぎり努力する
되도록[가능한 한] 노력하다

■ ~だけ(の)
- 동사 · い형용사 · な형용사의 명사 수식형 +

~껏, ~ 만큼 (기점, 종점, 한계, 범위)

❖ 新入生の数だけ机をそろえる
신입생의 수만큼 책상을 갖추다

■ ~をはじめ
- 명사 +

~을 비롯하여 (기점, 종점, 한계, 범위)

❖ 首相をはじめとして 수상을 비롯하여

71
■ ~を通じて
• 명사 +

~을 통해서 (기점, 종점, 한계, 범위)

❖ でんぱを通じて話す
전파를 통해서 말하다

72
■ ~からして
• 명사 +

~부터가 (기점, 종점, 한계, 범위)

❖ いきごみからして違う
의욕부터가 다르다

73
■ ~次第
• 동사 ます형 +

~하면 바로 (시간적 동시성, 전후관계)

❖ びんのあり次第届ける
기회 있는 대로 보내다

74
■ ~上で
• 동사 た형 +

~하고 나서 (시간적 동시성, 전후관계)

❖ いちおう考えた上で 일단 생각한 연후에

75
■ ~てからでないと
• 동사 て형 +

~하고 나서가 아니면 (시간적 동시성, 전후관계)

❖ 彼に会ってからでないと何とも言えません 그를 만나고 나서가 아니면 뭐라고 말할 수 없습니다

76
■ ~たとたんに
• 동사 た형 +

~하자마자 (시간적 동시성, 전후관계)

❖ お経が終わったとたんに帰ってしまった 불경이 끝나자마자 돌아가 버렸다

77
■ ~(か)と思うと
• 동사 た형 +

~나 싶더니 곧 (시간적 동시성, 전후관계)

❖ 子供は今泣いたかと思うともう笑っている
아이는 지금 우는 듯 싶더니 벌써 웃고 있다

78
■ ~か~ないかのうちに
• 동사 기본형 · た형 +

~하자마자 (시간적 동시성, 전후관계)

❖ 始まるか始まらないかのうちに会議はもう終わった
시작되자마자 회의는 벌써 끝났다

문법

79

■ ~て以来

- 동사 て형 +

~한 이래 (시간적 동시성)

❖ 上京{じょうきょう}以来{いらい}一度{いちど}も便{たよ}りがない
상경이래 한번도 소식이 없다

80

■ ~に先立って

- 명사 +

~에 앞서 (시간적 동시성, 전후관계)

❖ 出戦{しゅっせん}に先立{さきだ}って強化訓練{きょうかくんれん}を本格化{ほんかくか}する
출전에 앞서 강화 훈련을 본격화하다

81

■ ~ついでに

- 명사 + の / 동사 기본형 · た형 +

~하는 김에 (부대, 비부대)

❖ 町{まち}に出{で}でついでに買{か}い物{もの}をする
시내에 나간 김에 쇼핑을 하다

82

■ ~つつ

- 동사 ます형 +

~하면서 (부대, 비부대)

❖ 涙{なみだ}を流{なが}しつつ語{かた}る
눈물을 흘리면서 말하다

83

■ ~ことなく

- 동사 기본형 +

~하지 않고, ~하는 일 없이 (부대, 비부대)

❖ おくすることなく話{はな}す
두려워하지 않고 말하다

84

■ ~ぬきで

- 명사 +

~없이, ~을 생략하고 (부대, 비부대)

❖ りくつ抜{ぬ}きで好{す}きだ
이치로 따질 것 없이 좋아한다

85

■ ~をこめて

- 명사 +

~을 담아 (부대, 비부대)

❖ じょうかんをこめて歌{うた}う
정감을 담아 노래하다

86

~ながら

- な형용사 · 명사 + であり +
- 동사 ます형 / い형용사 기본형 +

~(하)이지만, ~하(이)면서 (역접, 양보)

❖ 彼{かれ}は韓国人{かんこくじん}でありながら中国人{ちゅうごくじん}よりも中国語{ちゅうごくご}が流暢{りゅうちょう}だ 그는 한국사람이면서 중국말이 중국사람보다 유창하다

87

■ ~にもかかわらず

• 명사/동사・い형용사 보통형+
• な형용사・명사 + である +

~에도 불구하고, ~이지만 (역접, 양보)

❖ 遠いにも拘わらず行った
먼데도 불구하고 갔다

88

■ ~くせに

• 동사・い형용사・な형용사・명사의 명사 수식형 +

~한(인) 주제에, ~한(인)데도 (역접, 양보)

❖ 男のくせにいくじがない
남자인 주제에 패기가 없다

89

■ ~ものの

• 동사・い형용사・な형용사의 명사 수식형 +

~하지만 (역접, 양보)

❖ 一口に芸者とはいうもののその中にはピンからキリまである
한 마디로 기생이라고는 하지만, 그중에는 최고에서 최하까지 여러층이 있다

90

■ ~といっても

• 명사 / 동사・い형용사・な형용사의 보통형 +

~이라고 해도 (역접, 양보)

❖ 何と言ってもお嬢さん育ちだからね
누가 뭐래도 귀하게 자란 아가씨이니까 말이야

91

■ ~からといって

• 동사・い형용사・な형용사・명사의 보통형 +

~라고 해서 (역접, 양보)

❖ 子供だからといってかげんはしません
어린애라고 해서 사정을 봐 주지는 않습니다

92

■ ~にかけては

• 명사 +

~에 있어서는, ~에서는 (화제)

❖ 彼はスポーツにかけてはオールマイティーだ 그는 스포츠에 있어서는 만능이다

93

■ ~というと

• 명사 +

~라고 하면 (화제)

❖ 紅葉というと日光が最高だ
단풍이라고 하면 닛코가 최고다

94

■ ~といえば

• 명사 +

~라고 하면, ~을 화제로 삼으면 (화제)

❖ 青森といえばリンゴのほんばだ
아오모리라고 하면 사과의 본고장이다

문법

95

■ ~といったら

~로 말할 것 같으면, ~는 (정말) (화제)

• 명사 +

❖ その景色を美しさといったら…
その<ruby>景色<rt>けしき</rt></ruby>を<ruby>美<rt>うつく</rt></ruby>しさといったら…
그 경치의 아름다움으로 말할 것 같으면…

96

■ ~とは

~은, ~라는 것은 (화제)

• 명사 +

❖ <ruby>忘却<rt>ぼうきゃく</rt></ruby>とは<ruby>忘<rt>わす</rt></ruby>れ<ruby>去<rt>さ</rt></ruby>ることなり
망각이란(은) 잊어버리는 것이다

97

■ ~というものは

~라는 것은, ~란 (화제)

• 명사 + ~というものは / 각 품사의 보통형 +

❖ いったい<ruby>世間<rt>せけん</rt></ruby>というものは
원래 세상이라는 것은

98

■ ~ほど / ~ほどだ

~ 정도, ~ 정도다 (모습)

• 동사 · い형용사 · な형용사의 명사 수식형 / 명사 +

❖ <ruby>才能<rt>さいのう</rt></ruby>のほどを<ruby>試<rt>ため</rt></ruby>す 재능의 정도를 시험하다

❖ <ruby>寂<rt>さび</rt></ruby>しくて<ruby>泣<rt>な</rt></ruby>きたいほどだ
외로워서 울고 싶을 정도다

99

■ ~くらい・~くらいだ

~정도, ~ 정도다 (모습)

• 동사 · い형용사 · な형용사의 명사 수식형 / 명사 +

❖ <ruby>猫<rt>ねこ</rt></ruby>くらいの<ruby>大<rt>おお</rt></ruby>きさ 고양이 정도의 크기

❖ そのはやさといったら<ruby>目<rt>め</rt></ruby>にもとまらないくらいだ
그 빠르기란 눈에도 보이지 않을 정도이다

100

■ ~かのようだ

~인 것 같다 (모습)

• 동사의 보통형 +
• 명사 + ~である +

❖ <ruby>彼<rt>かれ</rt></ruby>は<ruby>大統領<rt>だいとうりょう</rt></ruby>に<ruby>行政<rt>ぎょうせい</rt></ruby>の<ruby>手先<rt>てさき</rt></ruby>として<ruby>使<rt>つか</rt></ruby>われているかのようだ
대통령이 그를 쓰다 버릴 졸로 보는 것 같다

101

■ ~げ

~한 듯, ~한 듯한 모양 (모습)

• い형용사 · な형용사의 어간 +

❖ <ruby>懐<rt>なつ</rt></ruby>かしげに<ruby>眺<rt>なが</rt></ruby>める 반가운 듯이 바라보다

102
■ ~がちの・・~がちだ
- 동사 ます형 / 명사 +

자주 ~하는, ~하기 쉬운 / 자주 ~하다
(경향 · 상태)

❖ 病気がちの妻
  골골하는(자주 아픈) 마누라

❖ このところずっと病気がちだ
  요즘에 계속 병이 잦다

103
■ ~っぽい
- 동사 ます형 / 명사 / い형용
  사의 어간 +

~한 느낌이 들다, 잘 ~하다 (경향 · 상태)

❖ 怒りっぽい 화를 잘 내다

104
■ ~気味
- 동사 ます형 / 명사 +

약간 ~한 느낌 (경향 · 상태)

❖ 背を少しこごめ気味にして歩く
  등을 약간 구부정하게 하고 걷다

105
■ ~だらけ
- 명사 +

~투성이 (경향 · 상태)

❖ 借金だらけ 빚투성이

106
■ ~きり
- 동사 た형 +

~한 채로 (경과)

❖ 寝たきりの老人 병으로 자리에 누운 노인

107
■ ~たところ
- 동사 た형 +

~했더니, ~한 결과 (경과)

❖ わたしが見たところ彼は必ず大成する
  내가 볼진대 그는 반드시 대성한다

108
■ ~あげく (に)
- 동사 た형 +
- 명사 + の +

~한 끝에 (경과)

❖ 迷った挙げ句父に相談する
  망설인 끝에 아버지와 의논하다

109
■ ~末 (に)
- 동사 た형 +
- 명사 + の +

~한 끝에 (경과)

❖ えんちょうせんの末に勝つ
  연장전 끝에 이기다

110

■ **~に対して**　　　~에게, ~에 대해서 (동작의 대상)

• 명사 +

❖ 金に対してどんよくだ
돈에 대해 탐욕스럽다

111

■ **~をめぐって**　　~을 둘러싸고 (동작의 대상)

• 명사 +

❖ 改正案をめぐって激論する
개정안을 둘러싸고 격론하다

112

■ **~にこたえ（て）**　~에 따라, ~에 부응하여 (동작의 대상)

• 명사 +

❖ 先手たちはあついおうえんにこたえて
新記録を出した　선수들은 뜨거운 응원에
부응하여 신기록을 냈다

113

■ **~向けに**　　　~용으로 (동작의 대상)

• 명사 +

❖ これは子供向けに書れた本です
이것은 어린이용으로 쓰인 책입니다

114

■ **~について‥~につき**　~에 대해, ~에 관해서 (동작의 대상)

• 명사 +

❖ 日本の経済に付いて研究する
일본 경제에 대해 연구하다

❖ 世界の情勢に付き述べる
세계의 정세에 대해(관해서) 말하다

115

■ **~に関して（は）**　~에 관해서(는) (동작의 대상)

• 명사 +

❖ 政治に関しては全くむちだ
정치에 관해서는 전혀 무지하다

116

■ **~ば~ほど**　　　~하면 ~할수록 (상관관계)

• 동사·い형용사의 가정형 +
~ば + 동사·い형용사의 기
본형 + ~ほど

❖ あせればあせるほどうまくできない
초조해하면 할수록 잘 되지 않는다

117

■ **~に伴って**　　　~에 따라(서) (상관관계)

• 동사 기본형 / 명사 +

❖ 医学知識の普及に伴って伝染病が激減
した
의학 지식의 보급에 따라 전염병이 격감했다

118

■ ~につれ(て)

• 동사 기본형 / 명사 +

~에 따라 (상관관계)

❖ 町の人口が増えるにつれて犯罪が増加してきた 도시의 인구가 늘어남에 따라 범죄가 증가해졌다

119

■ ~とともに

• 동사 기본형 / 명사 +

~와 함께 (상관관계)

❖ だいおんとともに家が倒れる
요란한 소리와 함께 집이 무너지다

120

■ ~にしたがって

• 동사 기본형 / 명사 +

~에 따라 (상관관계)

❖ ながれに従って泳ぐ
흐름에 따라 헤엄치다

121

■ ~よう(に)

• 동사 기본형·ない형 +

~하도록 (목적)

❖ 安心するように 안심하시도록

122

■ ~ことに

• 동사 た형 / い형용사·な형
용사의 명사 수식형 +

~하게도 (감탄, 원망)

❖ さいわいなことに間に合った
다행하게도 시간에 댈 수 있었다

123

■ ~きれない

• 동사 ます형 +

완전히 ~할 수 없다 (결말)

❖ この人数ではささえきれない
이 인원으로는 막아낼 수 없다

124

■ ~ことになっている

• 동사 사전형·ない형 +

~하기로 되어 있다 (결말)

❖ 近いうちにきこうすることになっている 근간 기공하기로 되어 있다

125

■ ~ぬく

• 동사 ます형 +

끝까지 ~하다, 몹시 ~하다 (결말)

❖ 断固としてやりぬく 단호히 해내다

126

■ ~次第だ

• 동사의 명사 수식형 / 명사 +

~인 것이다 / ~ 나름이다 (결말)

❖ 成功は君の努力次第だ
성공은 네가 노력할 나름이다

■ **~っけ**

• 동사·い형용사·な형용사·
  명사의 과거형 +

~던가, ~였지, ~곤 했지 (결말)

❖ 昔はここが本屋だったっけ
  옛날에는 여기가 책방이었지

■ **~ところだった**

• 동사 기본형·ない형 +

(하마터면) ~할 뻔했다 (결말)

❖ わたしもそうであったがその人も大怪
  がする所だった
  나도 나려니와 그 사람도 크게 다칠 뻔했다

■ **~わけにはいかない**

• 동사 기본형 +

~할 수는 없다 (불가능, 가능, 곤란, 용이)

❖ もっきょするわけにはいかない
  묵인할 수는 없다

■ **~ようがない**

• 동사 ます형 +

~할 수가 없다 (불가능, 가능, 곤란, 용이)

❖ 危険なことが起こりようがない
  위험한 일이 일어날 수가 없다

■ **~がたい**

• 동사 ます형 +

~하기 어렵다 (불가능, 가능, 곤란, 용이)

❖ 僕としては言い難い
  나로서는 말하기 어렵다

■ **~かねる**

• 동사 ます형 +

~하기 어렵다, ~할 수 없다 (불가능, 가능, 곤란, 용이)

❖ ちょっと言い兼ねる 좀 말하기 거북하다

■ **~得る**

• 동사 ます형 +

~할 수 있다 (불가능 곤란, 용이)

❖ 考え得る 생각할 수 있다
❖ 失笑を禁じ得ない 실소를 금할 수 없다

■ **~べきだ**

• 동사 기본형 +

~해야 한다 (권유, 추천, 주의, 금지)

❖ 不当な差別はやめるべきだ
  부당한 차별은 중지해야 한다

135

~ものだ

~ 것이다 (권유, 추천, 주의, 금지)

• 동사 · い형용사 · な형용사의
명사 수식형 +

❖ なれというものは恐ろしいものだ
습관이란 무서운 것이다

136

~(よ)うではないか

(함께) ~하자 (권유)

• 동사 의지형(의지권유형) +

❖ もう遅いからやめようではないか
이제 늦었으니 그만 둘까?

137

~ことはない

~할 필요는 없다 (권유, 추천, 주의, 금지)

• 동사 기본형 +

❖ さまで気にすることはない
그토록 마음쓸 필요는 없다

138

~ことだ

~것이다 (권유, 추천, 주의, 금지)

• 동사 기본형 · ない형 +

❖ 命にかかわることだ
목숨에 관계되는 것(일)이다

139

~ものがある

~하는 데가 있다 (감탄, 원망)

• 동사 · い형용사 · な형용사의
명사 수식형 +

❖ 故人にほうふつたるものがある
고인과 방불한 데가 있다

140

~ことか

~인가, ~던가, ~한지 (감탄, 원망)

• 동사 · い형용사 · な형용사의
명사 수식형 +

❖ いくど注意したことか
얼마나 많이 주의시켰던가

141

~一方だ

(오로지) ~할 뿐이다 (진행)

• 동사 기본형 +

❖ 販売競争は過熱する一方だ
판매 경쟁은 과열해지기만 한다

142

~つつある

(지금) ~하고 있다 (진행)

• 동사 ます형 +

❖ 病状は漸次回復しつつある
병세는 점차 회복해 가고 있다

143

~うちに・~ないうちに

~하는 동안에, ~하기 전에 (시점, 장면)

• 동사 기본형 · ない형/い형용사
기본형/な형용사 명사수식형 +

• 명사 + の + ~うちに / ~な
いうちに

❖ やってゆくうちに 해(나)가는 동안에

❖ 夜のあけないうちに 날이 새기 전에

144
■ ~かける

・동사 ます형 +

~하다 말다 (시점, 장면)

❖ 病気がなおりかける 병이 조금 돌아서다

145
■ ~ところを

・동사 · い형용사 · な형용사 ·
명사의 명사 수식형 +

~시점에 (시점, 장면)

❖ ねいったところを起こされる
막 잠이 들은 참에 깨워서 일어나다

146
■ ~最中(に)

・명사 + の / 동사 ている +

한창 ~하고 있을 때 (시점, 장면)

❖ 授業の最中に席を立ったりしてはい
けません 한창 수업중에 자리를 뜨거나 해
서는 안됩니다

147
■ ~において・~における

・명사 +

~에서, ~에서의 (시점, 장면)

❖ このいみにおいて 이러한 의미에서
❖ 学校における教育 학교에서의 교육

148
■ ~際(は)

・명사 + の / 동사 기본형 · た
형 +

~때(는) (시점, 장면)

❖ 登校の際は制服ちゃくようの事
등교할 때는 제복을 착용할 것

149
■ ~にあたって

・동사 기본형 / 명사 +

~할 때에, ~을 맞이하여 (시점, 장면)

❖ 出版に当たって…
출판에 즈음하여 (출판을 맞이하여…)

150
■ ~に限り

・명사 +

~만은 (한정, 비한정)

❖ わたしに関する限り… 내게 관한 한…

151
■ ~のみならず

・명사 / 동사 · い형용사 · な형
용사의 보통형 +

~뿐만 아니라 (한정, 비한정)

❖ 俳優としてのみならず演出家としても
有名である 배우로서뿐만이 아니라 연출
가로서도 유명하다

152

■ ~ばかりか

• 동사 · い형용사 · な형용사의 명사 수식형 / 명사 +

〜뿐만 아니라 (한정, 비한정)

❖ 風許りか雨まで降ってきた
바람만이 아니라 비까지 내리기 시작했다

153

■ ~に限らず

• 명사 +

〜뿐만 아니라 (한정, 비한정)

❖ テニスに限らずピンポンもなかなか
上手だ 테니스뿐만 아니라 탁구도 곧잘 한다

154

■ ~(で)さえ

• 명사 +

〜도, 〜조차 (강조)

❖ 自分の名前さえ書けない
제이름조차 못쓴다

155

■ ~こそ

• 명사 / 동사 て형 +

〜야말로 (강조)

❖ わたしこそ失礼しました
저야말로 실례했습니다

156

■ ~からすると

• 명사 +

〜에서 보면 (판단의 입장)

❖ 民主主義の基準からすると公平さに欠
ける司法制度 민주적 기준으로 본다면 공
정성이 부족한 사법 제도

157

■ ~として

• 명사 +

〜로서 (판단의 입장)

❖ 責任者として最善を尽くす
책임자로서 최선을 다하다

158

■ ~にとって

• 명사 +

〜에게 있어서 (판단의 입장)

❖ 我々にとってはせつじつな問題
우리에게 있어서는 절실한 문제

159

■ ~にしたら

• 명사 +

〜로서는 (판단의 입장)

❖ あの人の身にしたらそう考えてもお
かしくない 저 사람의 입장으로는 그렇게
생각해도 이상하지 않다

문
법

160

■ ~に基づいて

~에 기초해서 (기준)

• 명사 +

❖ 規則に基づいて処理する
규칙에 기초해서 처리하다

161

■ ~をもとに(して)

~을 토대로 하여 (기준)

• 명사 +

❖ かびをもとにして作った薬
곰팡이를 원료(소재로) 하여 만든 약

162

■ ~とおり(に)

~대로 (기준)

• 동사 기본형·た형 +

❖ 言ったとおりにし 말한 대로 해라

163

■ ~を中心に(して)

~을 중심으로 (기준)

• 명사 +

❖ 点を中心にして回転する
점을 중심으로 해서 회전하다

164

■ ~に沿って

~에 따라 (기준)

• 명사 +

❖ こくさくに沿って行う
국책에 따라 행하다

165

■ ~のもとで

~하에서 (기준)

• 명사 +

❖ 片親のもとで育てられる
편친 슬하에서 양육되다

166

■ ~どころか

~은커녕 (대비)

• 동사·い형용사·な형용사의
　명사 수식형 / 명사 +

❖ 歩くどころか立つことすらできない
걷기는커녕 설 수조차 없다

167

■ ~反面

~인 반면 (대비)

• 동사·い형용사·な형용사의
　명사 수식형 +

• 명사 + である +

❖ 偉そうなことを言う反面憶病だ
큰소리를 치는 반면 겁쟁이이다

168

■ ~かわりに

~ 대신에 (대비)

• 명사 + の / 동사 기본형 +

• 동사·い형용사·な형용사의
　명사 수식형 +

❖ お金のかわりに労働で償う
돈 대신에 몸으로 때우다

169

■ ~一方(で)

• 동사·い형용사·な형용사·
  명사의 명사 수식형 +

~하는 한편(으로) (대비)

❖ 厳(きび)しく叱(しか)る一方(いっぽう)で優(やさ)しい言葉(ことば)をかける
   ことも忘(わす)れない 엄격하게 꾸짖는 한편으로 상냥하게 말을 거는 것도 잊지 않는다

170

■ ~に反(はん)して

• 명사 +

~와 달리, ~에 반해 (대비)

❖ 本来(ほんらい)の趣旨(しゅし)に反(はん)して
   본래의 취지와는 달리

171

■ ~というより

• 동사·い형용사·な형용사·
  명사의 보통형 +

~라기 보다 (대비)

❖ おんなというよりまだ少女(しょうじょ)だ
   여자라기보다는 아직 소녀다

172

■ ~にしても~にしても

• 명사 / 동사·い형용사의 보
  통형 / な형용사 어간 +

~도 ~도, ~하든 ~하든 (예시)

❖ まぐろはグリルで焼(や)いても揚(あ)げ物(もの)に
   してもバーベキューにしてもいい
   참치는 석쇠에 굽거나, 기름에 튀기거나(튀기든) 바비큐로(바비큐든) 할 수도 있다

173

■ ~やら~やら

• 명사 / 동사·い형용사의 기
  본형 +

~나 ~등, ~랑 ~랑 (예시)

❖ 飯(めし)やら餅(もち)やら食(た)べものがふんだんに
   ある 밥이랑 떡이랑 먹을 것이 푸짐하다

174

■ ~に比べて

• 명사 +

~에 비해 (비교)

❖ 従来(じゅうらい)の方法(ほうほう)に比(くら)べて数々(かずかず)の利点(りてん)がある
   종래의 방법에 비해 많은 이점이 있다

175

■ ~に限る

• 명사 / 동사 기본형 +

~이 가장 좋다, ~이 최고다 (비교)

❖ 女(おんな)に対(たい)する殺(ころ)し文句(もんく)はこれに限(かぎ)る
   여자를 사로잡는 말은 이것밖에 없다

문
법

1 仮(假)	거짓 가	훈 かり	仮親 [かりおや] 양부모 仮 [かり] 임시, 가짜
	부수 イ(2획) 총획 6획	음 カ・ケ	仮説 [かせつ] 가설 仮名 [かめい] 가명
2 価(價)	값 가	훈 あたい	価 [あたい] 가격, 가치, 값어치 価する [あたいする] 가치가 있다
	부수 イ(2획) 총획 8획	음 カ	価格 [かかく] 가격, 값 仮数 [かすう] 가수
3 覚(覺)	깨달을 각	훈 おぼえる・ さます・さめる	覚える [おぼえる] 느끼다 覚ます [さます] 깨다
	부수 見(7획) 총획 12획	음 カク	覚醒 [かくせい] 각성 先覚者 [せんかくしゃ] 선각자
4 刻	새길 각	훈 きざむ	刻む [きざむ] 잘게 썰다 刻み足 [きざみあし] 종종걸음
	부수 刀(2획) 총획 8획	음 コク	刻印 [こくいん] 각인 時刻 [じこく] 시각
5 角	뿔 각	훈 かど・つの	角 [かど] 모난 귀퉁이 角 [つの] 뿔
	부수 角(7획) 총획 7획	음 カク	角質 [かくしつ] 각질 牛角 [ぎゅうかく] 우각
6 看	볼 간	훈 -	
	부수 目(5획) 총획 9획	음 カン	看病 [かんびょう] 간병 看板 [かんばん] 간판
7 感	느낄 감	훈 -	
	부수 心(4획) 총획 13획	음 カン	感情 [かんじょう] 감정 快感 [かいかん] 쾌감
8 講(講)	익힐 강	훈 -	
	부수 言(7획) 총획 17획	음 コウ	講演 [こうえん] 강연 聴講 [ちょうこう] 청강
9 康	편안할 강	훈 -	
	부수 广(3획) 총획 11획	음 コウ	安康 [あんこう] 안강 健康 [けんこう] 건강

좌측 세로 한자: 仮 価 覚 刻 角 看 感 講 康

10 降	내릴 **강**	훈 おりる・ふる・おろす	降りる [おりる] (아래로)내리다 降る [ふる] (비가) 내리다
	부수 阝(3획) 총획 10획	음 コウ	降雨 [こうう] 강우 降雪 [こうせつ] 강설

11 介	끼일 **개**	훈 –	
	부수 人(2획) 총획 4획	음 カイ	介入 [かいにゅう] 개입 媒介 [ばいかい] 매개

12 改	고칠 **개**	훈 あらためる・あらたまる	改める [あらためる] 고치다 改まる [あらたまる] 새로워지다
	부수 攵(4획) 총획 7획	음 カイ	変改 [へんかい] 변개 改造 [かいぞう] 개조

13 皆	다 **개**	훈 みな	皆 [みな] 모두, 전부, 죄다 皆様 [みなさま] 여러분
	부수 白(5획) 총획 9획	음 カイ	皆勤 [かいきん] 개근 皆既食 [かいきしょく] 개기일식

14 乾	마를 **건**	훈 かわく・かわかす	乾く [かわく] 마르다 乾かす [かわかす] 말리다
	부수 乙(1획) 총획 11획	음 カン	乾燥 [かんそう] 건조 乾杯 [かんぱい] 건배

15 健	튼튼할 **건**	훈 すこやか	健やか [すこやか] 몸이 튼튼함
	부수 亻(2획) 총획 11획	음 ケン	健康 [けんこう] 건강 強健 [きょうけん] 강건

16 検(檢)	봉할 **검**	훈 –	
	부수 木(4획) 총획 12획	음 ケン	検印 [けんいん] 검인 検疫 [けんえき] 검역

17 結	맺을 **결**	훈 むすぶ・ゆわえる	結ぶ [むすぶ] 끝맺다 結わえる [ゆわえる] 매다
	부수 糸(6획) 총획 12획	음 ケツ	結勝 [けつじょう] 결승 結束 [けっそく] 결속

18 耕(耕)	밭 갈 **경**	훈 たがやす	耕す [たがやす] (논밭을) 갈다
	부수 耒(6획) 총획 10획	음 コウ	耕作 [こうさく] 경작 農耕 [のうこう] 농경

한자

19 傾	기울 경	훈 かたむく・かたむける	傾く [かたむく] 기울다 傾ける [かたむける] 기울게 하다
	부수 イ(2획) 총획 13획	음 ケイ	傾斜 [いしゃ] 경사 傾度 [けいど] 정도
20 境	지경 경	훈 さかい	境 [さかい] 경계 境目 [さかいめ] 갈림길
	부수 土(3획) 총획 14획	음 キョウ・ケイ	境界 [きょうかい] 경계 境内 [けいだい] 경내
21 敬	공경할 경	훈 うやまう	敬う [うやまう] 존경하다
	부수 攵(4획) 총획 12획	음 ケイ	敬意 [けいい] 경의 敬愛 [けいあい] 경애
22 更	다시 갱	훈 さら・ふける・ふかす	更 [さら] 말할 것도 없음 更ける [ふける] (밤・계절) 깊어지다
	부수 曰(4획) 총획 7획	음 コウ	初更 [しょこう] 초경 五更 [ごこう] 오경
23 硬	굳을 경	훈 かたい	堅い [かたい] 굳다, 딱딱하다
	부수 石(5획) 총획 12획	음 コウ	硬化 [こうか] 경화 生硬 [せいこう] 생경
24 競	겨룰 경	훈 きそう・せる	競う [きそう] 다투다 競る [せる] 겨루다
	부수 立(5획) 총획 20획	음 キョウ・ケイ	競泳 [きょうえい] 경영 競馬 [けいば] 경마
25 警	경계할 경	훈 -	
	부수 言(7획) 총획 19획	음 ケイ	警戒 [けいかい] 경계 警備 [けいび] 경비
26 階	섬돌 계	훈 -	
	부수 阝(3획) 총획 12획	음 カイ	階段 [かいだん] 계단 階上 [かいじょう] 위층
27 届	이를 계	훈 とどける・とどく	届ける [とどける] 보내다 届く [とどく] 닿다
	부수 尸(3획) 총획 8획	음 -	

28 雇	품 살 고	훈 やとう	雇う [やとう] 고용하다 雇い [やとい] 고용
雇	부수 隹(8획) 총획 12획	음 コ	解雇 [かいこ] 해고 雇傭 [こよう] 고용
29 庫	곳집 고	훈 –	
	부수 广(3획) 총획 10획	음 コ・ク	書庫 [しょこ] 서고 金庫 [きんこ] 금고
30 故	예 고	훈 ゆえ	故 [ゆえ] 까닭, 이유
	부수 攵(4획) 총획 9획	음 コ	事故 [じこ] 사고 故障 [こしょう] 고장
31 枯	마를 고	훈 かれる・ からす	枯れる [かれる] 미르다 枯らす [からす] 시들게 하다
	부수 木(4획) 총획 9획	음 コ	枯死 [こし] 고사 枯木 [こぼく] 고목
32 供	이바지할 공	훈 そなえる・ とも	供える [そなえる] 신불에게 올리다 供 [とも] 종자(從者), 수행원
	부수 亻(2획) 총획 8획	음 キョウ・ク	提供 [ていきょう] 제공 供養米 [くようまい] 공양미
33 公	공변될 공	훈 おおやけ	公 [おおやけ] 조정, 국가
	부수 八(2획) 총획 4획	음 コウ	公平 [こうへい] 공평 公正 [こうせい] 공정
34 恐	두려울 공	훈 おそれる・ おそろしい	恐れる [おそれる] 무서워하다 恐ろしい [おそろしい] 두렵다
	부수 心(4획) 총획 10획	음 キョウ	恐怖 [きょうふ] 공포 恐慌 [きょうこう] 공황
35 科	과정 과	훈 –	
	부수 禾(5획) 총획 9획	음 カ	歯科 [しか] 치과 科学 [かがく] 과학
36 菓	과일 과	훈 –	
	부수 艹(3획) 총획 11획	음 カ	菓器 [かき] 과기 茶菓 [さか] 다과

37 管	피리 관	훈 くだ	管 [くだ] 관, 대롱
	부수 竹(6획) 총획 14획	음 カン	移管 [いかん] 이관 管見 [かんけん] 관견
38 鉱 (鑛)	쇳돌 광	훈 -	
	부수 金(8획) 총획 13획	음 コウ	鉄鉱 [てっこう] 철광 鉱物 [こうぶつ] 광물
39 橋	다리 교	훈 はし	橋詰め [はしづめ] 다릿목 橋銭 [はしせん] 다리 통행세
	부수 木(4획) 총획 16획	음 キョウ	橋梁 [きょうりょう] 교량 架橋 [かきょう] 가교
40 較	견줄 교	훈 -	
	부수 車(7획) 총획 13획	음 カク・コウ	較差 [かくさ] 교차 較量 [こうりょう] 비교하여 생각함
41 郊	성 밖 교	훈 -	
	부수 β(3획) 총획 9획	음 コウ	郊外 [こうがい] 교외 郊原 [こうげん] 교원
42 構 (構)	얽을 구	훈 かまえる・ かまう	構 [こう] 짜 맞추다 構架 [こうか] 가구(架構)
	부수 木(4획) 총획 14획	음 コウ	構える [かまえる] 꾸미다 構う [かまう] 마음쓰다
43 欧 (歐)	토할 구	훈 -	
	부수 欠(4획) 총획 8획	음 オウ	欧亜 [おうあ] 유럽과 아시아 欧字 [おうじ] 로마자
44 救	건질 구	훈 すくう	救う [すくう] 구하다 救い主 [すくいぬし] 구세주
	부수 攵(4획) 총획 11획	음 キュウ	救援 [きゅうえん] 구원 救急 [きゅうきゅう] 구급
45 求	구할 구	훈 もとめる	求める [もとめる] 구하다 求め [もとめ] 요구, 청구
	부수 氺(5획) 총획 7획	음 キュウ	要求 [ようきゅう] 요구 求心力 [きゅうしんりょく] 구심력

46 球	공 구	훈 たま	球 [たま] 공, 전구
	부수 王(4획) 총획 11획	음 キュウ	球形 [きゅうけい] 구형 地球 [ちきゅう] 지구

47 群	무리 군	훈 むれる・むれ ・むら	群れる [むれる] 떼를 짓다 群 [むら] 떼, 무리
	부수 羊(6획) 총획 13획	음 グン	群集 [ぐんしゅう] 군집 大群 [たいぐん] 대군

48 掘	팔 굴	훈 ほる	掘る [ほる] 파다
	부수 扌(3획) 총획 11획	음 クツ	掘進 [くっしん] 굴진 掘削 [くっさく] 굴삭

49 巻 (卷)	책 권	훈 まく・まき	巻く [まく] 밀다, 틀어쥐다 巻き尺 [まきじゃく] 줄자
	부수 己(3획) 총획 9획	음 カン	巻尾 [かんび] 권미 巻首 [かんすう] 권수

50 権 (權)	저울추 권	훈 −	
	부수 木(4획) 총획 15획	음 ケン・ゴン	権威 [けんい] 권위 権力 [けんりょく] 권력

51 叫	부르짖을 규	훈 さけぶ	叫ぶ [さけぶ] 외치다 叫び [さけび] 외침
	부수 口(3획) 총획 6획	음 キョウ	叫喚 [きょうかん] 규환 絶叫 [ぜっきょう] 절규

52 規	법 규	훈 −	
	부수 見(7획) 총획 11획	음 キ	規格 [きかく] 규격 法規 [ほうき] 법규

53 均	고를 균	훈 −	
	부수 土(3획) 총획 7획	음 キン	均一 [きんいつ] 균일 平均 [へいきん] 평균

54 劇	심할 극	훈 −	
	부수 刀(2획) 총획 15획	음 ゲキ	劇烈 [げきれつ] 극렬 演劇 [えんげき] 연극

한자

55 極	다할 **극**	훈 きわめる・ きわまる・きわみ	極める [きわめる] 탐구하다 極まる [きわまる] 다하다
	부수 木(4획) 총획 12획	음 キョク・ゴク	極度 [きょくど] 극도 極楽 [ごくらく] 극락
56 勤 (勤)	부지런할 **근**	훈 つとまる・ つとめる	勤まる [つとまる] 근무할 수 있다 勤める [つとめる] 근무하다
	부수 力(2획) 총획 12획	음 キン・ゴン	勤怠 [きんたい] 근태 恪勤 [かくごん] 각근
57 禁	금할 **금**	훈 −	
	부수 示(5획) 총획 13획	음 キン	禁煙 [きんえん] 금연 監禁 [かんきん] 감금
58 級 (級)	등급 **급**	훈 −	
	부수 糸(6획) 총획 9획	음 キュウ	階級 [かいきゅう] 계급 高級 [こうきゅう] 고급
59 給	넉넉할 **급**	훈 −	
	부수 糸(6획) 총획 12획	음 キュウ	給湯 [きゅうとう] 급탕 給油 [きゅうゆ] 급유
60 肯	옳이 여길 **긍**	훈 −	
	부수 月(4획) 총획 8획	음 コウ	肯定 [こうてい] 긍정 首肯 [しゅこう] 수긍
61 器 (器)	그릇 **기**	훈 うつわ	器 [うつわ] 그릇 器物 [うつわもの] 용기
	부수 口(3획) 총획 15획	음 キ	食器 [しょっき] 식기 陶磁器 [とうじき] 도자기
62 祈 (祈)	빌 **기**	훈 いのる	祈る [いのる] 빌다 祈り [いのり] 기원, 기도
	부수 ネ(4획) 총획 8획	음 キ	祈願 [きがん] 기원 祈祷 [きとう] 기도
63 基	터 **기**	훈 もと・もとい	基づく [もとづく] 의거하다 基 [もとい] 토대
	부수 土(3획) 총획 11획	음 キ	基礎 [きそ] 기초 基地 [きち] 기지

64 寄	부칠 **기**	훈 よる・よせる	寄る [よる] 다가서다 寄せる [よせる] 밀려오다
	부수 宀(3획) 총획 11획	음 キ	寄宿 [きしゅく] 기숙 寄生 [きせい] 기생

65 技	재주 **기**	훈 わざ	技 [わざ] 기술 寝技 [ねわざ] 이면 공작
	부수 扌(3획) 총획 7획	음 ギ	技芸 [ぎげい] 기예 技術 [ぎじゅつ] 기술

66 記	기록할 **기**	훈 しるす	記す [しるす] 적다 書き記す [かきしるす] 적다
	부수 言(7획) 총획 10획	음 キ	記載 [きさい] 기재 記述 [きじゅつ] 기술

67 喫 喫	마실 **끽**	훈 –	
	부수 口(3획) 총획 12획	음 キツ	喫煙 [きつえん] 끽연 喫茶 [きっさ・きっちゃ] 끽다

68 難 難	어려울 **난**	훈 かたい・ むずかしい	難い [がたい] ~하기 어렵다 難しい [むずかしい] 까다롭다
	부수 隹(8획) 총획 18획	음 ナン	困難 [こんなん] 곤란 難民 [なんみん] 난민

69 暖	따뜻할 **난**	훈 あたたか・あたたかい ・あたたまる・あたためる	暖か [あたたか] 따뜻함 暖まる [あたたまる] 따뜻해지다
	부수 日(4획) 총획 13획	음 ダン	暖冬 [だんとう] 난동 温暖 [おんだん] 온난

70 努	힘쓸 **노**	훈 つとめる	努める [つとめる] 노력하다 努めて [つとめて] 애써
	부수 力(2획) 총획 7획	음 ド	ど [努]일하다 努力 [どりょく] 노력

71 怒	성낼 **노**	훈 いかる・ おこる	怒る [いかる] 화내다 怒る [おこる] 화내다
	부수 心(4획) 총획 9획	음 ド	怒気 [どき] 노기 忿怒 [ふんど] 분노

72 濃	짙을 **농**	훈 こい	濃い [こい] 짙다 濃やか [こまやか] 자상함
	부수 氵(3획) 총획 16획	음 ノウ	濃淡 [のうたん] 농담 濃度 [のうど] 농도

한자

73 農	농사 농	훈 –	
	부수 辰(7획) 총획 13획	음 ノウ	農作 [のうさく] 농작 小作農 [こさくのう] 소작농
74 悩 (惱)	괴로워할 뇌	훈 なやむ・ なやます	悩む [なやむ] 괴로워하다 悩ます [なやます] 괴롭히다
	부수 忄(3획) 총획 10획	음 ノウ	悩殺 [のうさつ] 뇌쇄 苦悩 [くのう] 고뇌
75 脳 (腦)	뇌 뇌	훈 –	
	부수 月(4획) 총획 11획	음 ノウ	脳髄 [のうずい] 뇌수 大脳 [だいのう] 대뇌
76 泥 (單)	진흙 니	훈 どろ	泥 [どろ] 진흙 泥棒 [どろぼう] 도둑질
	부수 氵(3획) 총획 8획	음 デイ	泥土 [でいど] 이토, 진흙 金泥 [きんでい・こんでい] 금니
77 単	홑 단	훈 –	
	부수 小(3획) 총획 9획	음 タン	単身 [たんしん] 단신 単語 [たんご] 단어
78 断 (斷)	끊을 단	훈 たつ・ ことわる	単つ [たつ] 끊다 単る [ことわる] 미리 알리다
	부수 斤(4획) 총획 11획	음 ダン	切断 [せつだん] 절단 断絶 [だんぜつ] 단절
79 担 (擔)	멜 담	훈 かつぐ・ になう	担ぐ [かつぐ] 메다 担う [になう] 짊어지다
	부수 扌(3획) 총획 8획	음 タン	担任 [たんにん] 담임 負担 [ふたん] 부담
80 党 (黨)	무리 당	훈 –	
	부수 儿(2획) 총획 10획	음 トウ	党派 [とうは] 당파 徒党 [ととう] 도당
81 帯 (帶)	띠 대	훈 おび・おびる	帯 [おび] 허리에 두르는 띠 帯びる [おびる] (몸에) 차다
	부수 巾(3획) 총획 10획	음 タイ	衣帯 [いたい] 의대 眼帯 [がんたい] 안대

82 袋	자루 대	훈 ふくろ	袋 [ふくろ] 돈주머니 袋入り [ふくろいり] 주머니
	부수 衣(6획) 총획 11획	음 タイ	郵袋 [ゆうたい] 우편낭 袋様 [たいじょう] 자루 모양
83 導 導	이끌 도	훈 みちびく	導く [みちびく] 안내하다
	부수 寸(3획) 총획 15획	음 ドウ	指導 [しどう] 지도 導入 [どうにゅう] 도입
84 逃 逃	달아날 도	훈 にげる・にがす ・のがす・のがれる	逃げる [にげる] 도망치다 逃がす [にがす] 놓아주다
	부수 辶(4획) 총획 10획	음 トウ	逃亡 [とうぼう] 도망 逃避 [とうひ] 도피
85 途 途	길 도	훈 –	
	부수 辶(4획) 총획 11획	음 ト	途中 [とちゅう] 도중 途上 [とじょう] 도상
86 盗 盗	훔칠 도	훈 ぬすむ	盗む [ぬすむ] 훔치다 盗み聞き [ぬすみぎき] 도청
	부수 皿(5획) 총획 11획	음 トウ	盗難 [とうなん] 도난 強盗 [ごうとう] 강도
87 倒	넘어질 도	훈 たおれる・ たおす	倒れる [たおれる] 넘어지다 倒す [たおす] 전복하다
	부수 亻(2획) 총획 10획	음 トウ	倒産 [とうさん] 도산 打倒 [だとう] 타도
88 塗	진흙 도	훈 ぬる	塗る [ぬる] 칠하다 塗りたくる [ぬりたくる] 마구 칠하다
	부수 土(3획) 총획 13획	음 ト	塗炭 [とたん] 도탄 泥塗 [でいと] 이도
89 独 獨	홀로 독	훈 ひとり	独り [ひとり] 혼자, 홀몸
	부수 犭(3획) 총획 9획	음 ドク	独演 [どくえん] 독연 単独 [たんどく] 단독
90 毒	독 독	훈 –	
	부수 冊(4획) 총획 8획	음 ドク	毒薬 [どくやく] 독약 消毒 [しょうどく] 소독

한
자

91 頓	조아릴 **돈**	훈 とみに	頓に [とみに] 갑자기, 별안간
	부수 頁(9획) 총획 13획	음 トン・トツ	整頓 [せいとん] 정돈 頓知 [とんち] 기지, 재치
92 突 (突)	갑자기 **돌**	훈 つく	突く [つく] 찌르다 突き出し [つきだし] 쑥 밀어냄
	부수 穴(5획) 총획 8획	음 トツ	衝突 [しょうとつ] 충돌 突起 [とっき] 돌기
93 凍	얼 **동**	훈 こおる・ こごえる	凍る [こおる] 얼다 凍える [こごえる] (손발이) 얼다
	부수 冫(2획) 총획 10획	음 トウ	冷凍 [れいとう] 냉동 凍結 [とうけつ] 동결
94 童	아이 **동**	훈 わらべ	童 [わらべ/わらわ] 어린아이들 童歌 [わらべうた] 동요
	부수 立(5획) 총획 12획	음 ドウ	童顔 [どうがん] 동안 悪童 [あくどう] 악동
95 銅	구리 **동**	훈 -	
	부수 金(8획) 총획 14획	음 ドウ	銅像 [どうぞう] 동상 銅婚式 [どうこんしき] 결혼 15주년 기념식
96 臀	볼기 **둔**	훈 -	
	부수 月(4획) 총획 17획	음 デン	臀部 [でんぶ] 둔부, 궁둥이
97 鈍	무딜 **둔**	훈 にぶい・ にぶる	鈍い [にぶい] 무디다 鈍る [にぶる] 무디어지다
	부수 金(8획) 총획 12획	음 ドン	鈍器 [どんき] 둔기 愚鈍 [ぐどん] 우둔
98 得	얻을 **득**	훈 える・うる	得る [える] 얻다 得る [うる] ~할 수 있다
	부수 彳(3획) 총획 11획	음 トク	得点 [とくてん] 득점 拾得 [しゅうとく] 습득
99 等	가지런할 **등**	훈 ひとしい	等しい [ひとしい] 똑같다 等し並み [ひとしなみ] 똑같음
	부수 竹(6획) 총획 12획	음 トウ	平等 [びょうどう] 평등 等分 [とうぶん] 등분

100 絡	이을 **락**	훈 からむ・からまる	絡む [からむ] 휘감기다 絡まる [からまる] 얽히다
	부수 糸(6획) 총획 12획	음 ラク	絡繹 [らくえき] 낙역 連絡 [れんらく] 연락
101 乱 (亂)	어지러울 **란**	훈 みだれる・みだす	乱れる [みだれる] 흐트러지다 乱す [みだす] 어지럽히다
	부수 乙(1획) 총획 7획	음 ラン	混乱 [こんらん] 혼란 乱暴 [らんぼう] 난폭
102 略	다스릴 **략**	훈 –	
	부수 田(5획) 총획 11획	음 リャク	経略 [けいりゃく] 경략 略図 [りゃくず] 약도
103 涼	서늘할 **량**	훈 すずしい・すずむ	涼しい [すずしい] 시원하다 涼む [すずむ] 바람을 쐬다
	부수 冫(2획) 총획 10획	음 リョウ	涼風 [りょうふう] 양풍 納涼 [のうりょう] 납량
104 練 (練)	익힐 **련**	훈 ねる	練る [ねる] 개다 練り直す [ねりなおす] 재검토하다
	부수 糸(6획) 총획 14획	음 レン	練習 [れんしゅう] 연습 熟練 [じゅくれん] 숙련
105 齢 (齡)	나이 **령**	훈 –	
	부수 歯(12획) 총획 17획	음 レイ	学齢 [がくれい] 학령 老齢 [ろうれい] 노령
106 零	조용히 오는 비 **령**	훈 –	
	부수 雨(8획) 총획 13획	음 レイ	零落 [れいらく] 영락 零細 [れいさい] 영세
107 論	말할 **론**	훈 –	
	부수 言(7획) 총획 15획	음 ロン	論争 [ろんそう] 논쟁 論文 [ろんぶん] 논문
108 頼 (賴)	힘입을 **뢰**	훈 たのむ・たよる・たのもしい	頼む [たのむ] 부탁하다 頼る [たよる] 의지하다
	부수 頁(9획) 총획 16획	음 ライ	信頼 [しんらい] 신뢰 無頼漢 [ぶらいかん] 무뢰한

한자

109 了	마칠 **료**	훈 –	
		부수 了(2획) 총획 2획	음 リョウ	了承 [りょうしょう] 승낙함 完了 [かんりょう] 완료
110 療	병 고칠 **료**	훈 –	
		부수 疒(5획) 총획 17획	음 リョウ	診療 [しんりょう] 진료 療法 [りょうほう] 요법
111 類	무리 **류**	훈 –	
	(類)	부수 頁(9획) 총획 18획	음 ルイ	種類 [しゅるい] 종류 類別 [るいべつ] 유별
112 留	머무를 **류**	훈 とまる・ とめる	留まる [とまる] 머무르다 畄める [とめる] 고정시키다
		부수 田(5획) 총획 10획	음 リュウ・ル	留置 [りゅうち] 유치 残留 [ざんりゅう] 잔류
113 輪	바퀴 **륜**	훈 わ	輪 [わ] 원형, 고리
		부수 車(7획) 총획 15획	음 リン	車輪 [しゃりん] 차륜 三輪車 [さんりんしゃ] 삼륜차
114 律	법 **률**	훈 –	
		부수 彳(3획) 총획 9획	음 リツ・リチ	法律 [ほうりつ] 법률 律令 [りつりょう] 율령
115 裏	속 **리**	훈 うら	裏 [うら] 뒤, 뒷면 裏返す [うらがえす] 뒤집다
		부수 衣(6획) 총획 13획	음 リ	表裏 [ひょうり] 표리 裏面 [りめん] 이면
116 粒	알 **립**	훈 つぶ	粒 [つぶ] 낱알 粒餌 [つぶえ] 낱알모이
		부수 米(6획) 총획 11획	음 リュウ	穀粒 [こくりゅう] 곡립 粒子 [りゅうし] 입자
117 磨	갈 **마**	훈 みがく	磨く [みがく] 닦다 磨き [みがき] 닦음
	(磨)	부수 石(5획) 총획 16획	음 マ	琢磨 [たくま] 탁마 研磨 [けんま] 연마

118 湾 (灣)	물굽이 **만**	훈 –	
		음 ワン	湾口 [わんこう] 만구 港湾 [こうわん] 항만
	부수 氵(3획) 총획 12획		

119 満 (滿)	찰 **만**	훈 みちる・ みたす	満ちる [みちる] 차다 満たす [みたす] (가득) 채우다
	부수 氵(3획) 총획 12획	음 マン・バン	未満 [みまん] 미만 満載 [まんさい] 만재

120 望 (望)	바랄 **망**	훈 のぞむ	望む [のぞむ] 바라다 望ましい [のぞましい] 바람직하다
	부수 月(4획) 총획 11획	음 ボウ・モウ	望郷 [ぼうきょう] 망향 渇望 [かつぼう] 갈망

121 埋	묻을 **매**	훈 うまる・うめる ・うもれる	埋まる [うまる] 파묻히다 埋める [うめる] 묻다, 메우다
	부수 土(3획) 총획 10획	음 マイ	埋葬 [まいぞう] 매장 埋没 [まいぼつ] 매몰

122 糸 (絲)	실 **사**	훈 いと	糸 [いと] 실 糸柳 [いとやなぎ] 수양버들
	부수 糸(6획) 총획 6획	음 シ	綿糸 [めんし] 면사 絹糸 [けんし] 견사

123 綿	이어질 **면**	훈 わた	綿 [わた] 목화 綿入れ [わたいれ] 솜옷, 핫옷
	부수 糸(6획) 총획 14획	음 メン	綿糸 [めんし] 면사 純綿 [じゅんめん] 순면

124 鳴	울 **명**	훈 なく・なる・ ならす	鳴く [なく] (새・벌레・짐승)울다 鳴る [なる] 소리가 나다
	부수 鳥(11획) 총획 14획	음 メイ	鳴禽 [めいきん] 명금 鶏鳴 [けいめい] 계명

125 帽 (帽)	모자 **모**	훈 –	
	부수 巾(3획) 총획 12획	음 ボウ	帽子 [ぼうし] 모자 脱帽 [だつぼう] 탈모

126 暮	저물 **모**	훈 くれる・ くらす	暮れる [くれる] 해가 지다 暮らす [くらす] 생활하다
	부수 日(4획) 총획 14획	음 ボ	暮色 [ぼしょく] 모색 薄い暮 [はくぼ] 박모, 황혼

한자

127 猫	고양이 **묘**	훈 ねこ	猫 [ねこ] 고양이
	부수 犭(3획) 총획 11획	음 ビョウ	愛猫 [あいびょう] 애완 고양이 老猫 [ろうびょう] 늙은 고양이
128 武	굳셀 **무**	훈 –	武器 [ぶき] 무기 文武 [ぶんぶ] 문무
	부수 止(4획) 총획 8획	음 ブ・ム	
129 舞	춤출 **무**	훈 まう・まい	舞う [まう] 춤추다. 舞 [まい] 무용, 춤
	부수 舛(6획) 총획 15획	음 ブ	歌舞 [かぶ] 가무 舞台 [ぶたい] 무대
130 迷 迷	미혹할 **미**	훈 まよう	迷う [まよう] 길을 잃다 迷い [まよい] 헤맴
	부수 辶(4획) 총획 10획	음 メイ	迷路 [めいろ] 미로 昏迷 [こんめい] 혼미
131 泊	배 댈 **박**	훈 とまる・ とめる	泊まる [とまる] 숙박하다 泊める [とめる] 정박시키다
	부수 氵(3획) 총획 8획	음 ハク	泊地 [はくち] 정박지 停泊 [ていはく] 정박
132 抜 抜	뺄 **발**	훈 ぬく・ぬける・ ぬかす・ぬかる	抜く [ぬく] 뽑다 抜く [ぬく] 빼다
	부수 扌(3획) 총획 7획	음 バツ	抜剣 [ばっけん] 발검 抜本 [ばっぽん] 발본
133 髪 髪	터럭 **발**	훈 かみ	髪 [かみ] 머리털 髪の毛 [かみのけ] 머리카락
	부수 髟(10획) 총획 14획	음 ハツ	長髪 [ちょうはつ] 장발 理髪 [りはつ] 이발
134 放	놓을 **방**	훈 はなす・はなつ ・はなれる	放す [はなす] 놓아주다 放つ [はなつ] 풀어 주다
	부수 攵(4획) 총획 8획	음 ホウ	放免 [ほうめん] 방면 解放 [かいほう] 해방
135 訪	찾을 **방**	훈 おとずれる・ たずねる	訪れる [おとずれる] 방문하다 訪ねる [たずねる] 묻다, 찾다
	부수 言(7획) 총획 11획	음 ホウ	訪問 [ほうもん] 방문 探訪 [たんぼう] 탐방

136 防	둑 방	훈 ふせぐ	防ぐ [ふせぐ] 막다
	부수 阝(3획) 총획 7획	음 ボウ	堤防 [ていぼう] 제방 防火 [ぼうか] 방화
137 拝 拜	절 배	훈 おがむ	拝む [おがむ] 배례하다
	부수 扌(3획) 총획 8획	음 ハイ	拝礼 [はいれい] 배례 遥拝 [ようはい] 요배
138 犯	범할 범	훈 おかす	犯す [おかす] 어기다
	부수 犭(3획) 총획 5획	음 ハン	犯罪 [はんざい] 범죄 共犯 [きょうはん] 공범
139 壁	벽 벽	훈 かべ	壁 [かべ] 벽 壁訴訟 [かべそしょう] 빈정댐
	부수 土(3획) 총획 16획	음 ヘキ	壁画 [へきが] 벽화 障壁 [しょうへき] 장벽
140 辺 邊	가 변	훈 あたり・べ	辺 [あたり/ほとり] 근처, 부근 辺 [べ] 언저리, 근처
	부수 辶(4획) 총획 6획	음 ヘン	身辺 [しんぺん] 신변 辺地 [へんち] 변지
141 兵	군사 병	훈 -	
	부수 八(2획) 총획 7획	음 ヘイ・ヒョウ	兵役 [へいえき] 병역 兵糧 [ひょうろう] 병량
142 保	지킬 보	훈 たもつ	保護 [ほご] 보호 留保 [りゅうほ] 유보
	부수 亻(2획) 총획 9획	음 ホ	保つ [たもつ] 유지하다
143 報	갚을 보	훈 むくいる	報いる [むくいる] 보답하다 報い [むくい] 응보
	부수 土(3획) 총획 12획	음 ホウ	報復 [ほうふく] 보복 果報 [かほう] 과보
144 補	기울 보	훈 おぎなう	補う [おぎなう] 보충하다 補い [おぎない] 보충
	부수 衤(5획) 총획 12획	음 ホ	補給 [ほきゅう] 보급 増補 [ぞうほ] 증보

한자

145 復	돌아올 복	훈 –	
	부수 彳(3획) 총획 12획	음 フク	回復 [かいふく] 회복 復職 [ふくしょく] 복직
146 腹	배 복	훈 はら	腹 [はら] 배, 복부 腹具合 [はらぐあい] 배 속
	부수 月(4획) 총획 13획	음 フク	腹部 [ふくぶ] 복부 空腹 [くうふく] 공복
147 複	겹옷 복	훈 –	
	부수 衤(5획) 총획 14획	음 フク	複数 [ふくすう] 복수 重複 [ちょうふく・じゅうふく] 중복
148 封	봉할 봉	훈 –	
	부수 寸(3획) 총획 9획	음 フウ・ホウ	封印 [ふういん] 봉인 封建 [ほうけん] 봉건
149 棒	몽둥이 봉	훈 –	
	부수 木(4획) 총획 12획	음 ボウ	棒 [ぼう] 몽둥이 棒倒し[ぼうたおし] 장대 눕히기
150 婦 婦	며느리 부	훈 –	
	부수 女(3획) 총획 11획	음 フ	夫婦 [ふうふ] 부부 新婦 [しんぷ] 신부
151 浮 浮	뜰 부	훈 うく・うかれる ・うかぶ・うかべる	浮く [うく] 뜨다 浮かぶ [うかぶ] 드러나다
	부수 氵(3획) 총획 10획	음 フ	浮上 [ふじょう] 부상 浮沈 [ふちん] 부침
152 専 専	오로지 전	훈 もっぱら	専ら [もっぱら] 오로지
	부수 寸(3획) 총획 9획	음 セン	専任 [せんにん] 전임 専属 [せんぞく] 전속
153 副	버금 부	훈 –	
	부수 刀(2획) 총획 11획	음 フク	副業 [ふくぎょう] 부업 副産物 [ふくさんぶつ] 부산물

154 否	아닐 **부**	훈 いな	否 [いな] 아니, 아니오 否む [いなむ] 거절하다
	부수 口(3획) 총획 7획	음 ヒ	否決 [ひけつ] 부결 拒否 [きょひ] 거부
155 富	가멸 **부**	훈 とむ・とみ	富む [とむ] 부유하다 富 [とみ] 부, 재산
	부수 宀(3획) 총획 12획	음 フ・フウ	富豪 [ふごう] 부호 富貴 [ふうき] 부귀
156 符	부신 **부**	훈 –	
	부수 竹(6획) 총획 11획	음 フ	符号 [ふごう] 부호 音符 [おんぷ] 음부
157 膚	살갗 **부**	훈 –	
	부수 月(4획) 총획 15획	음 フ	完膚 [かんぷ] 완부 皮膚 [ひふ] 피부
158 負	질 **부**	훈 まける・まかす ・おう	負ける [まける] 지다 負かす [まかす] 이기다
	부수 貝(7획) 총획 9획	음 フ	負荷 [ふか] 부하 負債 [ふさい] 부채
159 粉	가루 **분**	훈 こ・こな	粉 [こ] 가루, 분 粉 [こな] 가루
	부수 米(6획) 총획 10획	음 フン	粉剤 [ふんざい] 분제 製粉 [せいふん] 제분
160 備	깃출 **비**	훈 そなえる・ そなわる	備える [そなえる] 갖추다 備わる [そなわる] 구비되다
	부수 亻(2획) 총획 12획	음 ヒ	防備 [ぼうび] 방비 備品 [びひん] 비품
161 悲	슬플 **비**	훈 かなしい・ かなしむ	悲しい [かなしい] 애처롭다 悲しむ [かなしむ] 슬퍼하다
	부수 心(4획) 총획 12획	음 ヒ	悲哀 [ひあい] 비애 悲恋 [ひれん] 비련
162 批	칠 **비**	훈 ヒ	批正 [ひせい] 비정 高批 [こうひ] 고비
	부수 扌(3획) 총획 7획	음 –	

한자

163 沸	끓을 **비**	훈 わく・わかす	沸く [わく] (물이) 끓다 沸かす [わかす] 데우다
	부수 氵(3획) 총획 8획	음 フツ	煮沸 [しゃふつ] 자비 沸騰 [ふっとう] 비등
164 貧	가난할 **빈**	훈 まずしい	貧しい [まずしい] 가난하다
	부수 貝(7획) 총획 11획	음 ヒン・ビン	貧富 [ひんぷ] 빈부 貧乏 [びんぼう] 빈핍
165 伺	엿볼 **사**	훈 うかがう	伺う [うかがう] 여쭙다 伺い [うかがい] 찾아뵘
	부수 亻(2획) 총획 7획	음 シ	伺察 [しさつ] 사찰 伺候 [しこう] 사후
166 似	같을 **사**	훈 にる	似る [にる] 닮다 似合う [にあう] 어울리다
	부수 亻(2획) 총획 7획	음 ジ	類似 [るいじ] 유사 近似 [きんじ] 근사
167 師	스승 **사**	훈 –	
	부수 巾(3획) 총획 10획	음 シ	師弟 [してい] 사제 師匠 [ししょう] 스승
168 査	사실할 **사**	훈 –	
	부수 木(4획) 총획 9획	음 サ	査察 [ささつ] 사찰 検査 [けんさ] 검사
169 砂	모래 **사**	훈 すな	砂 [すな] 모래 砂浜 [すなはま] 모래 해변
	부수 石(5획) 총획 9획	음 サ・シャ	砂丘 [さきゅう] 사구 砂利 [じゃり] 자갈
170 散	흩을 **산**	훈 ちる・ちらす ちらかす・ちらかる	散る [ちる] (꽃・잎이) 지다 散らす [ちらす] 흩뜨리다
	부수 攵(4획) 총획 12획	음 サン	散会 [さんかい] 산회 解散 [かいさん] 해산
171 算	셀 **산**	훈 –	
	부수 竹(6획) 총획 14획	음 サン	算数 [さんすう] 산수 計算 [けいさん] 계산

172 殺 (殺)	죽일 殺	훈 ころす	殺菌 [さっきん] 살균 殺生 [せっしょう] 살생
	부수 殳(4획) 총획 10획	음 サツ・サイ・セツ	殺す [ころす] 죽이다 殺し [ころし] 살인

173 像	형상 像	훈 –	
	부수 亻(2획) 총획 14획	음 ゾウ	仏像 [ぶつぞう] 불상 銅像 [どうぞう] 동상

174 商	헤아릴 商	훈 あきなう	商う [あきなう] 장사하다 商い [あきない] 장사, 상업
	부수 口(3획) 총획 11획	음 ショウ	商議 [しょうぎ] 상의 協商 [きょうしょう] 협상

175 常	항상 常	훈 つね・とこ	常 [つね] 평상, 평소 常世 [とこよ] 영원히 변하지 않음
	부수 巾(3획) 총획 11획	음 ジョウ	常習 [じょうしゅう] 상습 日常 [にちじょう] 일상

176 床	평상 床	훈 とこ・ゆか	床 [とこ] 잠자리 床 [ゆか] 마루
	부수 广(3획) 총획 7획	음 ショウ	起床 [きしょう] 기상 病床 [びょうしょう] 병상

177 想	생각할 想	훈 おもう	思う [おもう] 생각하다 思い [おもいで] 추억, 회상
	부수 心(4획) 총획 13획	음 ソウ・ソ	空想 [くうそう] 공상 思想 [しそう] 사상

178 象	코끼리 象	훈 –	
	부수 豕(7획) 총획 12획	음 ショウ・ゾウ	印象 [いんしょう] 인상 象牙 [ぞうげ] 상아

179 賞	상 줄 賞	훈 –	
	부수 貝(7획) 총획 15획	음 ショウ	賞罰 [しょうばつ] 상벌 皆勤賞 [かいきんしょう] 개근상

180 署 (署)	관청 서	훈 –	
	부수 罒(5획) 총획 13획	음 ショ	部署 [ぶしょ] 부서 署長 [しょちょう] 서장

한자

181 緒	緒	실마리 **서**	훈 お	緒 [お] 줄, 현
		부수 糸(6획) 총획 14획	음 ショ・チョ	緒言 [しょげん] 서언 緒論 [しょろん] 서론
182 善	善	착할 **선**	훈 よい	善悪 [ぜんあく] 선악 慈善 [じぜん] 자선
		부수 口(3획) 총획 12획	음 ゼン	善い [よい] 좋다 善さ [よさ] 좋음
183 船		배 **선**	훈 ふね・ふな	船 [ふね] 배 船端 [ふなばた] 뱃전
		부수 舟(6획) 총획 11획	음 セン	船員 [せんいん] 선원 宇宙船 [うちゅうせん] 우주선
184 設		베풀 **설**	훈 もうける	設ける [もうける] 마련하다 設け [もうけ] 마련함
		부수 言(7획) 총획 11획	음 セツ	設備 [せつび] 설비 建設 [けんせつ] 건설
185 税	税	세금 **세**	훈 -	
		부수 禾(5획) 총획 12획	음 ゼイ	税金 [ぜいきん] 세금 課税 [かぜい] 과세
186 勢		기세 **세**	훈 いきおい	勢い [いきおい] 기세 勢い付く [いきおいづく] 활기를 띠다
		부수 力(2획) 총획 13획	음 セイ	勢力 [せいりょく] 세력 威勢 [いせい] 위세
187 掃	掃	쓸 **소**	훈 はく	掃く [はく] 쓸다 掃き出す [はきだす] 쓸어 내다
		부수 扌(3획) 총획 11획	음 ソウ	掃除 [そうじ] 소제 清掃 [せいそう] 청소
188 消	消	사라질 **소**	훈 きえる・けす	消える [きえる] 사라지다 消す [けす] 끄다
		부수 氵(3획) 총획 10획	음 ショウ	消滅 [しょうめつ] 소멸 解消 [かいしょう] 해소
189 焼	焼	사를 **소**	훈 やく・やける	焼く [やく] 태우다 焼ける [やける] 구워지다
		부수 火(4획) 총획 12획	음 ショウ	燃焼 [ねんしょう] 연소 焼失 [しょうしつ] 소실

190 召	부를 **召**	훈 めす	召す [めす] 부르시다 召し上がる [めしあがる] 잡수시다
	부수 口(3획) 총획 5획	음 ショウ	召集 [しょうしゅう] 소집 応召 [おうしょう] 응소
191 紹	이을 **紹**	훈 -	
	부수 糸(6획) 총획 11획	음 ショウ	紹継 [しょうけい] 소계 紹介 [しょうかい] 소개
192 速 速	빠를 **速**	훈 はやい・はやめる ・すみやか	速い [はやい] 빠르다 速める [はやめる] 속력을 내다
	부수 辶(4획) 총획 11획	음 ソク	快速 [かいそく] 쾌속 速度 [そくど] 속도
193 束	묶을 **束**	훈 たば	束 [たば] 다발, 묶음 束ねる [たばねる] 묶다
	부수 木(4획) 총획 7획	음 ソク	束帯 [そくたい] 속대 一束 [いっそく] 한 묶음
194 損	덜 **損**	훈 そこなう・ そこねる	損なう [そこなう] 파손하다
	부수 扌(3획) 총획 13획	음 ソン	損害 [そんがい] 손해 欠損 [けっそん] 결손
195 率	거느릴 **率**	훈 ひきいる	統率 [とうそつ] 통솔 確率 [かくりつ] 확률
	부수 玄(5획) 총획 11획	음 ソツ・リツ・ スイ	率いる [ひきいる] 거느리다
196 刷	쓸 **刷**	훈 する	刷る [する] 인쇄하다 刷り物 [すりもの] 인쇄물
	부수 刀(2획) 총획 8획	음 サツ	増刷 [ぞうさつ] 증쇄
197 収 収	거둘 **収**	훈 おさめる・ おさまる	収める [おさめる] 넣다 収まる [おさまる] 가라앉다
	부수 又(2획) 총획 4획	음 シュウ	収穫 [しゅうかく] 수확 月収 [げっしゅう] 월수
198 捜 捜	찾을 **捜**	훈 さがす	捜す [さがす] 찾다 捜し物 [さがしもの] 물건을 찾음
	부수 扌(3획) 총획 10획	음 ソウ	捜査 [そうさ] 수사 博捜 [はくそう] 박수

한자

199	修	닦을 수	훈 おさめる・おさまる	修養 [しゅうよう] 수양 必修 [ひっしゅう・ひっしゅ] 필수
		부수 イ(2획) 총획 10획	음 シュウ・シュ	修める [おさめる] 수양하다 修まる [おさまる] 행실이 바로잡아지다
200	授	줄 수	훈 さずける・さずかる	教授 [きょうじゅ] 교수 授与 [じゅよ] 수여
		부수 扌(3획) 총획 11획	음 ジュ	授ける [さずける] 내리다 授かる [さずかる] (신불이) 내려 주시다
201	銹	녹쓸 수	훈 さび	銹 [さび] 녹 銹色 [さびいろ] 녹빛
		부수 金(8획) 총획 15획	음 シュウ	
202	純	순수할 순	훈 －	
		부수 糸(6획) 총획 10획	음 ジュン	純金 [じゅんきん] 순금 清純 [せいじゅん] 청순
203	術	꾀 술	훈 －	
	術	부수 行(6획) 총획 11획	음 ジュツ	技術 [ぎじゅつ] 기술 術数 [じゅつすう] 술수
204	述	지을 술	훈 のべる	述べる [のべる] 말하다 申し述べる [もうしのべる] 말씀드리다
	述	부수 辶(4획) 총획 9획	음 ジュツ	述語 [じゅつご] 술어 記述 [きじゅつ] 기술
205	湿	축축할 습	훈 しめる・しめす	湿る [しめる] 축축해지다 湿す [しめす] 적시다
	濕	부수 氵(3획) 총획 12획	음 シツ	加湿 [かしつ] 가습 湿度計 [しつどけい] 습도계
206	勝	이길 승	훈 かつ・まさる	勝つ [かつ] 이기다 勝る [まさる] 낫다
	勝	부수 力(2획) 총획 12획	음 ショウ	勝負 [しょうぶ] 승부 完勝 [かんしょう] 완승
207	承	받들 승	훈 うけたまわる	承る [うけたまわる] 삼가 받다
		부수 手(4획) 총획 8획	음 ショウ	伝承 [でんしょう] 전승 承諾 [しょうだく] 승낙

| 208 昇 | 오를 **승** | 훈 のぼる | 昇る [のぼる] 올라가다
昇り [のぼり] 오름 |
| | | 부수 日(4획)
총획 8획 | 음 ショウ | 上昇 [じょうしょう] 상승
昇進 [しょうしん] 승진 |

| 209 侍 | 모실 **시** | 훈 さむらい | 侍女 [じじょ] 시녀
近侍 [きんじ] 근시 |
| | | 부수 イ(2획)
총획 8획 | 음 ジ | 侍 [さむらい] 무사
侍気質 [さむらいかたぎ] 무사 기질 |

| 210 植 | 심을 **식** | 훈 うえる・
うわる | 植える [うえる] (나무 등을) 심다
植わる [うわる] 심어지다 |
| | | 부수 木(4획)
총획 12획 | 음 ショク | 植樹 [しょくじゅ] 식수
移植 [いしょく] 이식 |

| 211 識 | 알 **식** | 훈 – | |
| | | 부수 言(7획)
총획 19획 | 음 シキ | 識別 [しきべつ] 식별
学識 [がくしき] 학식 |

| 212 伸 | 펼 **신** | 훈 のびる・
のばす | 伸びる [のびる] 자라다
伸ばす [のばす] 늘이다 |
| | | 부수 イ(2획)
총획 7획 | 음 シン | 伸長 [しんちょう] 신장
屈伸 [くっしん] 굴신 |

| 213 深 | 깊을 **심** | 훈 ふかい・ふかまる
・ふかめる | 深い [ふかい] 깊다
深まる [ふかまる] 깊어지다 |
| | | 부수 氵(3획)
총획 11획 | 음 シン | 深海 [しんかい] 심해
水深 [すいしん] 수심 |

| 214 双 雙 | 쌍 **쌍** | 훈 ふた | 双子 [ふたご] 쌍둥이 |
| | | 부수 又(2획)
총획 4획 | 음 ソウ | 双手 [そうしゅ] 쌍수
無双 [むそう] 무쌍 |

| 215 児 兒 | 아이 **아** | 훈 – | |
| | | 부수 儿(2획)
총획 7획 | 음 ジ・ニ | 児童 [じどう] 아동
児 [こ] 자식 |

| 216 岸 | 언덕 **안** | 훈 きし | 岸 [きし] 물가
岸辺 [きしべ] 강변, 바닷가 |
| | | 부수 山(3획)
총획 8획 | 음 ガン | 岸壁 [がんぺき] 안벽
治岸 [えんがん] 연안 |

한자

217 案	책상 **안**	훈 -	
	부수 木(4획) 총획 10획	음 アン	案下 [あんか] 안하 玉案 [ぎょくあん] 옥안
218 押	누를 **압**	훈 おす・ おさえる	押す [おす] 밀다 押さえる [おさえる] 억제하다
	부수 扌(3획) 총획 8획	음 オウ	押収 [おうしゅう] 압수 押送 [おうそう] 압송
219 液	진 **액**	훈 -	
	부수 氵(3획) 총획 11획	음 エキ	液化 [えきか] 액화 体液 [たいえき] 체액
220 額	이마 **액**	훈 ひたい	額 [ひたい] 이마 額髪 [ひたいがみ] 앞머리
	부수 頁(9획) 총획 18획	음 ガク	前額 [ぜんがく] 앞이마 額面 [がくめん] 액면
221 若	같을 **약**	훈 わかい・ もしくは	若い [わかい] 젊다 若しくは [もしくは] 혹은
	부수 艹(3획) 총획 8획	음 ジャク・ ニャク	若輩 [じゃくはい] 약배 若干 [じゃっかん] 약간
222 陽	볕 **양**	훈 -	
	부수 (3획) 총획 12획	음 ヨウ	陽光 [ようこう] 양광 太陽 [たいよう] 태양
223 御	어거할 **어**	훈 おん	御曹司 [おんぞうし] (명문) 자제 制御 [せいぎょ] 제어
	부수 彳(3획) 총획 12획	음 ギョ・ゴ	御家族 [ごかぞく] 가족분
224 漁	고기 잡을 **어**	훈 -	
	부수 氵(3획) 총획 14획	음 ギョ・リョウ	漁獲 [ぎょかく] 어획 漁師 [りょうし] 어부
225 億	억 **억**	훈 -	
	부수 亻(2획) 총획 15획	음 オク	億兆 [おくちょう] 억조 億万 [おくまん] 억만

226 与 與	줄 **여**	훈 あたえる	与える [あたえる] 주다 与え [あたえ] 줌
	부수 一(1획) 총획 3획	음 ヨ	与件 [よけん] 여건 給与 [きゅうよ] 급여
227 予 豫	미리 **예**	훈 –	
	부수 マ(2획) 총획 4획	음 ヨ	予定 [よてい] 예정 予告 [よこく] 예고
228 逆 逆	거스를 **역**	훈 さか・ さからう	逆らう [さからう] 역행하다 逆様 [さかさま] 거꾸로 됨
	부수 辶(4획) 총획 10획	음 ギャク	逆行 [ぎゃっこう] 역행 逆風 [ぎゃくふう] 역풍
229 域	지경 **역**	훈 –	
	부수 土(3획) 총획 11획	음 イキ	区域 [くいき] 구역 流域 [りゅういき] 유역
230 延 延	끌 **연**	훈 のびる・のべる ・のばす	延びる [のびる] (시간이) 연장되다 延べる [のべる] 연장하다
	부수 廴(3획) 총획 8획	음 エン	延長 [えんちょう] 연장 展延性 [てんえんせい] 전연성
231 演	멀리 흐를 **연**	훈 –	
	부수 氵(3획) 총획 14획	음 エン	演芸 [えんげい] 연예 演説 [えんぜつ] 연설
232 然	그러할 **연**	훈 –	
	부수 灬(4획) 총획 12획	음 ゼン・ネン	自然 [しぜん・じねん] 자연 天然 [てんねん] 천연
233 燃	사를 **연**	훈 もえる・もやす ・もす	燃える [もえる] 불타다 燃やす [もやす] 불태우다
	부수 火(4획) 총획 16획	음 ネン	燃焼 [ねんしょう] 연소 不燃 [ふねん] 불연
234 軟	연할 **연**	훈 やわらか・ やわらかい	軟らか [やわらか] 폭신함 軟らかい [やわらかい] 부드럽다
	부수 車(7획) 총획 11획	음 ナン	軟弱 [なんじゃく] 연약 軟式 [なんしき] 연식

한
자

| 235 塩 (鹽) | 소금 염 | 훈 しお | 塩 [しお] 소금
塩水 [しおみず] 소금물 |
| | 부수 土(3획)
총획 13획 | 음 エン | 塩田 [えんでん] 염전
食塩 [しょくえん] 식염 |

| 236 葉 | 잎 엽 | 훈 は | 葉 [は] 잎, 잎사귀
葉末 [はずえ] 잎의 끝 |
| | 부수 艹(3획)
총획 12획 | 음 ヨウ | 枝葉 [しよう] 지엽
葉腋 [ようえき] 엽액 |

| 237 栄 (榮) | 꽃 영 | 훈 さかえる・
はえ・はえる | 栄える [さかえる] 번영하다
栄え [はえ] 영광 |
| | 부수 木(4획)
총획 9획 | 음 エイ | 栄光 [えいこう] 영광
栄養 [えいよう] 영양 |

| 238 鋭 (銳) | 날카로울 예 | 훈 するどい | 鋭い [するどい] 날카롭다 |
| | 부수 金(8획)
총획 15획 | 음 エイ | 鋭鋒 [えいほう] 예봉
尖鋭 [せんえい] 첨예 |

| 239 預 | 미리 예 | 훈 あずける・
あずかる | 預ける [あずける] 맡기다
預かる [あずかる] 보관하다 |
| | 부수 頁(9획)
총획 13획 | 음 ヨ | 預言 [よげん] 예언
預金 [よきん] 예금 |

| 240 誤 (誤) | 그릇할 오 | 훈 あやまる | 誤る [あやまる] 실패하다
誤り [あやまり] 실수, 잘못 |
| | 부수 言(7획)
총획 14획 | 음 ゴ | 誤解 [ごかい] 오해
誤算 [ごさん] 오산 |

| 241 奥 (奧) | 속 오 | 훈 おく | 奥 [おく] 속, 깊숙한 안쪽
奥様 [おくさま] 부인 |
| | 부수 大(3획)
총획 12획 | 음 オウ | 奥義 [おうぎ] 깊은 뜻
深奥 [しんおう] 심오 |

| 242 腕 | 팔 완 | 훈 うで | 腕 [うで] 팔, 솜씨
腕前 [うでまえ] 솜씨 |
| | 부수 月(4획)
총획 12획 | 음 ワン | 腕章 [わんしょう] 완장
右腕 [うわん] 우완 |

| 243 腰 | 허리 요 | 훈 こし | 腰 [こし] 허리
腰掛け [こしかけ] 걸상, 의자 |
| | 부수 月(4획)
총획 13획 | 음 ヨウ | 腰椎 [ようつい] 요추
腰痛 [ようつう] 요통 |

244 勇 勇	날쌜 **용** 부수 力(2획) 총획 9획	훈 いさむ 음 ユウ	勇む [いさむ] 용기가 솟아나다 勇み肌 [いさみはだ] 협기 있는 기풍 勇気 [ゆうき] 용기 勇士 [ゆうし] 용사
245 溶	질펀히 흐를 **용** 부수 氵(3획) 총획 13획	훈 とける・とく ・とかす 음 ヨウ	溶ける [とける] 녹다 溶く [とく] (액체에) 풀다 溶液 [ようえき] 용액 水溶性 [すいようせい] 수용성
246 踊	뛸 **용** 부수 足(7획) 총획 14획	훈 おどる・ おどり 음 ヨウ	踊る [おどる] 춤추다 踊り [おどり] 춤, 무용 踊 [よう] 춤추다 踊躍 [ようやく] 좋아서 뜀
247 偶	짝 **우** 부수 亻(2획) 총획 11획	훈 - 음 グウ	対偶 [たいぐう] 대우 配偶 [はいぐう] 배우
248 優	넉넉할 **우** 부수 亻(2획) 총획 17획	훈 やさしい・ すぐれる 음 ユウ	優しい [やさしい] 온화하다 優れる [すぐれる] 뛰어나다 優雅 [ゆうが] 우아 優麗 [ゆうれい] 우려
249 郵	역참 **우** 부수 阝(3획) 총획 11획	훈 - 음 ユウ	郵政 [ゆうせい] 우정 郵送 [ゆうそう] 우송
250 隅	모퉁이 **우** 부수 阝(3획) 총획 12획	훈 すみ 음 グウ	隅 [すみ] 모퉁이 隅隅 [すみずみ] 구석구석 一隅 [いちぐう] 일우 座隅 [ざぐう] 좌우
251 芸 藝	심을 **예** 부수 艹(3획) 총획 7획	훈 - 음 ゲイ	農芸 [のうげい] 농예 園芸 [えんげい] 원예
252 越	넘을 **월** 부수 走(7획) 총획 12획	훈 こす・こえる 음 エツ	越す [こす] 넘다, 넘기다 越える [こえる] 건너다 卓越 [たくえつ] 탁월 優越 [ゆうえつ] 우월

한 자

253 偉	훌륭할 偉	훈 えらい	偉い [えらい] 훌륭하다 偉物 [えらぶつ] 훌륭한 사람
	부수 イ(2획) 총획 12획	음 イ	偉人 [いじん] 위인 偉功 [いこう] 위공
254 違	어길 違	훈 ちがう・ちがえる	違う [ちがう] 다르다 違える [ちがえる] 어기다
	부수 辶(4획) 총획 14획	음 イ	違例 [いれい] 위례 違和感 [いわかん] 위화감
255 危	위태할 危	훈 あぶない・あやうい・あやぶむ	危ない [あぶない] 위험하다 危うい [あやうい] 위태롭다
	부수 卩(2획) 총획 6획	음 キ	危機 [きき] 위기 危険 [きけん] 위험
256 委	맡길 委	훈 ㅡ	
	부수 女(3획) 총획 8획	음 イ	委員 [いいん] 위원 委託 [いたく] 위탁
257 乳	젖 乳	훈 ちち・ち	乳 [ちち] 젖, 유즙, 유방 乳 [ち] 젖
	부수 乙(1획) 총획 8획	음 ニュウ	乳牛 [にゅうぎゅう] 젖소 母乳 [ぼにゅう] 모유
258 遊	놀 遊	훈 あそぶ	遊ぶ [あそぶ] 놀다 遊び人 [あそびにん] 건달
	부수 辶(4획) 총획 13획	음 ユウ・ユ	遊興 [ゆうきょう] 유흥 外遊 [がいゆう] 외유
259 幼	어릴 幼	훈 おさない	幼い [おさない] 어리다 幼子 [おさなご] 어린아이
	부수 幺(3획) 총획 5획	음 ヨウ	幼児 [ようじ] 유아 幼稚 [ようち] 유치
260 柔	부드러울 柔	훈 やわらか・やわらかい	柔らか [やわらか] 폭신함 柔らかい [やわらかい] 부드럽다
	부수 木(4획) 총획 9획	음 ジュウ・ニュウ	柔順 [じゅうじゅん] 유순 柔軟 [じゅうなん・にゅうなん] 유연
261 泣	울 泣	훈 なく	感泣 [かんきゅう] 감읍 泣訴 [きゅうそ] 읍소
	부수 氵(3획) 총획 8획	음 キュウ	泣く [なく] 울다 泣く泣く [なくなく] 울면서

262 応 應	당할 응	훈 –	
		부수 心(4획) 총획 7획	음 オウ	応答 [おうとう] 응답 呼応 [こおう] 호응

263 依	의지할 의	훈 –	
		부수 亻(2획) 총획 8획	음 イ・エ	依頼 [いらい] 의뢰 依怙地 [いこじ/えこじ] 옹고집

264 疑	의심할 의	훈 うたがう	疑う [うたがう] 의심하다 疑い [うたがい] 의심
		부수 疋(5획) 총획 14획	음 ギ	疑問 [ぎもん] 의문 疑惑 [ぎわく] 의혹

265 衣	옷 의	훈 ころも	衣 [ころも] 옷, 승복, 법의(法衣) 衣 [きぬ] 옷
		부수 衣(6획) 총획 6획	음 イ	衣装 [いしょう] 의상 衣服 [いふく] 의복

266 議	의논할 의	훈 –	
		부수 言(7획) 총획 20획	음 ギ	議案 [ぎあん] 의안 議会 [ぎかい] 의회

267 異	다를 이	훈 こと	異 [こと] 다름 異なる [ことなる] 다르다
		부수 田(5획) 총획 11획	음 イ	異性 [いせい] 이성 異常 [いじょう] 이상

268 翌 翌	다음 날 익	훈 –	
		부수 羽(6획) 총획 11획	음 ヨク	翌月 [よくげつ] 다음달 翌日 [よくじつ] 익일

269 認 認	알 인	훈 みとめる	認める [みとめる] 인지하다 認め [みとめ] 인정
		부수 言(7획) 총획 14획	음 ニン	認識 [にんしき] 인식 認定 [にんてい] 인정

270 印	도장 인	훈 しるし	印 [しるし] 안표, 표, 기호 印す [しるす] 표하다
		부수 卩(2획) 총획 6획	음 イン	印鑑 [いんかん] 인감 捺印 [なついん] 날인

한자

271 任	맡길 **임**	훈 まかせる・まかす	任せる[まかせる] (직무·지위) 맡기다 任す[まかす] 맡기다
	부수 亻(2획) 총획 6획	음 ニン	任官 [にんかん] 임관 任用 [にんよう] 임용
272 賃	품팔이 **임**	훈 −	
	부수 貝(7획) 총획 13획	음 チン	賃金 [ちんぎん] 임금 労賃 [ろうちん] 노임
273 資 資	재물 **자**	훈 −	
	부수 貝(7획) 총획 13획	음 シ	資金 [しきん] 자금 資源 [しげん] 자원
274 刺	찌를 **자**	훈 さす・ささる	刺す[さす] 찌르다 刺さる[ささる] 꽂히다
	부수 刀(2획) 총획 8획	음 シ	刺客 [しかく] 자객 刺殺 [しさつ] 자살, 척살
275 爵 爵	잔 **작**	훈 −	
	부수 爫(4획) 총획 17획	음 シャク	公爵 [こうしゃく] 공작 爵位 [しゃくい] 작위
276 雑 雑	섞일 **잡**	훈 −	
	부수 隹(8획) 총획 14획	음 ザツ・ゾウ	混雑 [こんざつ] 혼잡 雑巾 [ぞうきん] 걸레
277 臓 臓	오장 **장**	훈 −	
	부수 月(4획) 총획 19획	음 ゾウ	臓器 [ぞうき] 장기 腎臓 [じんぞう] 신장
278 蔵 蔵	감출 **장**	훈 くら、	蔵[くら] 곳간, 창고 蔵番 [くらばん] 고지기
	부수 艹(3획) 총획 15획	음 ゾウ	蔵匿 [ぞうとく] 장닉 埋蔵 [まいぞう] 매장
279 争 争	다툴 **쟁**	훈 あらそう	争う[あらそう] 겨루다 争えない[あらそえない] 숨길 수 없다
	부수 ク(2획) 총획 6획	음 ソウ	争議 [そうぎ] 쟁의 競争 [きょうそう] 경쟁

280 著 著	분명할 저	훈 あらわす・いちじるしい	著す [あらわす] 저술하다 著しい [いちじるしい] 현저하다
	부수 艹(3획) 총획 11획	음 チョ	著名 [ちょめい] 저명 顕著 [けんちょ] 현저
281 底	밑 저	훈 そこ	底 [そこ] 바닥 底力 [そこぢから] 저력
	부수 广(3획) 총획 8획	음 テイ	船底 [せんてい] 선저, 배밑 底辺 [ていへん] 저변
282 貯	쌓을 저	훈 −	
	부수 貝(7획) 총획 12획	음 チョ	貯蓄 [ちょちく] 저축 貯水池 [ちょすいち] 저수지
283 適 適	맞을 적	훈 −	
	부수 辶(4획) 총획 15획	음 テキ	適格 [てきかく] 적격 最適 [さいてき] 최적
284 滴	물방울 적	훈 しずく・したたる	滴 [しずく] 물방울 滴る [したたる] 방울져 떨어지다
	부수 氵(3획) 총획 14획	음 テキ	点滴 [てんてき] 점적 滴下 [てきか・てっか] 적하
285 積	쌓을 적	훈 つむ・つもる	積む [つむ] 물건을 쌓다 積もる [つもる] 쌓이다
	부수 禾(5획) 총획 16획	음 セキ	積載 [せきさい] 적재 集積 [しゅうせき] 집적
286 績	실 낳을 직	훈 −	
	부수 糸(6획) 총획 17획	음 セキ	紡績 [ぼうせき] 방적 業績 [ぎょうせき] 업적
287 全 全	온전할 전	훈 まったく	全く [まったく] 전혀, 완전히 全うする [まっとうする] 완수하다
	부수 人(2획) 총획 6획	음 ゼン	安全 [あんぜん] 안전 万全 [ばんぜん] 만전
288 戦 戰	싸울 전	훈 いくさ・たたかう	戦 [いくさ] 전쟁, 싸움, 전투 戦う [たたかう] 싸우다
	부수 戈(4획) 총획 13획	음 セン	戦争 [せんそう] 전쟁 戦闘 [せんとう] 전투

한자

289 展	펼 전	훈 −	
	부수 尸(3획) 총획 10획	음 テン	展示 [てんじ] 전시 展覧会 [てんらんかい] 전람회
290 殿	큰 집 전	훈 との・どの	殿 [との] 귀인의 저택
	부수 殳(4획) 총획 13획	음 デン・テン	宮殿 [きゅうでん] 궁전 殿堂 [でんどう] 전당
291 節	마디 절 節	훈 セツ・セチ	関節 [かんせつ] 관절
	부수 竹(6획) 총획 13획	음 ふし	節 [ふし] (대나무・갈대)의 마디 節穴 [ふしあな] 옹이 구멍
292 灯	등불 등 燈	훈 ひ	灯 [ひ/あかり] 등불 灯虫 [ひむし] 불나방
	부수 火(4획) 총획 6획	음 トウ	灯油 [とうゆ] 등유 電灯 [でんとう] 전등
293 情	뜻 정 情	훈 なさけ	情け [なさけ] 정, 인정 情け深い [なさけぶかい] 동정심이 많다
	부수 忄(3획) 총획 11획	음 ジョウ・セイ	情意 [じょうい] 정의 情緒 [じょうちょ] 정서
294 程	단위 정 程	훈 ほど	程 [ほど] 정도, 한도 程程 [ほどほど] 적당한 모양
	부수 禾(5획) 총획 12획	음 テイ	課程 [かてい] 과정 日程 [にってい] 일정
295 静	고요할 정 静	훈 しず・しずか・ しずまる・しずめる	精か [しずか] 조용함 精まる [しずまる] 잠잠해지다
	부수 青(8획) 총획 14획	음 セイ・ジョウ	精読 [せいどく] 정독 精靈 [しょうりょう] 정령
296 停	머무를 정	훈 −	
	부수 亻(2획) 총획 11획	음 テイ	停止 [ていし] 정지 停泊 [ていはく] 정박
297 整	가지런할 정	훈 ととのえる・ ととのう	整合 [せいごう] 정합 整頓 [せいとん] 정돈
	부수 攵(4획) 총획 16획	음 セイ	整える[ととのえる] 가지런하게 하다 整う [ととのう] 정돈되다

298 頂	정수리 정	훈 いただく・いただき	頂く [いただく] 머리에 얹다 頂 [いただき] (산 등의) 꼭대기
	부수 頁(9획) 총획 11획	음 チョウ	頂上 [ちょうじょう] 정상 絶頂 [ぜっちょう] 절정
299 諸 諸	모든 제	훈 –	
	부수 言(7획) 총획 15획	음 ショ	諸般 [しょはん] 제반 諸種 [しょしゅ] 여러 종류
300 済 濟	건널 제	훈 すむ・すます	済む [すむ] 끝나다 済みません [すみません] 미안합니다
	부수 氵(3획) 총획 11획	음 サイ	返済 [へんさい] 반제 済美 [さいび] 제미
301 祭	제사 제	훈 まつる・まつり	祭る [まつる] 제사 지내다 祭り [まつり] 제사
	부수 示(5획) 총획 11획	음 サイ	祭礼 [さいれい] 제례 祭壇 [さいだん] 제단
302 第	차례 제	훈 –	
	부수 竹(6획) 총획 11획	음 ダイ	第一 [だいいち] 제일 第三者 [だいさんしゃ] 제삼자
303 製	지을 제	훈 –	
	부수 衣(6획) 총획 14획	음 セイ	製塩 [せいえん] 제염 調製 [ちょうせい] 조제
304 除	섬돌 제	훈 のぞく	除く [のぞく] 없애다 除け者 [のけもの] 따돌림 받는 사람
	부수 阝(3획) 총획 10획	음 ジョ・ジ	解除 [かいじょ] 해제 掃除 [そうじ] 청소
305 調 調	고를 조	훈 しらべる・ととのう・ととのえる	調べる [しらべる] 조사하다 調う [ととのう] 조화를 이루다
	부수 言(7획) 총획 15획	음 チョウ	調査 [ちょうさ] 조사 調書 [ちょうしょ] 조서
306 条 條	가지 조	훈 –	
	부수 木(4획) 총획 7획	음 ジョウ	条約 [じょうやく] 조약 条項 [じょうこう] 조항

307 兆	조짐 **조**	훈 きざす・ きざし	兆す [きざす] 움트다 兆し [きざし] 조짐, 전조
	부수 兆(2획) 총획 6획	음 チョウ	兆候 [ちょうこう] 징후 吉兆 [きっちょう] 길조
308 助	도울 **조**	훈 たすける・ たすかる・すけ	助ける [たすける] 구하다 助かる [たすかる] 살아나다
	부수 力(2획) 총획 7획	음 ジョ	助力 [じょりょく] 조력 援助 [えんじょ] 원조
309 操	잡을 **조**	훈 みさお・ あやつる	操 [みさお] 지조, 절개 操る [あやつる] (인형 등을) 조종하다
	부수 扌(3획) 총획 16획	음 ソウ	操業 [そうぎょう] 조업 体操 [たいそう] 체조
310 照	비출 **조**	훈 てる・てらす ・てれる	照る [てる] (해・달 등이) 비치다 照らす [てらす] 비추다
	부수 灬(4획) 총획 13획	음 ショウ	照射 [しょうしゃ] 조사 照明 [しょうめい] 조명
311 燥	마를 **조**	훈 －	
	부수 火(4획) 총획 17획	음 ソウ	乾燥 [かんそう] 건조 高燥 [こうそう] 고조
312 尊	높을 **존**	훈 たっとい・とうとい ・たっとぶ・とうとぶ	尊い [たっとい/とうとい] 귀중하다 尊ぶ [たっとぶ/とうとぶ] 존경하다
	부수 寸(3획) 총획 12획	음 ソン	尊崇 [そんすう] 존숭 尊属 [そんぞく] 존속
313 卒	군사 **졸**	훈 －	
	부수 十(2획) 총획 8획	음 ソツ	軍卒 [ぐんそつ] 군졸 獄卒 [ごくそつ] 옥졸
314 種	씨 **종**	훈 たね	種 [たね] 종자, 씨, 정자, 種切れ [たねぎれ] 구실・재료 등이 떨어짐
	부수 禾(5획) 총획 14획	음 シュ	種子 [しゅし] 종자 播種 [はしゅ] 파종
315 罪	허물 **죄**	훈 つみ	罪 [つみ] 죄, 죄악 罪人 [つみびと] 죄인
	부수 罒(5획) 총획 13획	음 ザイ	罪悪 [ざいあく] 죄악 罪科 [ざいか] 죄과

316 周 (周)	두루 **주**	훈 まわり	周り [まわり] 둘레
	부수 口(3획) 총획 8획	음 シュウ	周到 [しゅうとう] 주도 周知 [しゅうち] 주지
317 宙	집 **주**	훈 -	
	부수 宀(3획) 총획 8획	음 チュウ	宙返り [ちゅうがえり] 공중제 宙 [ちゅう] 공중, 하늘
318 準 (準)	법도 **준**	훈 -	
	부수 氵(3획) 총획 13획	음 ジュン	準則 [じゅんそく] 준칙 基準 [きじゅん] 기준
319 仲	버금 **중**	훈 なか	仲 [なか] (사람과의) 사이, 관계 仲間 [なかま] 한패, 동료
	부수 亻(2획) 총획 6획	음 チュウ	仲兄 [ちゅうけい] 중형 伯仲 [はくちゅう] 백중
320 憎 (憎)	미워할 **증**	훈 にくむ・にくい にくらしい・にくしみ	憎む [にくむ] 미워하다 憎い [にくい] 훌륭하다
	부수 忄(3획) 총획 14획	음 ゾウ	憎悪 [ぞうお] 증오 愛憎 [あいぞう] 애증
321 贈 (贈)	보낼 **증**	훈 おくる	贈る [おくる] (관위・칭호)추서하다 贈り名 [おくりな] 시호
	부수 貝(7획) 총획 18획	음 ゾウ・ソウ	贈呈 [ぞうてい] 증정 寄贈 [きぞう] 기증
322 増 (増)	불을 **증**	훈 ます・ふえる ・ふやす	増す [ます] 보태다 増える [ふえる] 늘다
	부수 土(3획) 총획 14획	음 ゾウ	増員 [ぞういん] 증원 倍増 [ばいぞう] 배증
323 蒸	찔 **증**	훈 むす・むれる ・むらす	蒸す [むす] 찌다 蒸れる [むれる] 뜸들다
	부수 艹(3획) 총획 13획	음 ジョウ	蒸気 [じょうき] 증기 蒸発 [じょうはつ] 증발
324 遅 (遅)	늦을 **지**	훈 おくれる・おく らす・おそい	遅れる [おくれる] (시각에) 늦다 遅らす [おくらす] 늦추다
	부수 辶(4획) 총획 13획	음 チ	遅速 [ちそく] 지속 遅滞 [ちたい] 지체

한자

325 **志**	뜻 **지**	**훈** こころざす・ こころざし	志す [こころざす] 뜻을 두다 志 [こころざし] 뜻
	부수 心(4획) **총획** 7획	**음** シ	志士 [しし] 지사 志操 [しそう] 지조
326 **脂**	기름 **지**	**훈** あぶら	脂 [あぶら] (동물의) 지방 脂汗 [あぶらあせ] 진땀
	부수 月(4획) **총획** 10획	**음** シ	脂肪 [しぼう] 지방 油脂 [ゆし] 유지
327 **誌**	기록할 **지**	**훈** –	
	부수 言(7획) **총획** 14획	**음** シ	書誌 [しょし] 서지 日誌 [にっし] 일지
328 **職**	벼슬 **직**	**훈** –	
	부수 耳(6획) **총획** 18획	**음** ショク	職員 [しょくいん] 직원 就職 [しゅうしょく] 취직
329 **珍**	보배 **진**	**훈** めずらしい	珍しい [めずらしい] 드물다
	부수 王(4획) **총획** 9획	**음** チン	珍貴 [ちんき] 진귀 袖珍 [しゅうちん] 수진, 작은 책
330 **震**	벼락 **진**	**훈** ふるう・ ふるえる	震える [ふるえる] 흔들리다 震い [ふるい] 흔들림
	부수 雨(8획) **총획** 15획	**음** シン	震災 [しんさい] 진재 地震 [じしん] 지진
331 **賛** (贊)	도울 **찬**	**훈** –	
	부수 貝(7획) **총획** 15획	**음** サン	賛成 [さんせい] 찬성 賛同 [さんどう] 찬동
332 **察**	살필 **찰**	**훈** –	
	부수 宀(3획) **총획** 14획	**음** サツ	観察 [かんさつ] 관찰 診察 [しんさつ] 진찰
333 **採** (採)	캘 **채**	**훈** とる	採る [とる] 채집하다.
	부수 扌(3획) **총획** 11획	**음** サイ	採用 [さいよう] 채용 採集 [さいしゅう] 채집

334 責	꾸짖을 책	훈 せめる	責める [せめる] 나무라다 責め苛む [せめさいなむ] 몹시 괴롭히다
	부수 貝(7획) 총획 11획	음 セキ	責問 [せきもん] 책문 叱責 [しっせき] 질책
335 処 (處)	살 처	훈 -	
	부수 几(2획) 총획 5획	음 ショ	処士 [しょし] 처사 処女 [しょじょ] 처녀
336 浅 (淺)	얕을 천	훈 あさい	浅い [あさい] 얕다 浅はか [あさはか] 천박함
	부수 氵(3획) 총획 9획	음 セン	浅海 [せんかい] 천해 深浅 [しんせん] 심천
337 畳 (疊)	겹쳐질 첩	훈 たたみ・ たたむ	畳 [たたみ] 다다미 畳む [たたむ] 개다, 개키다
	부수 田(5획) 총획 12획	음 ジョウ	重畳 [ちょうじょう] 중첩 畳用 [じょうよう] 첩용
338 晴	갤 청	훈 はれる・ はらす	晴れる [はれる] 날씨가 개다 晴らす [はらす] 개게 하다
	부수 日(4획) 총획 12획	음 セイ	晴天 [せいてん] 청천 快晴 [かいせい] 쾌청
339 清	맑을 청	훈 きよい・きよ まる・きよめる	清い [きよい] 깨끗하다 清まる [きよまる] 맑아지다
	부수 氵(3획) 총획 11획	음 セイ・ショウ	清潔 [せいけつ] 청결 清浄 [せいじょう・しょうじょう] 청정
340 替	바꿀 체	훈 かえる・ かわる	替える [かえる] (서로) 바꾸다 替わる [かわる] 내신하다
	부수 曰(4획) 총획 12획	음 タイ	交替 [こうたい] 교체 代替 [だいたい] 대체
341 招	부를 초	훈 まねく	招く [まねく] 손짓하여 부르다 招き [まねき] 초대, 초빙
	부수 扌(3획) 총획 8획	음 ショウ	招集 [しょうしゅう] 초집 招待 [しょうたい] 초대
342 超	넘을 초	훈 こえる・こす	超える [こえる] 넘다, 넘어가다 超す [こす] 건너다
	부수 走(7획) 총획 12획	음 チョウ	超越 [ちょうえつ] 초월 入超 [にゅうちょう] 입초

한자

| 343 触 觸 | 닿을 촉 | 훈 ふれる・さわる | 触れる [ふれる] 닿다, 스치다
触る [さわる] (살짝) 닿다 |
| | 부수 角(7획)
총획 13획 | 음 ショク | 触手 [しょくしゅ] 촉수
接触 [せっしょく] 접촉 |

| 344 総 總 | 거느릴 총 | 훈 - | |
| | 부수 糸(6획)
총획 14획 | 음 ソウ | 総括 [そうかつ] 총괄
総合 [そうごう] 총합 |

| 345 追 追 | 쫓을 추 | 훈 おう | 追う [おう] 따르다
追っ手 [おって] 추적자 |
| | 부수 辶(4획)
총획 10획 | 음 ツイ | 追及 [ついきゅう] 추급
追放 [ついほう] 추방 |

| 346 畜 | 쌓을 축 | 훈 - | |
| | 부수 田(5획)
총획 10획 | 음 チク | 牧畜 [ぼくちく] 목축
農畜産 [のうちくさん] 농축산 |

| 347 築 | 쌓을 축 | 훈 きずく | 築く [きずく] 쌓다 |
| | 부수 竹(6획)
총획 16획 | 음 チク | 建築 [けんちく] 건축
築城 [ちくじょう] 축성 |

| 348 吹 | 불 취 | 훈 ふく | 吹く [ふく] (바람이) 불다
吹き矢 [ふきや] 바람총 |
| | 부수 口(3획)
총획 7획 | 음 スイ | 吹毛 [すいもう] 취모
鼓吹 [こすい] 고취 |

| 349 測 | 잴 측 | 훈 はかる | 測る [はかる] (무게·길이·양을) 재다 |
| | 부수 氵(3획)
총획 12획 | 음 ソク | 測地 [そくち] 측지
観測 [かんそく] 관측 |

| 350 層 層 | 층 층 | 훈 - | |
| | 부수 尸(3획)
총획 14획 | 음 ソウ | 三層 [さんそう] 3층
高層 [こうそう] 고층 |

| 351 歯 齒 | 이 치 | 훈 は | 歯 [は] 이
歯科医者 [はいしゃ] 치과 의사 |
| | 부수 歯(12획)
총획 12획 | 음 シ | 歯牙 [しが] 치아
歯科 [しか] 치과 |

352 値	값 **치**	훈 ね・あたい	値 [ね] 값, 가격 値 [あたい] 값, 값어치
		부수 イ(2획) 총획 10획	음 チ	価値 [かち] 가치 対値 [ぜったいち] 절대치
353 恥	부끄러워할 **치**	훈 はじる・はじ はじらう・はずかしい	恥じる [はじる] 부끄럽게 생각하다 恥 [はじ] 수치, 창피
		부수 心(4획) 총획 10획	음 チ	羞恥 [しゅうち] 수치 破廉恥 [はれんち] 파렴치
354 置	둘 **치**	훈 おく	置く [おく] (물건을)놓다, 두다
		부수 罒(5획) 총획 13획	음 チ	安置 [あんち] 안치 位置 [いち] 위치
355 則	법 **칙**	훈 –	
		부수 刀(2획) 총획 9획	음 ソク	法則 [ほうそく] 법칙 鉄則 [てっそく] 철칙
356 沈	가라앉을 **침**	훈 しずむ・ しずめる	沈む [しずむ] 가라앉다 沈める [しずめる] 가라앉히다
		부수 氵(3획) 총획 7획	음 チン	沈下 [ちんか] 침하 撃沈 [げきちん] 격침
357 快	쾌할 **쾌**	훈 こころよい	快い [こころよい] 기분이 좋다
		부수 忄(3획) 총획 7획	음 カイ	快活 [かいかつ] 쾌활 快適 [かいてき] 쾌적
358 炭	숯 **탄**	훈 すみ	炭 [すみ] 숯, 목탄 炭屋 [すみや] 숯 가게
		부수 火(4획) 총획 9획	음 タン	炭窯 [すみがま] 숯가마 炭鉱 [たんこう] 탄광 炭素 [たんそ] 탄소
359 探	찾을 **탐**	훈 さぐる・ さがす	探る [さぐる] 더듬다, 찾다 探す [さがす] 찾다
		부수 扌(3획) 총획 11획	음 タン	探索 [たんさく] 탐색 探偵 [たんてい] 탐정
360 塔	탑 **탑**	훈 –	
		부수 土(3획) 총획 12획	음 トウ	石塔 [せきとう] 석탑 多宝塔 [たほうとう] 다보탑

한자

361 戻 戻	어그러질 **려**	훈 もどす・ もどる	戻す [もどす] 되돌리다 戻る [もどる] 되돌아가다
		부수 戸(4획) 총획 7획	音 レイ	返戻 [へんれい] 반려 悖戻 [はいれい] 패려

362 宅	집 **택**	훈 –	
		부수 宀(3획) 총획 6획	音 タク	宅 [たく] 집, 자택 宅地 [たくち] 택지

363 筒	대통 **통**	훈 つつ	筒 [つつ] 통, 대롱 筒音 [つつおと] 총이나 대포를 쏘는 소리
		부수 竹(6획) 총획 12획	音 トウ	水筒 [すいとう] 수통 発煙筒 [はつえんとう] 발연통

364 退 退	물러날 **퇴**	훈 しりぞく・ しりぞける	退く [しりぞく] 물러나다 退ける [しりぞける] 격퇴하다
		부수 辶(4획) 총획 10획	音 タイ	後退 [こうたい] 후퇴 退去 [たいきょ] 퇴거

365 投	던질 **투**	훈 なげる	投げる [なげる] 던지다 投げ物 [なげもの] 투매품
		부수 扌(3획) 총획 7획	音 トウ	投球 [とうきゅう] 투구 投手 [とうしゅ] 투수

366 破	깨뜨릴 **파**	훈 やぶる・ やぶれる	破る [やぶる] 찢다, 째다, 깨다 破れる [やぶれる] 찢어지다
		부수 石(5획) 총획 10획	音 ハ	破壊 [はかい] 파괴 破損 [はそん] 파손

367 判 判	판가름할 **판**	훈 –	
		부수 刀(2획) 총획 7획	音 ハン・バン	判定 [はんてい] 판정 裁判 [さいばん] 재판

368 坂	비탈 **판**	훈 さか	坂 [さか] 고개
		부수 土(3획) 총획 7획	音 ハン	坂道 [さかみち] 비탈길 急坂 [きゅうはん] 가파른 고개

369 板	널빤지 **판**	훈 いた	板 [いた] 판자 板材 [いたざい] 판재
		부수 木(4획) 총획 8획	音 ハン・バン	合板 [ごうはん] 합판 銅板 [どうばん] 동판

370 版	널 판	훈 -	
	부수 片(4획) 총획 8획	음 ハン	版図 [はんと] 판도 版面 [はんめん] 판면

371 編 編	엮을 편	훈 あむ	編む [あむ] 엮다, 뜨다, 겯다
	부수 糸(6획) 총획 15획	음 ヘン	編集 [へんしゅう] 편집 編纂 [へんさん] 편찬

372 片	조각 편	훈 かた	片 [かた] 한쪽, 짝, 외 片靨 [かたえくぼ] 한쪽 보조개
	부수 片(4획) 총획 4획	음 ヘン	片雲 [へんうん] 편운 破片 [はへん] 파편

373 平	평평할 평	훈 たいら・ひら	平ら [たいら] 평평함 平地 [ひらち/へいち] 평지
	부수 干(3획) 총획 5획	음 ヘイ・ビョウ	平原 [へいげん] 평원 平等 [びょうどう] 평등

374 評	꿇을 평	훈 -	
	부수 言(7획) 총획 12획	음 ヒョウ	評価 [ひょうか] 평가 批評 [ひひょう] 비평

375 抱 抱	안을 포	훈 だく・いだく ・かかえる	抱く [だく] 안다, (마음속에) 품다 抱える [かかえる] 껴안다
	부수 扌(3획) 총획 8획	음 ホウ	抱擁 [ほうよう] 포옹 介抱 [かいほう] 병구완

376 布	베 포	훈 ぬの	布 [ぬの] 피륙, 직물 布子 [ぬのこ] 솜을 넣은 무명옷
	부수 巾(3획) 총획 5획	음 フ	布巾 [ふきん] 행주 画布 [がふ] 화포

377 怖	두려워할 포	훈 こわい	怖い [こわい] 무섭다 怖がる [こわがる] 무서워하다
	부수 忄(3획) 총획 8획	음 フ	畏怖 [いふ] 외포 恐怖 [きょうふ] 공포

378 捕	사로잡을 포	훈 とらえる・とらわれる・ とる・つかまえる・つかまる	捕らえる [とらえる] 잡다, 붙잡다 捕まる [つかまる] (범인이) 잡히다
	부수 扌(3획) 총획 10획	음 ホ	捕獲 [ほかく] 포획 捕虜 [ほりょ] 포로

한자

379 幅	폭 幅	훈 はば	幅 [はば] 폭, 너비, 나비 幅広い [はばひろい] 폭이 넓다
	부수 巾(3획) 총획 12획	음 フク	幅員 [ふくいん] 폭원 増幅 [ぞうふく] 증폭
380 暴	쬘 폭 暴	훈 あばく・ あばれる	暴く [あばく] 폭로하다 暴れる [あばれる] 날뛰다
	부수 日(4획) 총획 15획	음 ボウ・バク	暴露 [ばくろ] 폭로 暴虐 [ぼうぎゃく] 포학
381 爆	터질 폭	훈 ‒	
	부수 火(4획) 총획 19획	음 バク	爆撃 [ばくげき] 폭격 爆笑 [ばくしょう] 폭소
382 標	우듬지 표	훈 ‒	
	부수 木(4획) 총획 15획	음 ヒョウ	標的 [ひょうてき] 표적 目標 [もくひょう] 목표
383 豊	풍년 풍 豊	훈 ゆたか	豊か [ゆたか] 풍족함
	부수 豆(7획) 총획 13획	음 ホウ	豊年 [ほうねん] 풍년 豊作 [ほうさく] 풍작
384 疲	지칠 피	훈 つかれる・ つからす	疲れる [つかれる] 지치다 疲らす [つからす] 지치게 하다
	부수 疒(5획) 총획 10획	음 ヒ	疲勞 [ひろう] 피로 疲馬 [ひば] 지친 말
385 被	입을 피	훈 こうむる	被る [こうむる] 입다, 받다, 지다
	부수 衤(5획) 총획 10획	음 ヒ	被告 [ひこく] 피고 被害 [ひがい] 피해
386 筆	붓 필	훈 ふで	筆 [ふで] 붓 筆跡 [ふであと] 필적
	부수 竹(6획) 총획 12획	음 ヒツ	毛筆 [もうひつ] 모필 筆記 [ひっき] 필기
387 河	강 이름 하	훈 かわ	河 [かわ] 강, 하천 河原 [かわら] 강가의 모래밭
	부수 氵(3획) 총획 8획	음 カ	河川 [かせん] 하천 山河 [さんが] 산하

388 汗	땀 **한**	훈 あせ	汗 [あせ] 땀 汗ばむ [あせばむ] 땀이 나다
	부수 氵(3획) 총획 6획	음 カン	汗腺 [かんせん] 한선, 땀샘 冷汗 [れいかん] 식은땀

389 含	머금을 **함**	훈 ふくむ・ ふくめる	含む [ふくむ] 머금다 含める [ふくめる] 포함시키다
	부수 口(3획) 총획 7획	음 ガン	含味 [がんみ] 음미 含蓄 [がんちく] 함축

390 航	배 **항**	훈 –	
	부수 舟(6획) 총획 10획	음 コウ	航路 [こうろ] 항로 運航 [うんこう] 운항

391 害 (害)	해칠 **해**	훈 –	
	부수 宀(3획) 총획 10획	음 ガイ	加害 [かがい] 가해 害悪 [がいあく] 해악

392 軒	추녀 **헌**	훈 のき	軒 [のき] 처마 軒下 [のきした] 처마 밑
	부수 車(7획) 총획 10획	음 ケン	高軒 [こうけん] 고헌 軒朱 [けんしゅ] 헌주

393 険 (險)	험할 **험**	훈 けわしい	険しい [けわしい] 가파르다
	부수 阝(3획) 총획 11획	음 ケン	険阻 [けんそ] 험조 峻険 [しゅんけん] 준험

394 賢	어질 **현**	훈 かしこい	賢い [かしこい] 현명하다 悪賢い [わるがしこい] 교활하다
	부수 貝(7획) 총획 16획	음 ケン	先賢 [せんけん] 선현 賢人 [けんじん] 현인

395 挟 (挾)	낄 **협**	훈 はさむ・ はさまる	挟む [はさむ] 끼우다 挟まる [はさまる] 사이에 끼이다
	부수 扌(3획) 총획 9획	음 キョウ	挟撃 [きょうげき] 협격 挟殺 [きょうさつ] 협살

396 狭 (狹)	좁을 **협**	훈 せまい・せばめる ・せばまる	狭い [せまい] 좁다 狭まる [せばまる] 좁아지다
	부수 犭(3획) 총획 9획	음 キョウ	偏狭 [へんきょう] 편협 狭小 [きょうしょう] 협소

한자

397 協	맞을 **協**	훈 –		
	부수 十(2획) 총획 8획	음 キョウ	協力 [きょうりょく] 협력 協同 [きょうどう] 협동	
398 恵 惠	은혜 **恵**	훈 めぐむ	恵む [めぐむ] 은혜(자비)를 베풀다 恵み [めぐみ] 은혜, 은총, 자비	
	부수 心(4획) 총획 10획	음 ケイ・エ	特恵 [とっけい] 특혜 猿知恵 [さるぢえ] 잔꾀	
399 湖	호수 **湖**	훈 みずうみ	湖 [みずうみ] 호수	
	부수 氵(3획) 총획 12획	음 コ	湖水 [こすい] 호수 湖畔 [こはん] 호반	
400 婚	혼인할 **婚**	훈 –		
	부수 女(3획) 총획 11획	음 コン	婚約 [こんやく] 혼약 離婚 [りこん] 이혼	
401 混	섞을 **混**	훈 まじる・まざる ・まぜる	混じる [まじる] 남들과 섞이다 混ざる [まざる] 섞이다	
	부수 氵(3획) 총획 11획	음 コン	混血 [こんけつ] 혼혈 混合 [こんごう] 혼합	
402 紅	붉을 **紅**	훈 べに・ くれない	紅 [べに] 연지 紅 [くれない] 다홍	
	부수 糸(6획) 총획 9획	음 コウ・ク	紅顔 [こうがん] 홍안 真紅 [しんく] 진홍	
403 靴 靴	신 **靴**	훈 くつ	靴 [くつ] 신발, 구두 靴箆 [くつべら] 구둣주걱	
	부수 革(9획) 총획 13획	음 カ	軍靴 [ぐんか] 군화 製靴 [せいか] 제화	
404 貨	재화 **貨**	훈 –		
	부수 貝(7획) 총획 11획	음 カ	貨幣 [かへい] 화폐 通貨 [つうか] 통화	
405 拡 擴	넓힐 **拡**	훈 –		
	부수 扌(3획) 총획 8획	음 カク	拡声器 [かくせいき] 확성기 軍拡 [ぐんかく] 군비 확장	

| 406 確 | 굳을 **확** | 훈 たしか・
たしかめる | 確か [たしか] 틀림없음
確かめる [たしかめる] 확인하다 |
| | | 부수 石(5획)
총획 15획 | 음 カク | 確実 [かくじつ] 확실
正確 [せいかく] 정확 |

| 407 環 | 고리 **환** | 훈 – | |
| | | 부수 王(4획)
총획 17획 | 음 カン | 環象 [かんじょう] 환상
一環 [いっかん] 일환 |

| 408 換 | 바꿀 **환** | 훈 かえる・
かわる | 換える [かえる] (서로) 바꾸다
換わる [かわる] 교체되다 |
| | | 부수 扌(3획)
총획 12획 | 음 カン | 換気 [かんき] 환기
交換 [こうかん] 교환 |

| 409 荒 | 거칠 **황** | 훈 あらい・あれる
・あらす | 荒い [あらい] 거칠다
荒れる [あれる] 사나워지다 |
| | | 부수 艹(3획)
총획 9획 | 음 コウ | 荒地 [こうち] 황지
荒野 [こうや] 황야 |

| 410 黄 | 누를 **황** | 훈 き・こ | 黄 [き] 노랑
黄金 [こがね/おうごん] 황금 |
| | | 부수 黄(11획)
총획 11획 | 음 コウ・オウ | 黄河 [こうが] 황하
卵黄 [らんおう] 난황 |

| 411 況 | 하물며 **황** | 훈 – | |
| | | 부수 氵(3획)
총획 8획 | 음 キョウ | 近況 [きんきょう] 근황
盛況 [せいきょう] 성황 |

| 412 灰 | 재 **회** | 훈 はい | 灰 [はい] 재 |
| | | 부수 火(4획)
총획 6획 | 음 カイ | 灰塵 [かいじん] 회진
死灰 [しかい] 사회 |

| 413 横 | 가로 **횡** | 훈 よこ | 横 [よこ] 가로, 옆
横様 [よこざま] 옆쪽 |
| | | 부수 木(4획)
총획 15획 | 음 オウ | 縦横 [じゅうおう] 종횡
横断 [おうだん] 횡단 |

| 414 効 | 본받을 **효** | 훈 きく | 効く [きく] 효과가 있다 |
| | | 부수 力(2획)
총획 8획 | 음 コウ | 効験 [こうけん] 효험
特効 [とっこう] 특효 |

415 候	물을 **후**	훈 そうろう	候 [そうろう] 있습니다
	부수 亻(2획) 총획 10획	음 コウ	斥候 [せっこう] 척후 測候所 [そっこうじょ] 측후소
416 厚	두터울 **후**	훈 あつい	厚い [あつい] 두껍다 厚板 [あついた] 두꺼운 판자
	부수 厂(2획) 총획 9획	음 コウ	厚意 [こうい] 후의 温厚 [おんこう] 온후
417 訓	가르칠 **훈**	훈 ㅡ	
	부수 言(7획) 총획 10획	음 クン	家訓 [かくん] 가훈 訓戒 [くんかい] 훈계
418 虫 蟲	벌레 **충**	훈 むし	虫 [むし] 벌레, 곤충 虫歯 [むしば] 충치
	부수 虫(6획) 총획 6획	음 チュウ	成虫 [せいちゅう] 성충 寄生虫 [きせいちゅう] 기생충
419 胸	가슴 **흉**	훈 むね・むな	胸 [むね] 가슴 胸騒ぎ [むなさわぎ] 가슴이 두근거림
	부수 月(4획) 총획 10획	음 キョウ	胸郭 [きょうかく] 흉곽 気胸 [ききょう] 기흉
420 欠 缺	이지러질 **결**	훈 かける・かく	欠ける [かける] 귀떨어지다
	부수 欠 (4획) 총획 4획	음 ケツ	欠員 [けついん] 결원 欠字 [けつじ] 결자
421 喜	기쁠 **희**	훈 よろこぶ	喜ぶ [よろこぶ] 기뻐하다 喜ばしい [よろこばしい] 즐겁다
	부수 口(3획) 총획 12획	음 キ	喜劇 [きげき] 희극 歓喜 [かんき] 환희
422 希	바랄 **희**	훈 ㅡ	
	부수 巾(3획) 총획 7획	음 キ	希望 [きぼう] 희망 希求 [ききゅう] 희구
423 詰	물을 **힐**	훈 つめる・つまる ・つむ	詰める [つめる] 대기하다 詰まる [つまる] 가득 차다
	부수 言(7획) 총획 13획	음 キツ	詰問 [きつもん] 힐문 難詰 [なんきつ] 힐난

Part III
부록

N2 N3

일본어 문자와 음절

1. 일본어의 문자

❶ ひらがな[hiragana] 10~11세기에 한자의 초서체를 바탕으로 만들어졌다.

❷ かたかな[katakana] 외래어, 의성어 전보문, 동식물명에 사용된다.

❸ かな한자는 한 음절 각 음절은 1박의 길이를 갖는다.

2. 오십음도(五十音図)

50음도란 かな를 모음의 종류에 따라 세로 5단(段)으로, 자음의 종류에 따라 가로 10행(行)으로 배열한 것으로 사전을 찾을 때와 어미활용을 익히는 데도 필요하다.

일본의 음의 기본이 되는 것은 청음(清音)이다.

가로의 배열을 [行(ぎょう)]이라 하여 [あ行] [か行]이라 한다.

세로의 배열을 [段(だん)]이라 하여 [あ段] [い段]이라 한다.

[行]과 [段]은 용언의 어미활용을 익히는 데 필요하다.

3. 일본의 음절

(1) 청음(清音;せいおん)

母音：あ, い, う, え, お
半母音：や, ゆ, よ, わ
子音：母音, 半母音을 제외한 음절

(2) 탁음(濁音;だくおん)

か[ka], さ[sa], た[ta], は[ha] 行의 글자 오른쪽 어깨에 濁点를 붙여 나타내는 음으로 が[ga], ざ[dza], だ[da], ば[ba]의 각 行이다.

(3) 반탁음(半濁音;はんだくおん)

は[ha], ひ[hi], ふ[fu], へ[he], ほ[ho]의 오른쪽 어깨 위에 半濁点을 붙여 ぱ[pa], ぴ[pi], ぷ[pu], ぺ[pe], ぽ[po]로 나타낸다.

(4) 요음(拗音;ようおん)

각行 자음의 [い段] かな의 오른쪽 아래에 [や,ゆ,よ]를 작게 붙여서 나

50음도 (일본어 알파벳)

◆ **ひらがな** : 한자의 초서체에서 따온 것

n ん	wa わ	ra ら	ya や	ma ま	ha は	na な	ta た	sa さ	ka か	a あ	
		ri り		mi み	hi ひ	ni に	chi ち	si し	ki き	i い	ひらがな
		ru る	yu ゆ	mu む	hu ふ	nu ぬ	tsu つ	su す	ku く	u う	
		re れ		me め	he へ	ne ね	te て	se せ	ke け	e え	
	wo を	ro ろ	yu よ	mo も	ho ほ	no の	to と	so そ	ko こ	o お	

◆ **カタカナ** : 한자의 일부분을 따서 만든 것(발음은 ひらがな와 동일)

n ン	wa ワ	ra ラ	ya ヤ	ma マ	ha ハ	na ナ	ta タ	sa サ	ka カ	a ア	
		ri リ		mi ミ	hi ヒ	ni ニ	chi チ	si シ	ki キ	i イ	カタカナ
		ru ル	yu ユ	mu ム	hu フ	nu ヌ	tsu ツ	su ス	ku ク	u ウ	
		re レ		me メ	he ヘ	ne ネ	te テ	se セ	ke ケ	e エ	
	wo ヲ	ro ロ	yu ヨ	mo モ	ho ホ	no ノ	to ト	so ソ	ko コ	o オ	

타낸 음절을 말한다. きゃ[kya], きゅ[kyu], きょ[kyo]와 같이 쓴다.

(5) 발음(撥音:はつおん)

[ん]은 언제나 모음 뒤에서 발음된다.

[ㅁ] → 「ば, ぱ, ま」행 앞

[ㄴ] → 「た, だ, ざ, な, ら」행 앞

[ㅇ] → 「か, が」행 앞

[N] → 어말이나 반모음, 「さ, は」행 앞 [つ]를 작게 써서 나타내며 뒤에 오는 음에 따라 [k, s, t, p] 로 발음된다.

(6) 촉음(促音;そくおん)

[k] → 「か」행음앞

[s] → 「さ」행음앞

[t] → 「た」행음앞

[p] → 「ぱ」행음앞

(7) 장음(長音;ちょうおん)

같은 모음을 한음절만큼 길게 내는 음이며 ひらがな로 쓸 때는 같은 모음을 쓰나 かたかな로 쓸 때는 [ー]부호로 나타낸다.

あ段 + あ   い段 + い   う段 + う
え段 + え   お段 + お,   う를 붙인다.

4. 한자 읽기

(1) 초성의 한자

❶ 초성이 「ㄱ」인 한자는 か , が행(行)으로 발음됩니다.

❷ ㄴ - な, だ行

❸ ㄷ - た, だ行

❹ ㄹ - ら行

❺ ㅁ - ま, ば行

❻ ㅂ - は, ば行

❼ ㅅ - さ, ざ行

❽ ㅇ - あ, が, や, か, な, ざ行

❾ ㅈ - さ, ざ, た, だ行

❿ ㅊ - さ, ざ, た行

⓫ ㅋ - か行

⓬ ㅌ - た, だ行

⓭ ㅍ - は, ば, ぱ行

⓮ ㅎ - か, が行

(2) 받침이 없는 한자

❶ 「아」 발음의 한자 あ, い, い段 / 「애」 발음의 한자 あ段 い
❷ 「야」 발음의 한자 や / 「어」 발음의 한자 い段 よ, え段 い, お段
❸ 「에」 발음의 한자 え段 い, あ段 い
❹ 「여」 발음의 한자 い段 ょ, れい / よ
❺ 「예」 발음의 한자 え段 い, あ段 い / よ
❻ 「오」 발음의 한자 お段 う, い段 ょう, お段 う段, い段 ょ
❼ 「와」 발음의 한자 あ段 / 「왜」 발음의 한자 あ段 / さつ
❽ 「외」 발음의 한자 あ段 い, お段 う / 「요」 발음의 한자 い段 ょう, お段 う
❾ 「우」 발음의 한자 う段, い段 ゅう, お段 う, う段 い, う段 う, い段 ゅ, お段
❿ 「위」 발음의 한자 い段, すい, しゅう, しゅ
⓫ 「웨」 발음의 한자 き
⓬ 「유」 발음의 한자 ゆう, い段 ゅう, う段, い段, う段 い
⓭ 「의」 발음의 한자 い段
⓮ 「이」 발음의 한자 い段

(3) 받침이 있는 한자

❶ 받침이 「ㄱ」인 한자 く, き
❷ 받침이 「ㄴ」인 한자 ん
❸ 받침이 「ㄹ」인 한자 つ
❹ 받침이 「ㅁ」인 한자 ん
❺ 받침이 「ㅂ」인 한자 う, つ
❻ 받침이 「ㅇ」인 한자 う, い

(4) 변형된 한자 읽기 요령

❶ [~く] → [~っ]
「~く」로 읽는 한자 뒤에 이어지는 한자의 첫소리가 [か行(か, き, く, け, こ)]일 때, 「~く」는 촉음 「~っ」로 바뀐다.

예) 悪化(악화) → 惡(あく) + 化(か) → あっか

錯(さく) + 覚(かく) → さっかく

❷ [~つ] → [~っ]

「~つ」로 읽는 한자 뒤에 이어지는 한자의 첫소리가 [か, さ, た行(か, き, く, け, こ, さ, し, す, せ, そ, た, ち, つ, て, と)]일 때, 「~つ」는 촉음 「~っ」로 바뀐다.

예) 雑貨(잡화) → 雑(ざつ) + 貨(か) → ざっか

物(ぶつ) + 資(し) → ぶっし → 設(せつ) + 置(ち) → せっち

❸ [~つ + は行] → [~っ + ぱ行]

「~つ」로 읽는 한자 뒤에 이어지는 한자의 첫소리가 [ぱ行]일 때, 「~つ」는 촉음 「~っ」로 바뀐다.

예) 圧迫(압박) → 圧(あつ) + 迫(はく) → あっぱく

立(りつ) + 法(ほう) → りっぽう

❹ [は] → [ば]

「~ん」로 읽는 한자 뒤에 이어지는 한자의 첫소리가 [は行]일 때, [は行]은 [ぱ行]으로 바뀐다.

예) 運搬(운반) → 運(うん) + 搬(はん) → うんぱん

遠(えん) + 方(ほう) → えんぽう

❺ 기타

앞 글자가 「ん」으로 끝나고 다음에 [あ行]이 올 때, [あ行]이 [な行]으로 바뀌는 경우가 있다.

예) 反応(반응) → 反(はん) + 応(おう) → はんのう → 天(てん) + 皇(おう) → てんのう → 因(いん) + 縁(えん) → いんねん

5. 기타 부호 및 기호

상기의 가나 및 한자 이외에도 일본어에는 특수한 기호 및 부호들이 쓰이고 있다.

、　　쉼표와 같은 것으로 문장의 일단정지 등에 사용

。　　마침표와 같은 것으로 문장을 종결할 때

－ カタカナ에서 장음을 표시하는 기호 例（ノート, チョーク）

々 동문지 기호로서 앞문자와 동일한 것을 의미 例（人→ひとびと）

6. 띄어쓰기

일본어는 붓으로 서예의 한문문장처럼 우측에서 좌측방향으로 으로 내려쓰기가 원칙이다. 띄어쓰기가 없이 문장을 붙여쓰고 있으며 적절하게 쉼표나 마침표 등을 넣는다. 또한 느낌표나 물음표 등도 원칙적으로 표기하지 않으며 전후의 문맥을 통하여 의미를 구분하며 쓰임에 따라 한자 읽기 방법도 정해진다.

◈ 대명사

	사물	장소	방향	인칭	연체사	
근칭	これ	ここ	こちら	わたし	この	こんな
중칭	どれ	そこ	そちら	あなた	その	そんな
원칭	あれ	あそこ	あちら	あのひと	あの	あんな
부정칭	どれ	どこ	どちら	だれ	どの	どんな

◈ 가족명칭

	조부	조모	아버지	어머니	형
자칭	そふ	そぼ	ちち	はは	あに
타칭	おじいさん	おばあさん	おとうさん	おかあさん	おにいさん
	누나	남동생	여동생	백부	백모
자칭	あね	おとうと	いもうと	おじ	おば
타칭	おねえさん	おとうとさん	いもうとさん	おじさん	おばさん

◆ 조수사

숫자 \ 분류	고유수사	개(個)	명(人)	장(枚)	병(本)
하나	ひとつ	いっこ	ひとり	いちまい	いっぽん
둘	ふたつ	にこ	ふたり	にまい	にほん
셋	みっつ	さんこ	さんにん	さんまい	さんぼん
넷	よっつ	よんこ	よにん	よんまい	よんほん
다섯	いつつ	ごこ	ごにん	ごまい	ごほん
여섯	むっつ	ろっこ	ろくにん	ろくまい	ろっぽん
일곱	ななつ	ななこ	ななにん	ななまい	ななほん
여덟	やっつ	はっこ	はちにん	はちまい	はっぽん
아홉	ここのつ	きゅうこ	きゅうにん	きゅうまい	きゅうほん
열	とお	じゅっこ	じゅうにん	じゅうまい	じゅっぽん
몇	いくつ	なんこ	なんにん	なんまい	なんぼん

숫자 \ 분류	대(台)	켤레(足)	잔(杯)	마리(匹)	권(冊)
하나	いちだい	いっそく	いっぱい	いっぴき	いっさつ
둘	にだい	にそく	にはい	にひき	にさつ
셋	さんだい	さんぞく	さんばい	さんびき	さんさつ
넷	よんだい	よんぞく	よんはい	よんひき	よんさつ
다섯	ごだい	ごそく	ごはい	ごひき	ごさつ
여섯	ろくだい	ろくそく	ろっぱい	ろっぴき	ろくさつ
일곱	ななだい	ななそく	ななはい	ななひき	ななさつ
여덟	はちだい	はっそく	はっぱい	はっぴき	はっさつ
아홉	きゅうだい	きゅうそく	きゅうはい	きゅうひき	きゅうさつ
열	じゅうだい	じゅっそく	じゅっぱい	じゅっぴき	じゅっさつ
몇	なんだい	なんぞく	なんばい	なんびき	なんさつ

◆ 수사

1	いち	11	じゅういち	110	ひゃくじゅう	1,100	せんひゃく
2	に	20	にじゅう	200	にひゃく	2,000	にせん
3	さん	30	さんじゅう	300	さんびゃく	3,000	さんぜん
4	し, よん, よ	40	よんじゅう	400	よんひゃく	4,000	よんせん
5	ご	50	ごじゅう	500	ごひゃく	5,000	ごせん
6	ろく	60	ろくじゅう	600	ろっぴゃく	6,000	ろくせん
7	しち, なな	70	ななじゅう	700	ななひゃく	7,000	ななせん
8	はち	80	はちじゅう	800	はっぴゃく	8,000	はっせん
9	く, きゅう	90	きゅうじゅう	900	きゅうひゃく	9,000	きゅうせん
10	じゅう	100	ひゃく	1,000	せん	10,000	いちまん

◆ 년·월·시·분

	년(年)	월(月)	시(時)	분(分)
1	いちねん	いちがつ	いちじ	いっぷん
2	にねん	にがつ	にじ	にふん
3	さんねん	さんがつ	さんじ	さんぷん
4	よねん	しがつ	よじ	よんぷん
5	ごねん	ごがつ	ごじ	ごふん
6	ろくねん	ろくがつ	ろくじ	ろっぷん
7	しちねん・ななねん	しちがつ	しちじ	ななふん
8	はちねん	はちがつ	はちじ	はっぷん
9	きゅうねん	くがつ	くじ	きゅうふん
10	じゅうねん	じゅうがつ	じゅうじ	じっぷん
11	じゅういちねん	じゅういちがつ	じゅういちじ	じゅういっぷん
12	じゅうにねん	じゅうにがつ	じゅうにじ	じゅうにふん

◈ **날짜**

1日	ついたち	11日	じゅういちにち	21日	にじゅういちにち
2日	ふつか	12日	じゅうににち	22日	にじゅうににち
3日	みっか	13日	じゅうさんにち	23日	にじゅうさんにち
4日	よっか	14日	じゅうよっか	24日	にじゅうよっか
5日	いつか	15日	じゅうごにち	25日	にじゅうごにち
6日	むいか	16日	じゅうろくにち	26日	にじゅうろくにち
7日	なのか	17日	じゅうしちにち	27日	にじゅうしちにち
8日	ようか	18日	じゅうはちにち	28日	にじゅうはちにち
9日	ここのか	19日	じゅうくにち	29日	にじゅうくにち
10日	とおか	20日	はつか	30日	さんじゅうにち
				31日	さんじゅういちにち

◈ **요일**

일요일	日曜日(にちようび)	목요일	木曜日(もくようび)
월요일	月曜日(げつようび)	금요일	金曜日(きんようび)
화요일	火曜日(かようび)	토요일	土曜日(どようび)
수요일	水曜日(すいようび)	공휴일	公休日(こうきゅうび)

◈ **방위**

四方	東	西	南	北
음독	とう	ざい	なん	ぼく
훈독	ひがし	にし	みなみ	きた

◈ **사계절**

四季	春	夏	秋	冬
음독	しゅん	か	しゅう	とう
훈독	はる	なつ	あき	ふゆ

동사 활용표

비 고	5단 동사					
기본형	買[か]う	話[はな]す	行[い]く	死[し]ぬ	読[よ]む	売[う]る
정중형	買います	話します	行きます	死にます	読みます	売ります
연결형	買って	話して	行って	死んで	読んで	売って
부정형	買わない	話さない	行かない	死なない	読まない	売らない
과거형	買った	話した	行った	死んだ	読んだ	売った
과거부정형	買わなかった	話さなかった	行かなかった	死ななかった	読まなかった	売らなかった
사역형	買わせる	話させる	行かせる	死なせる	読ませる	売らせる
수동형	買われる	話される	行かれる	死なれる	読まれる	売られる
명령형	買え	話せ	行け	死ね	読め	売れ
청유형	買おう	話そう	行こう	死のう	読もう	売ろう

비 고	5단 동사	상1단동사	하1단동사	か불규칙동사	さ불규칙동사
기본형	立[た]つ	見[み]る	食[た]べる	来[く]る	する
정중형	立ちます	見ます	食べます	来[き]ます	します
연결형	立って	見て	食べて	来[き]て	して
부정형	立たない	見ない	食べない	来[こ]ない	しない
과거형	立った	見た	食べた	来[き]た	した
과거부정형	立たなかった	見なかった	食べなかった	来[こ]なかった	しなかった
사역형	立たせる	見させる	食べさせる	来[こ]させる	させる
수동형	立たれる	見られる	食べられる	来[こ]られる	される
명령형	立て	見ろ	食べろ	来[こ]い	しろ・せよ
청유형	立とう	見よう	食べよう	来[こ]よう	しよう

일본어 동사의 어미는 모두 음이 [u] 「う・す・く・ぐ・む・ぬ・ぶ・つ・る」로 끝나며 동사가 활용될 때 어미의 변화에 따라서 1류 동사, 2류 동사, 3류 동사로 분류된다.

따라서 동사의 변화 형태를 보고 어느 그룹에 속하는지 알아야 한다.

1. 5단 동사 (1류 동사)

買[か]う – 사다 行[い]く – 가다 脱[ぬ]ぐ – 벗다 話[はな]す – 말하다
死[し]ぬ – 죽다 飛[と]ぶ – 날다 読[よ]む – 읽다
売[う]る – 팔다 立[た]つ – 서다

2. 상1단 동사 / 하1단 동사 (2류 동사)

[iる] – 상1단 동사
見[み]る – 보다   いる – 있다 起[お]きる – 일어나다

[eる] – 하1단 동사
食[た]べる – 먹다 開[あ]ける – 열다 掛[か]ける – 걸다

3. 불규칙 동사 (3류 동사)

来[く]る – 오다
する – 하다

※ 특수 1류 동사 [특수 5단 동사]

예외적으로 [iる], [eる]로 끝나지만 1류 동사에 속하는 것들이 있으며 활용은 1류 동사와 같다.

知[し]る – 알다 走[はし]る – 달리다
切[き]る – 자르다 帰[かえ]る – 돌아오다

명사·형용사·형용동사의 변화

1. 명사 : ⑩ 책(本;ほん)

기본형		本	
		현재	과거
1 긍정	반말	本だ(책이다)	本だった(책이었다)
	정중체	本です(책입니다)	本でした (책이었습니다)
2 부정	반말	本じゃない (책이 아니다)	本じゃなかった (책이 아니었다)
	정중체	本じゃありません (책이 아닙니다)	本じゃありませんでした (책이 아니었습니다)
3	의문	本ですか(책입니까?)	
4	중지	本で(책이고)	
5	가정	本なら(책이라면)	
6	추측	本だろう (책이겠지, 책일 것이다)	本でしょう (책이겠지요, 책이지요)

※ ~じゃない와 같은 말로 ~ではない가 있는데 이는 문어체로 회화체에서는 거의 사용되지 않으며, 격식을 차린 말이다.

2. い형용사(형용사) : 예 춥다(寒い;さむい)

기본형			さむい	
			현재	과거
1	긍정	반말	さむい(춥다)	さむかった(추웠다)
		정중체	さむいです(춥습니다)	さむかったです(추웠습니다)
2	부정	반말	さむくない(춥지 않다)	さむくなかった(춥지 않았다)
		정중체	さむくないです =さむくありません (춥지 않습니다)	さむくなかったです =さむくありませんでした (춥지 않았습니다)
3	명사수식		さむい冬(추운 겨울)	さむかった冬(추웠던 겨울)
4	추측		さむいだろう(춥겠지)	さむいでしょう(춥겠지요)
5	가정		さむければ(추우면)	さむかったら(추우면)
6	중지		さむくて(추워서, 춥고)	
7	동사수식		さむくなる(추워지다)　さむく暮らす(춥게 생활하다)	
8	나열		さむかったり(춥거나, 춥기도 하고)	

3.な형용사(형용동사) : 예 예쁘다(きれいだ)

기본형			きれいだ	
			현재	과거
1	긍정	반말	きれいだ(예쁘다)	きれいだった(예뻤다)
		정중체	きれいです (예쁩니다)	きれいでした (예뻤습니다)
2	부정	반말	きれいじゃない (예쁘지 않다)	きれいじゃなかった (예쁘지 않았다)
		정중체	きれいじゃありませんん (예쁘지 않습니다)	きれいじゃありませんでした (예쁘지 않았습니다)
3	명사수식		きれいな人 (예쁜 사람)	きれいだった人 (예뻤던 사람)
4	추측		きれいだろう(예쁘겠지)	きれいでしょう(예쁘겠지요)
5	가정		きれいなら(예쁘면)	きれいだったら(예쁘면)
6	중지		きれいで(예쁘고, 예뻐서)	
7	동사수식		きれいになる(예뻐지다) きれいに話す(예쁘게 이야기하다)	
8	나열		きれいだったり(예쁘기도 하고)	

(몸을 중심으로)

肩が凝る	어깨가 뻐근하다, 부담스럽다
肩の荷が降りる	한 짐 덜다
肩を落とす	낙담하다
肩を並べる	어깨를 나란히 하다
肩を持つ	편을 들다, 밀어주다
尻が軽い	경솔하다
尻が長い	엉덩이가 질기다
尻が重い	엉덩이가 무겁다
尻に敷く	깔고 앉다, 아내가 자기주장을 하다
尻に火が付く	발등에 불이 떨어지다
尻を叩く	독려하다
骨になる	죽다
骨に刻む	명심하다
骨に徹する	뼈에 사무치다
骨までしゃぶる	철저하게 남을 이용하다
骨を折る	몹시 애를 쓰다, 진력하다, 고생하다
骨を折れる	힘이 들다
口がうまい	말을 잘하다
口がすっぱくなる	입이 닳다
口が肥える	미각이 잘 발달되어 있다
口が滑る	입을 잘못 놀리다, 까딱 잘못 말하다
口と腹が違う	말과 행동이 다르다
口を利く	말하다, 지껄이다, 중재하다
口を入れる	말참견하다
口を切る	말을 꺼내다, 입을 떼다
口を尖らせる	입을 비쭉 내밀다
口を割る	자백하다
口車に乗る	감언이설에 넘어가다
気がある	마음에 두다
気がかり	마음에 걸림, 걱정, 근심
気がつく	정신이 들다
気が強い	고집이 있다
気が気でない	제정신이 아니다

気が多い	변덕스럽다, 온갖 일에 관심이 많다
気が短い	성질이 급하다
気が利く	세련되다, 멋이 있다, 센스가 있다
気が立つ	흥분하다
気が滅入る	기분이 침울해지다
気が抜ける	긴장이 풀려 하고자 하는 마음이 없어지다
気が変わる	마음이 변하다
気が弱い	마음이 약하다
気が遠くなる	정신이 몽롱하다
気が遠くなる	정신이 아찔해 지다
気がもめる	안절부절 못하다, 마음을 졸이다, 애기 다다
気が引ける	주눅이 들다, 서먹서먹하다
気が済む	만족스럽다, 속이 시원하다
気が重い	마음이 무겁다, 우울하다
気が知れない	속마음을 알 수 없다
気が進む	마음이 내키다
気が置けない	마음이 쓰이지 않다, 무간하다
気が合う	마음이 맞다
気が向く	기분이 내키다
気が荒い	성질이 난폭하다
気が回る	세심한 곳까지 주의가 미치다
気にする	마음에 두다, 신경 쓰다
気に入る	마음에 들다
気に障る	비위에 기슬리다
気をおとす	낙심하다
気を配る	마음 쓰다, 배려하다
気を使う	신경 쓰다
気を飲まれる	(상대편에게) 압도되어 기가 꺾이다
気を引く	넌지시 남의 속을 떠보다
気を持たせる	마음을 들뜨게 하다
~する気がない	~할 생각이 없다
~気がする	~기분이 든다, ~생각이 든다
肌を脱ぐ	웃통을 벗다, 힘써주다, 진력하다

肌身はなさず	몸에 늘 지니고
頭から	처음부터, 무조건, 덮어놓고
頭が堅い	완고하다, 융통성이 없다
頭が上がらない	고개를 못 들다
頭が切れる	머리회전이 빠르다
頭が下がる	(존경심에) 감복하다
頭に来る	울컥 화가 치밀다
頭を使う	머리를 쓰다, 잘 생각하다
頭を痛める	속을 썩이다
頭金	계약금
頭打ち	천장시세, 한계점, 정점
目がない	안목이 없다, 몹시 좋아하다
目が覚める	잠이 깨다
目が高い	안목이 높다, 보는 눈이 있다
目が利く	분별력이 있다, 안목이 높다
目が回る	매우 바쁘다
目と鼻の先	엎드리면 코 닿을 곳
目にさわる	눈에 거슬리다
目に余る	가만히 보고 있을 수 없다
目もくれない	거들떠보지도 않는다
目も当られない	차마 눈뜨고 볼 수 없다
目をそむける	시선을 돌리다
目を盗む	남의 눈을 피하다
目を離す	눈을 떼다
目を通す	훑어보다
大目に見る	너그럽게 보다
ひどい目にあう	(어떤 사건 때문에) 혼이 나다
わき目もふらずに	한 눈 팔지 않고
聞耳を立てる	귀기울여 듣다
眉をひそめる	눈살을 찌푸리다
腹が立つ	화가 나다
腹が座る	침착하여 대담해지다
腹が太い	배짱이 두둑하다

腹が黒い	속이 검다, 엉큼하다
腹に据えかねる	화를 참을 수 없다
腹に一物	꿍꿍이속
腹は借り物	신분 귀천은 아버지에게 달려있다
腹を決める	결심하다, 각오하다
腹を立てる	화를 내다
腹を肥やす	사복을 채우다
腹を切る	사직하다, 그만두다
腹を探る	상대방의 의중을 떠보다
腹を痛める	친자식을 낳다, 자기 돈을 쓰다
腹を抱える	배꼽을 쥐나
腹を割る	본심을 토로하다
お腹を壊す	배탈이 나다
体をこわす	건강을 헤치다
鼻が高い	콧대가 높다, 기고만장하다, 우쭐하다
鼻に掛ける	잘난 체하다, 뽐내다
鼻に付く	싫증이 나다
鼻の先	코앞
鼻を折る	콧대를 꺽다
相手の足もとを見る	상대방의 약점을 잡다
舌を巻く	감탄하다
手がない	수단이 없다, 일손이 없다
手が空く	일손이 비다, 틈이 나다
手が掛かる	손이 많이 기다
手が付けられない	손을 댈 수가 없다
手が上がる	솜씨가 늘다
手が足りない	일손이 모자라다
手が出ない	어떻게 손을 쓸 수가 없다
手が回る	서서히 손길이 미치다, 경찰의 손이 뻗치다
手に付かない	일이 손에 잡히지 않는다
手に余る	주체할 수 없다
手に汗を握る	손을 땀을 쥐다
手も足も出ない	어찌해 볼 도리가 없다

手も足も出ない	해 볼 도리가 없다
手をこまぬく	수수방관하다
手をそめる	착수하다, 일을 시작하다
手を抜く	할 일을 안 하고 넘어가다
手を煩わす	(남에게) 폐를 끼치다
手を分かつ	(일이나 임무를) 분담하다, 손을 끊다
手を焼く	애태우다, 애먹다, 처치곤란하다
手を入れる	손질하다, 손보다
手を切る	인연을 끊다
喉から手が出る	매우 갖고 싶어하다
首を長くする	학수고대하다
顎で使う	턱으로 부리다, 가만히 앉아서 남을 부려먹다
顎を出す	맥빠지다, 녹초가 되다, 지쳐버리다
顔から火が出る	(부끄러워서) 얼굴이 화끈거리다
顔が広い	얼굴이 넓다, 아는 사람이 많다
顔が利く	얼굴이 통하다
顔が立つ	면목이 서다
顔に泥を塗る	얼굴에 먹칠을 하다
顔を立てる	체면을 세우다
顔を出す	얼굴을 내밀다, 출석하다
合わせる顔がない	대할 면목이 없다
腕が鳴る	몸이 근질근질해지다, 좀이 쑤시다
腕が上がる	솜씨가 좋아지다
腕によりをかける	온갖 솜씨를 다 부리다
腕に覚えがある	솜씨에 자신이 있다
腕をこまぬく	팔짱끼고 구경만 하다, 수수방관하다
腕をふるう	솜씨를 발휘하다
腕を磨く	실력을 연마하다
腰が高い	거만하다
腰が低い	겸손하다, 저자세다
腰を据える	(한곳에) 정착하다, 자리잡다
腰を抜かす	기겁을 하다
腰を入れる	본격적으로 일에 달려들다

逃げ腰	달아나려는 태도, 발뺌하려는 자세
耳が遠い	귀가 먹다
耳が痛い	(남의 말이 자신의 약점을 찔러) 듣기 거북하다
耳にする	(얼핏) 듣다
耳にたこができる	귀에 못이 박히도록 듣다
耳に付く	귀에 쟁쟁하다
耳を貸す	귀를 기울이다, 귀를 빌리다
耳をそばたてる	귀를 기울이다
耳を傾ける	주의해서 듣다
爪で拾ってみでこぼす	고생하여 모은 것을 헤프게 씀을 비유
爪に火をともす	지독히 인색하다
爪のあか	손톱의 때, 아주 적은 것의 비유
爪のあかをせんじて飲む	훌륭한 사람에게 감화되도록 그의 언행을 본뜨다
爪を研ぐ	손톱을 갈다 야심을 품고 기회를 노리다
後ろ指を差される	손가락질 받다, 욕먹다
足かせになる	걸치적거리다
足がない	교통수단이 없다
足が棒になる	뻣뻣해지다
足が付く	꼬리가 잡히다
足が地に着く	착실한 생활을 하다
足が出る	(예산 따위가) 초과하다
足に任す	발길 닿는 대로 걷다
足もとを見る	약점을 잡다
足を洗う	손을 씻다
足を伸ばして	내친김에, 내친걸음에
足を引っ張る	방해를 하다
家族が足かせになる	가족이 거치적거리다
歯が立たない	맞설 수 없다, 상대가 안 된다
胸が潰れる	가슴이 메어지다
胸が騒ぐ	(걱정이 되어) 가슴이 두근거리다, 가슴이 뛰다
胸が一杯になる	(슬픔, 감격 등으로) 가슴이 벅차다
胸に畳む	마음속에 간직하다
胸を張る	가슴을 펴다
胸を焦がす	애를 태우다
胸を打つ	심금을 울리다, 감동시키다

<ruby>論<rt>ろんご</rt></ruby>よみの<ruby>論語<rt>ろんご</rt></ruby><ruby>知<rt>し</rt></ruby>らず。	논어를 읽는다는 사람이 논어를 모른다.(소리 내어 읽기는 하지만 그 뜻을 제대로 이해하지 못한다' 는 비웃음 담은 속담)
<ruby>大鼓判<rt>たいこばん</rt></ruby>を<ruby>押<rt>お</rt></ruby>す。	북처럼 큰 도장으로 찍는다(장담하다. 확실하다는 의미로 쓰임.).
<ruby>大鼓判<rt>たいこばん</rt></ruby>を<ruby>叩<rt>たた</rt></ruby>く。	큰북을 치다. 맞장구 치며 비위를 맞추다.
<ruby>可愛<rt>かわい</rt></ruby>い<ruby>子<rt>こ</rt></ruby>には<ruby>旅<rt>たび</rt></ruby>をさせよ。	귀여운 아이는 여행을 시켜라.(귀한 자식일수록 고생을 시켜라' 라는 의미)
<ruby>情<rt>なさけ</rt></ruby>は<ruby>人<rt>ひと</rt></ruby>の<ruby>為<rt>ため</rt></ruby>ならず。	인정을 베푸는 것은 남을 위해서 하는 것이 아니다.(남에게 잘하면 곧 나에게 도움이 된다는 뜻)
<ruby>鍋釜<rt>なべかま</rt></ruby>が<ruby>賑<rt>にぎ</rt></ruby>わう。	냄비와 솥에서 음식이 많이 끓는다.(생활이 풍족하다)
<ruby>山高<rt>やまたか</rt></ruby>きが<ruby>故<rt>ゆえ</rt></ruby>に<ruby>貴<rt>とうと</rt></ruby>からず。	산이 높기만해서 귀한 것은 아니다(겉치레보다는 내실을 기하는 것이 중요하다.)
<ruby>山<rt>やま</rt></ruby>と<ruby>言<rt>い</rt></ruby>えば<ruby>川<rt>かわ</rt></ruby>。	남이 산이라 말하면 강이라고 한다.(남의 말에 항상 반대하는 것을 의미)
<ruby>朝寝<rt>あさね</rt></ruby>、<ruby>朝酒<rt>あさざけ</rt></ruby><ruby>朝風呂<rt>あさぶろ</rt></ruby>をすると<ruby>身上<rt>しんじょう</rt></ruby>をつぶす。	늦잠, 아침술, 아침목욕은 몸을 망친다.
<ruby>女<rt>おんな</rt></ruby>が<ruby>三<rt>さん</rt></ruby>にんよれば<ruby>姦<rt>かしま</rt></ruby>しい。	여자 셋이 모이면 시끄럽다.
<ruby>愛多<rt>あいおお</rt></ruby>ければ<ruby>憎<rt>にく</rt></ruby>しみ<ruby>至<rt>いた</rt></ruby>る。	사랑이 많으면 미움에 이른다.
<ruby>急<rt>いそ</rt></ruby>がば<ruby>回<rt>まわ</rt></ruby>れ。	급하며 돌아가라.
<ruby>井戸<rt>いど</rt></ruby>を<ruby>掘<rt>ほ</rt></ruby>るなら<ruby>水<rt>みず</rt></ruby>の<ruby>出<rt>で</rt></ruby>るまで。	우물을 판다면 물이 나올 때까지.
<ruby>浮気<rt>うわき</rt></ruby>と<ruby>乞食<rt>こじき</rt></ruby>は<ruby>止<rt>や</rt></ruby>められぬ。	외도와 거렁뱅이 짓은 그만둘 수 없다.
<ruby>尾<rt>お</rt></ruby>を<ruby>振<rt>ふ</rt></ruby>る<ruby>犬<rt>いぬ</rt></ruby>は<ruby>叩<rt>たた</rt></ruby>かれず。	꼬리를 흔드는 개는 맞지 않는다.
<ruby>帯<rt>おび</rt></ruby>に<ruby>短<rt>みじか</rt></ruby>し、たすきに<ruby>長<rt>なが</rt></ruby>し。	허리띠로는 짧고, 어깨띠(멜빵)로는 길다.(어중간해서 어디에도 쓸모가 없다.)

うじ そだ 氏より育ち。	성씨보다는 교육(양반 자랑하는 사람치고 제대로 된 사람이 없다는 것을 가르쳐 줌.)
にんじんの くびくく 人参飲んで首括る。	인삼을 마시고 빚을 지고 목을 매어 죽는다.
ひと ずもう 人リ相撲。	혼자서 하는 씨름.(아무도 상대를 하지 않는데 혼자서 설치는 것을 이르는 말)
ひと すもう と 人のふんとしで相撲を取る。	남의 샅바로 씨름을 하다.(남의 것을 이용해서 자기 속셈을 차리는 것을 비유한 속담)
かね き えん き 金の切れめが縁の切れめ。	돈 떨어지면 정(情)도 떨어진다.(사람들의 얄궂은 심리를 그대로 꼬집고 있음)
じごく さた かねしだい 地獄の沙汰も金次第。	지옥에 가는 일도 돈으로 좌우된다.(돈만 있으면 귀신도 부린다)
か お 勝ってかぶとの緒をしめよ。	이긴 후에 투구의 끈을 묶어라. (이기더라도 방심하지 말고 더욱 조심하라.)
そうりょう じんろく 総領の甚六。	아들은 바보.(맏아들이 얌전하고 굼뜬 점을 욕하는 말)
はら へ いくさ でき 腹が減っては戦が出来ぬ。	배고프면 전쟁을 할 수 없다. 먹는 것이 제일!
はらはちぶめ 腹八分目。	조금 양이 덜 차다.(밥을 적당히 먹으라는 뜻)
はらはちぶやまい 腹八分病なし。	적당히 먹는 사람에게는 병이 없다.(적당히 일하는 사람에게는 탈이 없다.)
あさあめ にょうぼう 朝雨女房のうでよくり。	아침 비와 마누라의 소매걷기.(아침에 내리는 비와 여자의 큰소리는 무섭지 않다는 뜻)
わるにょうぼういっしょう ふさく 悪女房は一生の不作。	악처를 얻으면 평생 흉년을 맞는 것이나 같다.
にょうぼう たたみ あたら よ 女房と畳は新しいほど良い。	마누라와 다다미는 새것일수록 좋다.
さけ ゆうじん ふる よ 酒と友人は古いほど良い。	술과 친구는 오래될수록 좋다.
おとこ どきょうおんな あいきょう 男は度胸 女は愛嬌。	남자는 배짱, 여자는 애교.

目は口ほどにものを言う。	눈은 입만큼 말한다.(눈은 마음의 창'이라는 의미)
夜目遠目傘の内。	밤에 볼 때, 멀리서 볼 때, 우산 속에 있을 때, 흐릿하게 보일 때(모든 여자들이 미혼으로 보인다는 얘기)
鬼も十八番茶出花。	여성이 18세가 되며 아무리 못생긴 여자라도 꽃이 된 것 처럼 아름답게 느껴진다.
色男金と力はなかりけり。	여자에게 인기 있는 남자는 돈도 힘도 없다.(보기에는 좋은 그림이지만 실속이 없다는 의미)
色男より稼ぎ男。	예쁜 남자 보다 돈 잘 버는 남자.
色の白いは七難隠す。	피부가 희면 7가지 흉이 가려진다.
なくて七癖あって四十九癖。	없는 사람도 7가지 버릇, 있는 사람은 49개의 버릇.(누구나 결점이 있다는 뜻)
八百屋の売れ残りのかぼちゃ。	야채가게의 팔다 남은 호박.(못나서 시집을 못간 아가씨를 이르는 말)
触らぬ神にたたりなし。	건드리지 않으면 탈이 나지 않는다. (긁어 부스럼을 만들지 말라' 는 의미)
猿も木から落ちる。	원숭이도 나무에서 떨어진다.
去る者日日に疎し。	떠난 사람은 날이 갈수록 멀어진다.
親しき仲にも礼儀あり。	친한 사이에도 예의가 있다.
知らぬが仏。	모르는 것이 부처님.(모르는 것이 약)
腐っても鯛。	썩어도 도미.(이름이 있는 사람은 잘못된 경우도 다르다는 뜻)
蝦で鯛を釣る。	새우미끼로 도미를 낚는다.(적은 것(선물, 뇌물)으로 많은 이익을 얻는다는 뜻)

鯛も一人で食べればうまくなし。	도미도 혼자 먹으면 맛이 없다.(아무리 좋은 것도 혼자서 하는 것은 재미가 없다.)
早起は三文の徳。	아침 일찍 일어나는 거지 따뜻한 밥 먹는다.
こんな仕事は朝飯前だ。	이까짓 것은 아침 식사 전에 해치운다. (식은죽 먹기)
豆腐の角で頭をぶ付けて死ぬ。	두부모서리에 머리를 부딪쳐 죽어라. (두부모서리에 머리를 맞아도 죽을 사람이라는 의미)
豆腐を縄で縛って肩にかけてゆく。	두부를 새끼줄로 묶어 어깨에 지고 가다. (아주 바보스런 일을 한다.)
豆腐にかすがい。	두부에 꺽쇠 박기 (아무 효과 없는 일을 한다)
雨降って地固まる。	비 온 뒤에 땅이 굳는다.
石橋を叩いて渡る。	돌다리도 두들기고 건넌다.
急がば回れ。	급할수록 돌아가라.
一寸の虫にも五分の魂しい。	지렁이도 밟으면 꿈틀 거린다.
牛に引かれて善光寺参り。	친구 따라 강남 간다.
飼い犬に手を噛まれる。	믿는 도끼에 발등 찍힌다.
三人寄れば文殊の知恵。	백지장도 맞들면 낫다.
精神一到何事もならざらん。	정신일도 하사불성.
天は自ら助くる者を助く。	하늘은 스스로 돕는 자를 돕는다.
覆水、盆に返らず。	한 번 엎지른 물 되담을 수 없다.
待てば海路の日和有り。	쥐구멍에도 볕 들 날 있다.

> 井戸を掘るなら水の出るまで。
> 우물을 판다면 물이 나올 때까지.

Index
찾아보기

471

MEMO

MEMO

MEMO

MEMO